高 等 学 校 教 材

铁道电气化工程管理

闵永智　主　编

王果　徐金阳　副主编

中 国 铁 道 出 版 社

2017年·北 京

内 容 简 介

本书根据当前铁道电气化建设工程的管理需求以及国内外建设工程管理发展的趋势,重点讲述了贯穿铁道电气化工程从设计、施工、竣工实验的整个过程所需的进度、质量、成本、安全、环境、合同,以及人员、材料、设备管理等方面的基本理论和基本知识。

本书共分十六章,内容包括:导论、铁道电气化工程管理组织、设计管理、进度管理、成本管理、工程质量管理、施工组织设计、施工管理、人力资源管理、工程物资和技术管理、职业健康安全与环境管理、工程监理、风险管理、合同管理、工程管理信息系统、项目竣工验收后评价。

本书为高等院校电气化铁道工程管理类教材,还可供相关工程技术人员学习参考。

图书在版编目(CIP)数据

铁道电气化工程管理/闵永智主编 . —北京:中国
铁道出版社,2011.5(2017.1重印)
(高等学校教材)
ISBN 978-7-113-12275-1

Ⅰ.①铁… Ⅱ.①闵… Ⅲ.①电气化铁道-施工
管理-教材 Ⅳ.①U227

中国版本图书馆 CIP 数据核字(2010)第 239028 号

| 书　　名: | 铁道电气化工程管理 |
| 作　　者: | 闵永智　主编 |

责任编辑:	阚济存　**电话:**010-51873133　**电子信箱:**td51873133@163.com
编辑助理:	张　博
封面设计:	薛小卉
责任校对:	孙　玫
责任印制:	陆　宁

出版发行:	中国铁道出版社(100054,北京市西城区右安门西街8号)
网　　址:	http://www.tdpress.com
印　　刷:	三河市宏盛印务有限公司
版　　次:	2011 年 5 月第 1 版　2017 年 1 月第 2 次印刷
开　　本:	787 mm × 960 mm　1/16　印张:17　字数:341 千
印　　数:	3 001 ~ 6 000 册
书　　号:	ISBN 978-7-113-12275-1
定　　价:	35.00 元

兰州交通大学"十一五"规划教材
编审委员会

出 版 说 明

　　近年来,兰州交通大学认真贯彻落实教育部有关文件精神,不断推进教育教学改革。学校先后出资数百万元,设立了教学改革、专业建设、重点课程(群)建设、教材建设等项基金,并制定了相应的教学改革与建设立项计划、项目管理及奖励办法等措施。根据培养"基础扎实、知识面宽、能力强、素质高、具有创新精神的应用型的高级专门人才"的培养目标,学校各院(系、部)认真组织广大教师积极参加教学改革与建设,开展系统的研究与实践,取得了一系列教学改革与建设成果。

　　教学内容和课程体系的改革是教学改革的重点和难点,学校投入力量最大,花费时间最长,投入精力最多,取得的成效也最为显著,突出反映在教材建设方面。"十五"期间,学校共资助"十五"规划教材45本,资助普通教材56本,这些教材是一些学术造诣较深、教学水平较高、教学经验比较丰富的教师担任主编,骨干教师参编,同行专家主审而定稿的。在教材中凝聚了编著教师多年的教学、科研积累和成果,为推进教育创新、深化教学改革、提高教学质量作出了贡献。

　　2005年,在认真学习教育部相关文件精神的基础上,根据学校的办学指导思想和人才培养目标定位,各专业修订了新的人才培养方案,构建了"通识教育基础上的宽口径专业教育"的人才培养模式。为配合新的人才培养方案的实施,进一步深化教育教学改革,学校在"十五"教材建设的基础上,制定了"十一五"教材建设规划。"十一五"期间,学校将进一步加强教材建设工作,更好地发挥教材在人才培养中的重要作用。本着"重点支持优势、特色专业教材,兼顾一般教材,优选编者,保证质量"的原则,设立教材建设专项基金,力争在"十一五"期间出版一批高水平、高质量、有特色的教材。

　　本教材为学校"十一五"教材建设资助计划项目,并通过了学校教材编审委员会审定。希望该教材在教学实践过程中,广泛听取使用意见和建议,适时进一步修改、完善和提高。

兰州交通大学"十一五"规划

教材评审委员会

2006 年 4 月

前　言

目前,我国铁路工程特别是高速铁路工程已进入大发展时期,也就是电气化铁路的快速发展时期。随着大批客运专线、高速铁路及城市轨道交通项目的大量开工建设,科学技术和经济的发展,铁道电气化工程建设规模和技术难度将随之增加。而对工程项目进行科学的管理是提高投资效益、节约社会有限资源的关键环节。为此各铁路建设单位急需一批既懂专业知识又懂铁路建设工程管理知识的复合型人才。本书也正是在这样的背景与需求下编写的,面向只具备专业知识、缺乏建设工程管理知识的铁路电类相关专业学生,培养满足我国铁路建设新形势的迫切需要的复合型高级专业人才。

本书以铁道电气化工程建设活动为研究对象,阐述为达到铁道电气化工程建设目标,参与铁道电气化工程建设活动各主体(业主、承包商、监理工程师)在工程建设中的地位、作用及相应的铁道电气化工程管理问题。全书共分16章,系统地介绍了铁道电气化工程管理的内容、特点、理论、方法和施工组织设计与施工管理,重点阐述了工程进度管理、质量管理、成本管理、合同管理、信息管理及工程监理等内容,编写过程中,紧密结合我国铁道电气化工程项目管理实际和最新成果,使学生能够轻松理解和掌握铁道电气化工程管理的概貌,并能灵活运用该课程所学内容。

本书为适应高等学校教学改革需要,满足铁道电气化工程建设需求,在保证了教材大纲的基本要求的基础上,在内容安排上更多地结合我国铁道电气化工程管理实践,以铁道电气化工程项目为背景、有效处理不确定性风险干扰为工程管理控制核心,阐述铁道电气化工程项目管理的基本概念、组织管理理论、进度控制、质量控制、成本控制、合同管理、信息管理、人力资源、团队建设、设备及物资管理等设计铁道电气化工程管理的基本问题。

本书由兰州交通大学闫永智主编。参加编写的有闫永智(第一、四、六、八、九、十一章),王果(第二、十二~十六章),徐金阳(第三、五、七、十章)。全书由闫永智统稿。此外,研究生肖健和刘芳也为书中文字和图表做了大量工作。感谢我校老师张振海、张雁鹏、王海涌、王秀华、赵庶旭对本书的指导帮助。

本书在编写过程中，还得到自动化与电气工程学院领导及师生的关心和帮助，也得到中铁电气化局集团有限公司的大力支持，同时也得到了兰州交通大学教务处的大力支持，在此一并表示感谢！

在本书的写作过程中参考了许多国内外正式出版的书籍和发表的文章，以及许多网络的资料。有些已在本书后列出，有些可能遗漏了，在此向各位作者表示深深的谢意和歉意。

铁道电气化工程管理在我国尚处于不断完善和发展过程中，需要在实践中不断地总结。由于编者水平有限，书中难免有错误和不当之处，敬请读者批评指正。

编　者
2010 年 12 月

目 录

1　导　论

　　铁路建设对增加国内生产总值、拉动经济增长起着巨大作用。自 1876 年中国第一条营运铁路出现及 1975 年 7 月全国建成的第一条电气化铁路——宝(鸡)成(都)铁路通车,至 2007 年底,中国铁路营业里程达 8.6 万 km,里程居世界第二位,路网密度 89.1 km/万 km²,全国铁路复线里程 3.3 万 km,复线率 38.8%。电气化里程 3.6 万 km,电气化率 41.7%。根据《综合交通网中长期发展规划》,2020 年我国铁路网营业里程将达到 12 万 km 以上,复线率和电化率分别达到 60% 和 70% 以上,进一步扩大铁路网规模以及提高电气化铁路比重,并建立省会城市及大中城市间的快速客运通道,规划"四纵四横"等客运专线以及经济发达和人口稠密地区城际客运系统,预计建设客运专线 1.6 万 km 以上。快速客运网总规模达到 2 万 km 以上,煤炭通道总能力达到 18 亿 t,西部路网总规模达到 3.5 万 km,形成覆盖全国的集装箱运输系统。这说明新建及改造铁路工程及铁道电气化工程还大有市场。

　　铁路建设已经在我国掀起新一轮的高潮。按照规划中提及的电化率达到 60% 的要求,且规划中的高速铁路、客运专线都是电气化铁路,因此展望未来,铁道电气化工程正前程似锦且任重而道远。

1.1　工程与项目

　　所谓工程是指在限定的时间、空间和资源约束条件下,应用科学原理,集成多门专业技术,为一次性开发或建造特定的用于造福人类或实现自然资源转化功能的设施、装置或概念体系而形成的一个由人与其他资源要素组成的有机整体及其实现明确目标的过程。

　　凡是按一个总体设计的建设工程并组织施工,完工后具有完整的系统,可以独立地形成生产能力或使用价值的工程,称为一个建设项目。执行建设项目投资的企业或事业单位称建设单位。

　　近年来,人们习惯将"工程"(Engineering)与"项目"(Project)通用。但严格来讲,"项目"是个更为广泛一般的概念,而"工程"则是特指某类专门的项目。由于铁道电气化工程本身的针对性,可以将"铁道电气化工程"与"铁道电气化项目"通用。

　　尽管各类工程项目表面上有千差万别,但它们都具有下述几项共同特征。

1)工程的单件性

这是工程的最主要特征,它指的是任何工程都有自己的任务内容、完成的过程和最终的成果,不会完全相同。工程不同于工业生产的批量性和生产过程的重复性,每个工程都有自己的特点,都不同于别的工程。只有认清工程的单件性,才能根据工程的特殊情况和要求进行有效的科学的管理。如具有特定地理环境要求的土木建筑工程,其建设地点一次性确定,建成后不可移动,则设计和施工都具有明显的单件性。

2)功能的特定性

工程实施过程中的各项工作都是为完成工程的特定目标而进行的。究其实质,各类工程目标的特定性源于其功能的特定性,例如,软件工程是一类典型的智力密集型工程,其潜在的核心功能是技术开发,而非其他。

3)工程的系统性

在现代社会中,一个工程往往由多个单体组成,同时又要求众多其他单位的共同协作,工程由成千上万个在时间、空间上相互影响制约的活动构成,每一个工程在作为其子系统的母系统的同时,又是其更大的母系统中的子系统。而且,工程的环境适应性、系统联系性、动态性、结构多样性、行为复杂性等特性,更要求我们全面、动态、统筹兼顾地分析处理问题,以系统的观念指导工作。

4)目标的明确性

任何工程都具有明确的建设目标,包括宏观目标和微观目标。政府有关部门主要审核工程的宏观经济效果、社会效果和环境效果。企业则较多重视工程的盈利能力等微观财务目标。

5)约束性

工程实现其最终目标要受到多方面条件的制约,主要有:

(1)时间约束,即工程要有合理的工期时限;

(2)资源约束,即工程要在一定的人力、财力、物力条件下来完成建设任务;

(3)质量约束,即工程要达到预期的生产能力、技术水平、产品等级的要求;

(4)空间约束,即工程要在一定的施工空间范围内通过科学合理的方法来组织完成。

6)影响的长期性

较之一般的项目而言,工程的建设周期、投资回收期和工程寿命周期相对较长,工程质量的好坏影响面更大,作用时间更长。

7)投资的风险性

由于工程建设是一次性的,建设过程中各种不确定因素很多,因此投资的风险性很大。这种风险性主要来自于工程的动态性和不确定性,如自然、社会、经济、资源、市场、技术和法律等因素的动态变化,因素状态的不确定性或认识上的局限性。

8）管理的复杂性

工程的内部结构存在许多结合部，即主体工程与配套设施之间、单项工程之间、工程阶段之间和环节之间的接口或衔接，这些恰恰是工程管理的薄弱环节，使得参加建设的各单位之间的沟通、协调困难重重，也是工程实施中容易出现质量问题和事故的地方。

1.2　铁道电气化工程项目内容

铁道电气化工程项目从大的方面来说，包括新线电气化和既有线电气化改造，但它们又包含许多子项目，通常有：

1）电气化前的技术改造工程（新线一次电气化工程没有此项内容），包括站场股道的增加及有效长度的延长和区间小曲线半径改造等工程。

2）通信工程，包括电缆工程和相应的通信站、区段、地区通信、无线列调等工程。

3）信号工程，包括电气集中、自动闭塞、调度集中、机车信号等各项室内外电缆及设备安装工程。

4）电力工程，包括自闭、贯通电力线、站场电力、配电所、电源引入、桥隧电力等项工程。

5）接触网工程，包括接触网、供电线等工程。

6）牵引变电工程，包括变电所、分区亭、开闭所和远动系统等工程。

7）机务供电工程，包括电力机务段、折返段、供电段等工程。

8）安装电气化设备的配套房建工程。

概括地说，上述各项工程在内的土建、通信、信号、电力、电气化几方面的多项工程组成了铁路电气化工程的整体。

而新建电气化铁路基本建设工程项目有线路路基及轨道、桥隧建筑、站场、机务设备、车辆设备、给排水、通信、信号、电力、供电、房建等，一般将前三项称为站前工程，后面统称站后工程。

因而铁道电气化工程既是个系统，也是个过程。目前正在新建的客运专线，高速铁路都采用电力牵引，因而属于新线电气化工程的一部分。

1.3　铁道电气化工程项目特点

铁道电气化工程具有一般工程项目的特点，如规模大、工期长、投资高、风险大、管理难等。而目前新建的客运专线电气化工程又具有"四新、二高、一紧、一多"等特点，即采用较多的新技术、新设备、新工艺、新方法，标准高、质量等级高、工期紧、交叉施工多。部分设备国外采购，采购周期长，手续多，工作量大，国内尚无施工和调试经验，具体操作时不确定因素较多；尤其是接触网施工需轨道具备条件，并且客运专线速度等级高，因此对冷滑、热滑试验的要求很高,而铺轨完成后留给接触网冷滑试验的工期很短,工期相当紧张。

铁道电气化工程项目与一般的项目相比,又有其自身的特点。在铁道电气化工程项目管理中,既需要遵循和运用一般项目管理的理论和方法,又有自己特定的管理程序和管理方法。

铁道电气化工程项目的特点有:

1)规模大。工程规模大,工程复杂,地域广、跨地区,一条铁路成带状分布,绵延数百上千公里,对沿线社会、政治、经济、文化、国防、生态环境影响巨大。

2)投入高。投资大,资金来源多元化。一条大型的新建铁路工程项目的投资,少则几亿元,多则上千亿元,而且投资来源可以有多种渠道。不同的投资来源可能要求采用不同的管理模式,例如外资项目一般采用国际通用的项目管理模式,内资项目目前仍采用国内的常规管理模式。

3)工期长。新建铁路历时数年,工程环环相扣,计划动态调整。一条新建铁路工程项目的建设往往需要几年,随着工程的进展、周边环境的变化,经常需要控制和调整工程实施计划。

4)风险多。沿线自然地理条件与人文环境复杂。铁路工程与周边环境相互影响关系密切,而且大多是在露天野外施工,易受自然条件影响。因而决策风险、设计风险、施工风险、技术风险、质量风险、投资风险、自然灾害以及其他不可抗风险等等,几乎贯穿工程建设的全过程。

5)管理难。上述 4 个特点,使铁道电气化工程项目的管理难度大为增加。铁路车、机、工、电、辆各专业协同性强,有的牵一发而动全身,加之参建单位多、周边环境复杂。铁路参建单位之间、铁路与地方之间、铁路各专业之间需要经常性的沟通与协调,管理上要求分散与集中的统一,管理跨度大、各类变更多,难度也相应增加。

应当说,以上 5 个特点是在相互作用之下形成的一种综合特点。就单纯某一点而论,并不一定比某些其他行业突出,但同时都具备 5 个特点的就寥寥无几了。铁道电气化工程项目的这些特点,使项目管理工作更为复杂,难度更大,对项目管理提出了更高的要求,需要更多地采用当代先进的项目管理理论与方法,认真总结提高和运用我国自己的铁路项目管理经验,才有利于实现铁道电气化工程项目的最终目标。

1.4 铁道电气化工程项目的建设程序

铁路电气化工程涉及面广,是具有社会性、法制性、政策性、规范性和程序性特点的系统工程。其建设程序是指工程必须从决策、设计、施工到竣工验收的整个过程中,各阶段、各环节之间必须遵循一定的次序。各个阶段划分清晰、任务明确、依据规定清楚,具有严格的操作规定要求。其建设程序与前述的一般的工程建设程序大体类似,可划

分为以下 3 个阶段：

1）前期阶段

前期阶段是指建设工程项目投入施工前的工作阶段，包括预可行性研究、工程可行性研究、初步设计。

2）施工阶段

施工阶段包括施工准备（含施工图设计）和施工组织。

施工准备的主要工作有：由建设单位委托设计院进行施工图设计，"三通一平"（通路、通电、通水、平整场地），组织工程招标，委托监理，签订承包合同，开工报告等。

施工组织的主要工作有：编制施工组织计划，实施进度控制、投资控制、质量控制等。

3）竣工投产阶段

竣工投产阶段包括竣工验交、生产准备、后评价。

1.5　铁道电气化工程管理

1.5.1　铁道电气化工程管理概念

所谓铁道电气化工程管理，就是为使该工程在一定的约束条件下取得成功，对工程的所有环境要素、资源要素和工程活动实施决策与计划、组织与指挥、控制与协调、教育与激励等一系列工作的总称。

铁道电气化工程管理的任务可以概括为最优地实现项目的质量、投资/成本、工期、安全四大目标，也就是在科学决策的基础上对工程实施全方位、全过程的管理活动，有效地利用有限的资源，用尽可能少的费用、尽可能快的速度和优良的工程质量建成工程，使其实现预定的功能。

铁道电气化工程项目管理的内容就是对上述的工程项目的建设程序中的具体工作，采用先进的管理理论、方法和工具进行严格管理，按照投资、工期、质量、功能效益等目标要求，完成项目。

1.5.2　铁道电气化工程管理的职能

根据上述铁道电气化工程管理概念，可以得出工程管理的职能主要体现在四个方面：决策与计划、组织与指挥、控制与协调、教育与激励。

1）决策与计划

决策是计划的重要依据之一，是决策者对工程有关的重大问题所作出的方向、目标、战略或方案选择和决定。计划，就是根据决策情况，制订科学的奋斗目标、工程资源（如人、财、物、时间等资源）的分配和使用方案，来指导工程的各项管理活动和施工活动。计划要有明确的目标，以及达到目标所采取的措施和方法，实施的地点、时间和负责人,需要消耗的原材料,会带来的效果等。一个工程如没有正确的决策和科学的计划,就不可能实现其目标。

2)组织与指挥

组织就是根据计划目标,合理安排人力、物力和财力,把工程的各个方面、各个阶段,按计划的要求严密地组织起来,使计划规定的措施方法落实到每个部门、每个环节乃至每一个成员。指挥就是为达到计划目标而实行的有效的领导,使工程的各个职能部门和各个基层单位都能按照统一的意志协调、有序地运行。

3)控制与协调

控制就是通过信息反馈系统,对工期目标、质量目标、成本目标及其他目标和实际完成情况及时进行对比,发现问题,立即采取措施加以解决。协调就是及时调整解决各个过程、各个环节和各职能部门之间的矛盾,做到人尽其才,物尽其用,以期达到工程的目标。

4)教育与激励

进行有效的思想政治工作,坚持精神鼓励和物质鼓励相结合的原则,调动广大职工的积极性、创造性,共同为实现工程的总目标而努力。

上述各种具体职能是一个紧密联系的有机整体,共同围绕工程这个中心发挥其各自的独立作用。通过决策与计划,明确奋斗目标;通过组织与指挥,实现工程的有效运转;通过控制与协调,建立正常的秩序,及时解决不协调因素;通过教育与激励,调动职工积极因素,从而保证工程既定目标顺利实现。

综合以上分析,可以将铁道电气化工程管理描绘成一个由管理要素、管理职能、管理过程以及环境因素综合作用的三维体系,如图 1-1 所示。

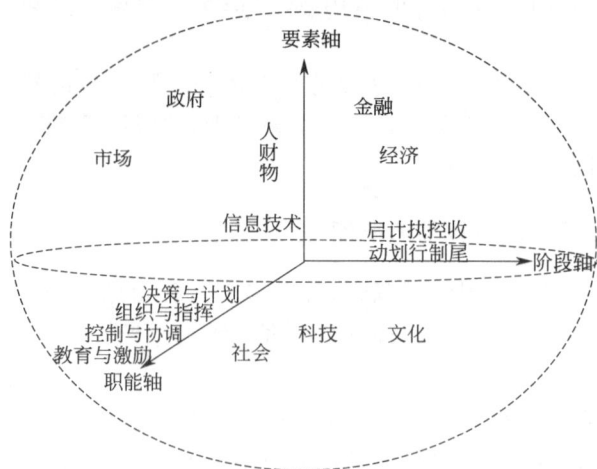

图 1-1　铁道电气化工程管理的内涵

1.5.3　铁道电气化工程项目管理理念

1）系统工程

所谓系统就是一个由多个元素有机地结合在一起的集合体,它执行特定的功能以达到特定的目标。铁路工程是一个复杂的系统,铁道电气化工程项目是一个庞大的系统工程,应当运用系统工程的观点和方法进行管理。

按照我国著名科学家钱学森的定义,"系统工程是组织管理系统的规划、研究、设计、制造、试验和使用的科学方法","系统工程是一门组织管理的技术"。

系统工程的要点是系统的思想、数学的方法和计算机的技术。

系统的思想,即把研究对象作为整体来考虑,着眼于整体最优运行。数学的方法就是用数学定量的方法研究系统,通过建立系统的数学模型和运行模型,分析得到的结果,再施行于原系统。计算机技术是求解数学模型的工具,在系统的数学模型上模拟,以实现系统的最优化。

系统工程方法论的基础是系统的"三维结构体系",它是由时间维、逻辑维和知识维组成的一个立体结构。

(1)时间维。把系统划分为7个时间阶段:

①规划阶段:对系统进行定义,确定系统目标,制定开发规划和策略。

②制定研制方案阶段。

③研制阶段:实现系统的研制方案。

④试运行阶段:将系统投入试运行。

⑤安装调试阶段:安装完整的系统,拟订运行维护规范和运行计划。

⑥运行阶段:按预定目标运行系统。

⑦更新阶段:改进旧系统,使之成为新系统。

(2)逻辑维。逻辑维指系统开发过程中每个阶段所经历的步骤。

①问题确定。

②确定目标和评价标准。

③系统综合:研究达到目标的各种策略。

④系统分析:通过建模,推断可供选择的各种方案的可能结果。

⑤最优化:求出最优的系统方案。

⑥系统决策:选出最优方案。

⑦计划实施:将优选方案付诸实施。

(3)知识维。知识维指完成各阶段所需的知识。

①工程知识。

②数学知识。

③社会科学知识。

④计算机技术。

⑤法律知识。

2）树立项目风险意识

铁道电气化工程项目的影响因素十分复杂，工程持续时间长，铁路沿线的自然、人文条件复杂，难以绝对控制，因此项目风险是客观存在的，发生风险事故并不足怪，但是不能掉以轻心。在项目的立项、计划、设计、施工等过程中，必须进行项目风险分析，努力进行风险控制，力求避免风险事故，尽量减少风险的损失。而项目风险所产生的后果与损失则按照合同，由建设单位（业主）、设计单位、施工单位（工程承包商）和工程监理单位分担。

3）树立法制观念，依法管理

遵纪守法是每个公民应尽的义务，依法行政则是行政管理者和执法者的职责。

随着社会的发展和进步，法律已越来越多地介入到经济活动中，项目管理也不例外。作为一个项目的管理者，必须树立法制观念，了解与项目有关的法律、法规和条例，依法管理，避免违法违规，并且能够适当借助法律来保证项目目标的顺利实现。

铁道电气化工程项目所涉及的法律、法规和条例相当多，铁道电气化工程项目管理必须严格遵循这些法律和条例，依法管理。如《中华人民共和国铁路法》、《中华人民共和国建筑法》、《中华人民共和国经济合同法》、《中华人民共和国会计法》、《中华人民共和国审计法》、《中华人民共和国土地管理法》、《中华人民共和国水土保持法》、《中华人民共和国环境保护条例》、《铁路建设工程招标投标实施办法》、《国家铁路基本建设工程设计概算编制办法》、《铁道电气化工程项目经济评价办法》、《建设工程质量管理办法》、《建设项目竣工验收办法》等。

4）增强环保意识

当今世界面临着严重的环境问题，现代工业化带来了高度的物质文明，也造成了环境的严重恶化，严重影响了人类的生活和人类社会的可持续发展。环境保护已经成为人类的普遍共识，获得了世界各国的高度重视。

铁道电气化工程项目的实施，一方面要消耗大量的自然资源，另一方面要向大自然排放大量的废水、废气、废渣，产生噪声和电磁干扰，从而使自然生态环境遭到破坏。因此，必须增强环保意识，充分重视环境保护工作，在项目的规划、实施过程中认真贯彻"预防为主，防治结合"的方针，执行三同时制度（环境保护与主体工程同时设计、同时施工、同时运行），做好环保设计和环保施工，进行环境监测和调查，采取有效措施，把环境保护工作落到实处。

1.5.4　铁道电气化工程管理现代化

所谓铁道电气化工程管理现代化，就是适应现代社会要求，依照工程内在的客观规

律,运用现代科学管理手段和方法,对工程实行有效的管理。工程管理现代化是一个动态的概念,它所包含的内容和要求人们在不断探索和实践中随着科学技术、生产力的发展而不断发展变化。

1)铁道电气化工程现代化的内容

铁道电气化工程现代化的内容涉及面广、内容丰富,主要包含六方面的内容,如图 1-2 所示。

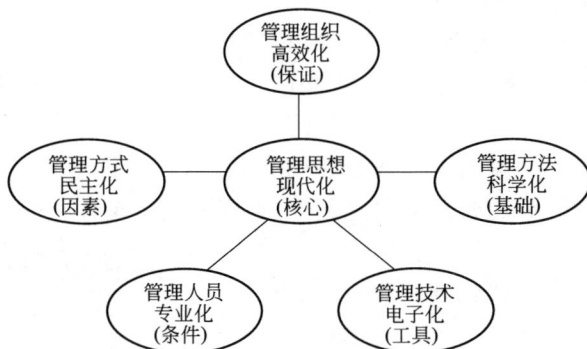

图 1-2　铁道电气化工程管理现代化的内涵

(1)管理思想现代化

这是所有现代化内容中最重要的一条。要将现代管理思想和理论运用于工程管理,如系统论、信息论、控制论、行为科学等,它们是现代工程管理理论体系的基石,体现了当代最新的管理思想。此外,在管理中,要树立市场观念、服务观念、竞争观念、革新观念等,以指导工程的进行。

(2)管理组织高效化

管理组织高效化就是根据现代管理组织理论,采用开放系统模式,并用科学的法规和制度规范组织行为,确定组织功能和目标,协调管理组织系统内部各层次之间及其同外部环境之间的关系,提高管理组织的工作效率。

(3)管理方法科学化

工程管理要有一整套适合现代化大生产要求的科学管理方法,如预测技术、决策技术、数学分析方法、数理统计方法、模糊数学、线性规划、网络技术、图论、排队论等,用以解决工程管理中的各种复杂问题。

(4)管理技术电子化

为适应管理高效的需要,工程管理应采用先进的技术装置或技术手段。如计算机的应用以及管理通信装置、时间指示记录装置、生产监控装置、文件资料复制设备、多媒体等。随着生产规模扩大,技术复杂程度越来越高,企业的信息量急剧增加,把电子计算机应用于管理,不仅可以节约人力,而且可以做到准确及时。

(5)管理人员专业化

现代化施工活动规模大、机械化程度高、质量要求严、经济核算要求准确、计划要求周密,施工管理、质量管理、预算管理、机械设备管理、财务管理等专业管理逐渐发展成为独立的学科,并采用了现代科学管理方法,这就需要专业化的工程管理公司,提供全套的专业化咨询和管理服务,也要求工程经理及其管理组织的各项专业管理人员不仅要熟悉业务,同时要学会应用现代管理方法和手段。

(6)管理方式民主化

现代工程施工是成千上万人的活动,只靠少数人是不行的。这里所说的民主化是指在工程经理统一指挥下充分发挥广大成员的积极性和创造性,共同搞好管理。

上述工程管理现代化的六个方面是密切联系,相互促进和缺一不可的——管理思想是核心,管理组织是保证,管理方法是基础,管理人员是条件,管理手段是工具,管理方式是因素。

2)铁道电气化工程现代化方法和技术

(1)动态控制

在项目管理中,控制的对象是工程项目,控制行为的主体是项目的业主或项目经理部,控制对象的目标构成目标体系。

项目动态控制是现代化项目管理的主要方法,它是这样一种项目管理

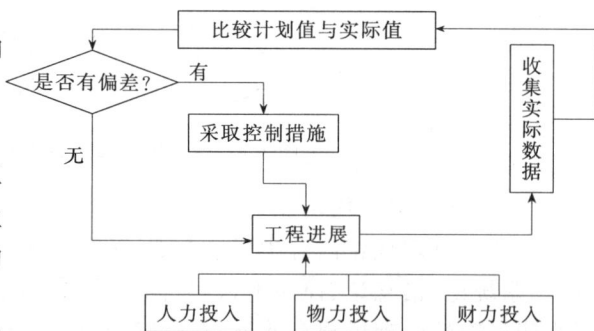

图 1-3　项目动态控制原理

过程:在实现项目目标的过程中,行为的主体制订计划实施项目,将会遇到干扰。行为的主体在项目实施的过程中,收集项目的状态信息,将它与原计划(标准)比较,发现偏差,及时采取措施纠正偏差,使项目的实施按计划进行。但是在新的干扰因素的作用下,又会发生新的偏差,又需要采取措施纠正偏差。项目控制就是这样动态循环地进行,直至项目完成。项目动态控制原理如图 1-3 所示。

在项目控制中,既要对项目的全过程进行控制,又要对项目的全部要素进行全面控制。项目的要素包括资源(人、财、物)、信息、技术、组织、时间、信誉等。

动态控制的周期视工程项目的复杂程度和控制的详细程度而定。对于一条铁路全线工程的建设项目,动态控制的周期通常是一个月;对于重点的单位工程(如特大桥梁、长大隧道),动态控制的周期可以是一周或一旬。

动态控制可以分为事先控制、事中控制和事后控制。对于铁道电气化工程项目提倡事先控制,即防患于未然,在偏差发生之前预先分析可能发生的偏差,采取预防措施,防止偏差发生。

（2）网络计划技术

网络计划是一种在项目的计划、进度控制中很有用的技术。网络计划技术包括关键路径法（CPM）和计划评审技术（PERT），它用网络计划图表示项目中的各种工序的顺序流程及其相互关系。

关键路径法（CPM）和计划评审技术（PERT）都是采用直观的图形（网络图）来表示工程各工序先后逻辑关系的方法，能够根据给定的工序的先后逻辑关系作出最短的进度计划。其基本算法很简单，核心是每道工序必须在其紧前工序都完成后才能开始。其中 CPM 更为简单，各工序的持续时间仅考虑一种固定值；而 PERT 则稍微复杂一些，各工序的持续时间要考虑 3 个值（正常值、乐观值和悲观值）。故计划评审技术更适用于不确定性高的工程，这些工程中许多工序的持续时间往往不很确定。在铁路工程施工中，各工序的持续时间一般较为确定，故关键路径法更为适用。

（3）优化技术

系统工程的基本目标是实现系统的最优化。对于铁道电气化工程项目而言，项目管理的目标就是在既定的条件下，最优化地控制进度、投资、质量、资源，完成项目。当代的优化技术可以在项目管理中发挥重要的作用。

常用的最优化数学方法有：函数极值解法、变分法、最小（大）值原理、动态规划等。

铁道电气化工程项目中需要运用优化技术的问题很多，主要有：

①工程设计优化。在工程项目的初步设计、技术设计、施工图设计中都需要对工程设计方案进行优化，使得所设计的工程项目在保证质量的前提下，其工程量和投资是最优的。

②施工组织优化。对施工组织设计进行优化，使得建设工程项目的实施能够以最短的工期、最少的投资、最佳的质量完成，达到预定的项目目标。

③资源配置优化。对工程项目实施中的人、财、物的配置进行优化，包括消耗总量优化、时间调度、资源组织优化等。

（4）风险管理

风险管理是研究风险的发生规律和风险控制技术的一门新兴的管理学科。

风险管理的目标是以最少的成本实现最大的安全保证效能。在风险损失发生之前，尽可能地避免发生风险事故，为潜在的风险事故作好各项应付对策；在风险损失发生之后，积极采取补救措施，尽量减少风险损失，迅速恢复正常生产。

风险管理的内容包括：风险识别，风险衡量，风险处理，风险管理效果评价等。

铁道电气化工程项目的风险是客观存在的，它可能由自然灾害引起，也可能由人为的或社会的原因而产生。例如：一场特大洪水突然把正在施工的路基冲毁；由于前期勘测工作马虎，所提供的水文地质资料与实际情况不符，据此做出的工程设计方案在施工中不得不进行变更设计;原材料价格出乎意料地大幅度上涨,等等。这些意外事件皆是风险事件,都将给工程项目造成重大的损失。因此必须把风险管理纳入项目管理之中。现在风险管理越来越受到了人们的重视。

(5)统筹管理

铁路建设工程是一个复杂的系统工程,影响因素很多,应当综合分析,统筹管理。在着重抓住工程项目的进度、成本、质量等主要因素外,对于人力、设备、材料、用地、水电、安全等均应统一规划,妥善安排解决。

铁路建设工程中的施工场地的"三通一平"问题(通路、通水、通电、平整场地),以及临时通信设施的建设,应当永久与临时结合,通盘考虑。一方面,既考虑到节约工程的总投资,又有利于缩短线路开通和投产的期限;另一方面,既考虑到铁路工程的需要,又适当改造周边环境,尽可能地为铁路沿线地区提供便利。物资采购的统筹也是一个需要考虑的问题,以保证所采购的材料与设备的标准、规格统一,价廉物美,最终保证实现工程项目目标的要求。

(6)FIDIC 条款

FIDIC 法是由国际咨询工程师联合会(FIDIC 为法语缩写音译)制定的工程实施方法,它集工业发达国家土木建筑业上百年的经验,把工程技术、法律、经济和管理等知识有机地结合而成,有人称之为国际工程承包的"圣经"。FIDIC 法已被许多国家采用,使用效果令人满意,是国际贷款组织和投资机构一致推荐的方法。

FIDIC 法的狭义是指制定土木工程施工合同的条款(条件)的合同文件;广义是指工程项目由以下方法实施:招标文件的制备、投标人的资格预审、选择承包人、选择工程师(监理工程师)、施工等一系列程序。

FIDIC 法条款规定合同由三方组成:业主、负责施工的承包商、受委托的咨询工程师(监理),三方责任明确,相互制约,保证完成项目的目标。业主是工程项目发包体系的主体,监理受业主的委托与授权,负责对项目的实施进行监督,施工承包商负责项目的施工,完成工程产品,他们构成项目的"三方当事人",其关系由合同确定。

FIDIC 法条款规定合同文件由下列文件组成:合同协议书,中标通知书,投标书,专用合同条件,通用合同条件,组成合同一部分的任何其他文件。

1992 年我国建设部和国家工商行政管理总局联合颁发了《建筑合同示范文本》,标志着我国建筑合同的管理参照条款的内容形成的铁路建设自身的工程《铁路建设工程施工合同示范文本》,则是借鉴承发包合同示范文本,有力地推动铁路建设管理向国际接轨。

(7)ISO 9000 质量认证

ISO 9000 系列是国际标准化组织颁布的一套质量认证标准。ISO 9000 通过建立质量保证体系,要求企业对产品质量的产生、形成、实现进行全过程控制,有效地消除产品质量的隐患。

ISO 9000 系列标准已被世界上大多数国家和地区采用,成为人们对质量保证和质量管理制度的共同理解与行动的准则。在我国铁道电气化工程项目管理中也积极推行 ISO 9000 系列标准。

(8)智能决策支持

在铁道电气化工程项目的实施过程中,从最初的立项,到施工中的纠偏控制,几乎无时不在决策。项目的管理者需要根据工程项目的明确目标,对项目计划和实际情况充分而深刻的了解,运用科学的决策方法,及时地做出各种决策。铁道电气化工程项目的影响因素极其复杂,数据量庞大,工程进展动态变化。审时度势,把握全局,相当困难,很有必要运用智能决策支持技术。

决策支持系统是 20 世纪 80 年代迅速发展起来的新型计算机学科。决策支持系统是运筹学与计算机信息管理系统相结合的产物,它的新特点是在数据库的基础上,增加了模型库和模型库管理系统,把众多的模型(数学模型和数据处理模型)有效地组织和存储起来,综合利用大量数据,通过人机交互,辅助各级决策者实现科学决策。

智能决策支持系统是在决策支持系统的基础上集成了人工智能的专家系统而形成的。智能决策支持系统充分发挥了专家系统以知识推理形式解决定性分析问题的特点,又发挥了决策支持系统以模型计算为核心的解决定量分析问题的特点,充分做到定性分析与定量分析的有机结合,使解决问题的能力和范围更为扩大,辅助决策功能更加强大。

1.5.5　铁道电气化工程项目管理的内容

从项目管理的角度,一个建设工程项目一般有以下 4 要素:

1)完成组成项目的各工作所需的时间,即进度计划及进度控制。

2)项目的成本,即成本测算和控制。

3)完成组成项目的各工作所需的各种资源,即资源调配与安排。

4)完成组成项目的各工作应达到的质量,即质量监督与控制。

这些要素相互密切联系,又相互制约。对这些要素的管理和控制,是建设工程项目管理的主要任务,对它们的控制的好坏将决定铁道电气化工程项目实施的最终结果。项目管理的目标就是寻求这 4 要素之间的、优化的、均衡的控制结果。

铁道电气化工程项目管理原则上也是对以上 4 要素的管理与控制,但是从项目的不同参与者和不同的任务对象,可以区分为以下工程项目管理:

1)建设项目管理

这是项目的建设单位(业主)或建设单位(业主)委托的咨询监理单位负责进行的对项目的管理,贯穿于从编制项目建议书直到项目竣工验收的全过程,其主要任务是控制项目的规模和投资,达到项目的目标,发挥项目的应有的效益。

2)设计项目管理

由设计单位负责进行的项目管理,只在项目设计阶段进行,其主要任务是控制项目设计的按质按时完成,赢得合理的利润。

3)施工项目管理

由施工单位负责进行的项目管理,只在项目实施阶段进行,其主要任务是控制项目施工的进度、成本、质量、资源等,使项目按质按时完成,赢得合理的利润。

4)工程项目建设监理

由业主委托的工程监理单位负责进行项目管理,一般只在项目实施阶段进行,其主要任务是控制项目的质量和成本,达到项目的目标。

1.5.6 五控三管一协调

铁道电气化工程项目管理的基本内容可以归纳为"五控、三管、一协调",即

五控:进度控制、成本控制、质量控制、安全控制、环境控制;

三管:合同管理、风险管理、信息管理;

一协调:组织协调。

在铁路建设工程的进度、质量、成本的控制关系中,进度控制是中心环节,质量控制是根本,成本控制是关键。在项目实施过程中要正确处理进度、质量、成本的关系,它们是对立统一的,三者互相关联、互相依存、互相影响。

1)进度控制

进度控制是指在限定的工期内,以事先拟定的合理且经济的工程进度计划为依据,对整个工程建设过程进行监督、检查、引导和纠正的行为过程。进度控制在工程项目的整个目标控制体系中处于协调、带动其他工作的龙头地位,在工程项目的管理中具有举足轻重的作用。

在工程建设的进度、质量、投资的控制关系中,进度控制是中心环节,质量控制是根本,投资管理控制是关键,而对进度计划实施的全面控制,是投资目标和质量目标实施的根本保证。

铁道电气化工程项目从项目开始就必须对其过程进行监控,以确保每件事都按照进度计划进行。尤其是在工程项目的实施阶段,应当紧密跟踪施工的进度,掌握施工进度。一旦发现项目进度偏离计划,必须及时采取纠正措施,以保证工程按期完成,发挥工程的预期的经济效益和社会效益。工程建设(施工)的进度与质量、成本直接相关。实际上无论是工程进度的超前或延误都会对后续未完成的工作带来负面影响。尤其是盲目地赶进度、超计划、追求提前完工,势必降低质量,提高成本,往往得不偿失,否则就是原计划编制有误。

2)成本控制

以最少的投入获得最大的产出,这是一切经济活动的法则。项目成本控制是指在

项目成本的形成过程中,对生产经营所消耗的人力、物力资源和费用开支,进行指导、监督、调节和限制,及时纠正成本偏差,把各项费用控制在计划成本的范围内,保证项目成本目标的实现。铁路建设工程同样需要讲究成本与效益。成本控制的目标就是在保证工程质量和进度的前提下,努力把铁道电气化工程项目的成本控制在预定计划之内,避免出现投资超预算、超计划的情况。

3)质量控制

工程质量是决定工程建设的根本,符合质量标准的工程才能发挥应有的作用和效益,"豆腐渣"工程将贻害无穷。铁道电气化工程项目施工过程中必须按照设计要求,遵循科学规律,在不增加工程成本的前提下提高工程质量。质量控制的任务就是采取措施防止发生质量问题,在工程实施的过程中监督工程质量,一旦发现质量问题应及时采取措施予以解决。

4)安全控制

安全管理即采取措施避免施工过程中的危险和安全事故,安全控制的对象为人、物和环境,安全的三大主要措施为安全法规、安全技术和工业卫生,安全控制的对象和措施构成了安全体系。

5)环境控制

对于铁道电气化工程项目的环境保护工作,根据国家和相关部门的要求,建设单位负责委托、组织开展环境影响评价工作,编制环境影响报告书,经环保部门审批后,进行环境保护设计,执行环境保护设施与主体工程同时设计、同时施工、同时投产的"三同时"制度。在山区、丘陵区、风沙区修建铁路,还必须有经水利行政主管部门审查同意的水土保持方案。

为了切实做好铁路建设中的环境保护工作,建设单位应以法律为依据,不断强化环保意识,形成以"施工承包单位为主体、设计单位不断优化设计、监理单位监督实施、建设单位督促检查"的一个各负其责的完整的环保工作责任体系。

6)合同管理

铁道电气化工程项目的合同管理包括:工程勘测设计合同管理、项目施工招标管理、项目施工合同管理、物资采购合同管理、国际工程承包合同管理等。在合同管理中应尽可能地采用 FIDIC 条款,与国际接轨。在项目的实施过程中监督合同各方履行合同的情况,及时解决合同纠纷,认真处理索赔与反索赔问题。

7)风险管理

风险管理是通过风险识别、风险估测、风险评价、优化组合等技术,对工程项目的风险进行有效的控制,妥善处理风险所产生的后果,以期达到以最小的成本代价实现项目管理的目标。

8)信息管理

信息管理是铁道电气化工程项目管理的基础。项目实施中的海量的数据、图纸、文档需要分门别类地进行组织、存储,高效率地提供查询、检索、统计、报表等服务,为工程建设中的各项决策,提供准确、有效、及时的数据信息。

9)组织协调

一个铁道电气化工程项目涉及大量的人和物。从大范围来说有国家、铁路、地方三方;从直接参与铁道电气化工程项目来说有建设单位(业主)、设计与施工单位、监理单位等。为了顺利完成铁路建设工程,必须协调各个方面的要求,解决矛盾,最大限度地调动各个方面的积极性。

1.5.7 激励机制

激励机制的目的是最大限度地调动组织(企业)和员工的工作积极性和创造性,提高工作绩效。

市场经济的激励机制简单地说就是把业绩与效益挂钩,同时要把精神激励与物质激励相结合。实践证明,在铁道电气化工程项目管理中建立有效的激励机制是十分必要的。

在铁道电气化工程项目管理中应当着重注意以下几点:

1)项目招/投标

通过项目招/投标,建设单位(业主)有充分的选择余地,选择技术先进、条件优惠的承包商(设计单位、施工单位),不但可以预期获得高质量的工程产品,而且可以较大幅度地节约资金。

对于承包商(设计单位、施工单位)而言,则通过项目招/投标的竞争,提高自身的素质、技术水平和企业的生产能力。

因此,无论是内资铁路工程还是外资铁路工程,都应采用项目招/投标的方式确定工程的承包单位。

2)合同管理

按照 FIDIC 条款的规定,合同的三方(业主、负责施工的承包商、受委托的监理)责任明确,相互制约,保证完成项目的目标。

3)工程风险

工程风险由业主和承包商共同承担。业主和承包商分别承担的风险在合同中明确规定。

如果工程顺利完成,将给业主带来投资效益,给承包商带来利润;如果工程失败或出现问题,将给业主带来投资损失,给承包商造成经济亏损。

4)索赔与反索赔

在合同的执行过程中,如果一方认为另一方没有履行合同义务或妨碍了自己履行合同义务,或者发生了合同中规定的风险事件、造成了一定的经济损失,则受损方将提出索赔要求。通常是承包商提出索赔要求,而业主根据合同条款,同意给予经济补偿或

反索赔。索赔与反索赔是合同双方的权利,它促使合同双方严格遵守和履行合同,按预算合同价格内完成工程的目标。

5)责任制和奖惩制度

项目经理部应当建立严格的可操作的责任制和奖惩制度。可以明确每个职能部门的专业人员所负有的责任。如果按质按量按时完成任务,应予奖励;如果未能按质按量按时完成任务,应予追究相应的责任。对于设计和工程产品,可以实行优质优价,奖励先进。

6)精神激励

激励包括物质激励和精神激励,在许多情况下精神激励甚至更为重要,在市场经济为主导的今天也不应忽视精神激励的作用。在这方面我国铁路建设部门和施工单位已经积累了许多丰富的经验,创造了很多行之有效的方法。例如,认真开展思想政治教育,创建企业文化,增强员工的责任感、荣誉感和归属感;积极组织争先创优的竞赛活动,鼓励先进,表彰先进,学习先进,奖励先进,努力调动每一位员工的积极性和创造性,提高工作绩效。

1.5.8　项目控制系统

前面说过项目动态控制是现代化项目管理的主要方法。为了进行项目管理,需要建立个项目控制系统,实现对工程项目的动态控制。运用项目控制系统可以控制项目的投资不超支,保证项目按期竣工,准确地安排资金的流转,加强财务管理。

项目控制系统包括 6 个子系统:控制组织子系统、控制程序子系统、控制手段子系统、控制措施子系统、控制目标子系统、控制信息子系统等。其中控制信息子系统贯穿于整个项目实施的全过程。项目控制系统的组成结构如图 1-4 所示。

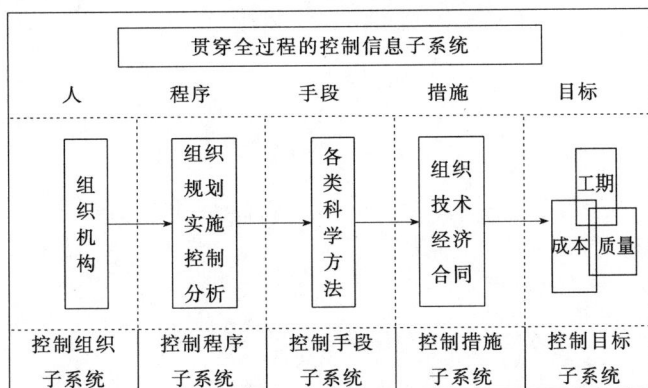

图 1-4　项目控制系统的组成

由图 1-4 可知,控制组织子系统是指项目管理的组织机构。控制程序子系统是指项目的组织、规划、实施、控制和分析等工作流程。控制手段子系统是指所采用的项目管理的科学方法。控制措施子系统是指所采用的项目管理的措施,包括组织措施、技术措施、经济措施和合同管理等。控制目标子系统是指项目的控制目标,包括工期、成本、质量。控制信息子系统是指项目的信息采集、存储、传递、筛选等。信息管理是项目管理的基础,在项目实施过程中,要求及时、准确地采集工程信息,经过筛选后分别传递到有关部门和有关人员,作为决策的依据。

复习思考题

1. 简述铁道电气化工程项目内容、特点及其建设顺序。
2. 简述铁道电气化工程项目管理的内容与方法。
3. 铁道电气化工程项目管理的激励机制有哪些?

2　铁道电气化工程管理组织

2.1　铁道电气化工程管理组织体系

工程管理组织体系包括直接管理工程和服务支持两个子系统,每个子系统又包含了承担相应各项管理内容的组织单元,如图2-1所示。对于某一具体工程,其内容可能有所不同,有的往往将两个或几个方面合并到一个组织单元的职能中,有的只包括其中几个方面。例如,对于工程咨询可能不包括营销管理。

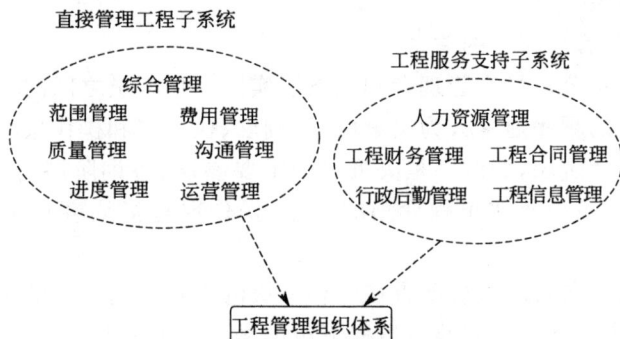

图 2-1　工程管理组织体系构成

1)直接管理工程子系统

直接管理工程子系统主要是指在工程管理体系中直接负责工程实施与完成的有关工程业务部门。主要包括:综合管理、范围管理、质量管理、进度管理、费用管理、沟通管理、运营管理等。

2)工程服务支持子系统

工程服务支持子系统是指工程管理体系中为保证工程的完成,在工程组织、人力资源配备、行政与后勤等方面提供服务与支持的部门单元,主要包括:人力资源管理、工程财务管理、行政与后勤管理、工程合同管理、工程信息管理。

工程直接管理子系统与服务支持子系统紧密联系、相互依存、不可分割。后者为前者提供服务和人、财、物及信息等方面的支持;前者为后者提出工作需求与方向,离开前者,后者就无存在价值与工作目标。前者是整个工程团队存在的价值中心,直接实现工程合同的目标与价值;后者则是前者的必要保障,其价值通过前者的工作得到实现。

2.1.1 铁道电气化工程管理组织的确立原则

建立一个工程管理组织,要注意把握"两个关系、四项原理",如图 2-2 所示。

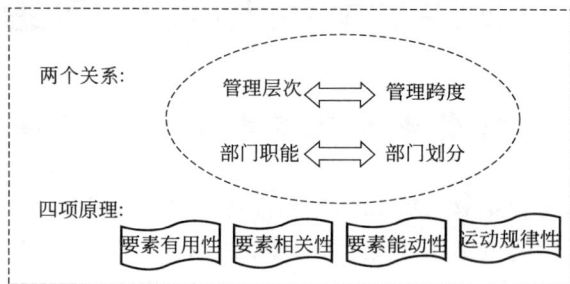

两个关系:
管理层次 ⟺ 管理跨度
部门职能 ⟺ 部门划分

四项原理: 要素有用性 要素相关性 要素能动性 运动规律性

图 2-2 工程管理组织的确立原则

1)把握两个关系

(1)管理层次与管理跨度的关系

管理层次是指从公司最高管理者到最下层实际工作人员之间的不同管理阶层。管理层次按从上到下的顺序通常分为决策层、协调层、执行层和操作层。决策层是指管理目标与计划的制订者阶层;协调层是决策层的重要参谋、咨询阶层;执行层是指直接调动和安排工程活动、组织落实工程计划的阶层;操作层是指从事和完成具体工程的阶层。

管理跨度是指一名管理人员所直接管理下级的人数。由于人的精力与能力是有限的,所以一个管理者所能直接有效地指挥下级的数目也是有限度的,但也是有弹性的。能力与精力强的管理者其管理跨度可以相对大一点,反之,管理跨度可以小一点。另外,管理跨度的大小还取决于需要协调的工作量,因而对于不同层次的管理、不同类型的事务,其管理跨度也是不同的。

一般地说,管理层次与管理跨度是相互矛盾的,因此平衡管理跨度与管理层次之间的关系,使决策与管理效率高效、快捷是组织结构设置中的一个重要问题。

(2)部门职能与部门划分的关系

部门职能的合理确定与部门划分也是组织机构设置中的重要关系。

部门的划分是指在工程管理机构中设立多少部门和设立哪些部门。部门过多将造成资源浪费和工作效率低下,部门太少也会出现部门内事务太多,部门管理困难等问题。

部门职能是指部门所应负责的工作与事务范围。部门负责的工作与事务太少,部门将人浮于事,影响工作效率和公司风气。职能过多,部门的人员会疲于忙碌,管理困难,影响工作质量。

同样,二者是矛盾的。部门过多,每个部门的职能就会减少;部门减少,每个部门的

职能就可能会增加。因此首先要处理好部门职能与部门的数量关系。另外,如何合理地划分部门与部门职能的设定又是紧密联系的。部门划分的科学合理,各部门之间的职能分工就容易合理设定,如果部门职能设定不合理,将会增加部门的数量,容易造成管理上的混乱。

2)注意四项组织活动原理

(1)要素有用性原理

任何一个组织系统都有人、财、物、时间和信息等资源构成基本要素。这些基本要素在不同时间、不同情况下表现出作用的大小、主次、方面等也各有不同。要素的有用性就意味着组织内的要素都是有用的,但可能是有益的,也可能是有害的。要求组织活动的管理者在工程管理中在注意趋利避害的同时,还要发挥每一要素的长处,根据各自特点合理使用。做到人尽其才,财尽其利,物尽其用,资源利用与工程目标达到最佳结合。

(2)要素相关性原理

要素的相关性是指要素之间的相互联系、相互制约、相互依存、相互作用、相互排斥。认识要素的相关性同时要求认识到组织的作用不是要素之间简单的作用之合。在不同的组合方式、不同的运作机制下会产生不同的结果。

(3)要素能动性原理

要素的能动性是指要素中人的作用是具有主观能动性。要素管理中最重要的是人的因素,处理好人的因素,充分发挥人的主观能动性,对于完成好工程的管理工作具有极其重要的现实意义。

(4)运动规律性原理

运动的规律性是指组织运动管理是有规律的,组织内各要素的运动与相互作用也是有规律的。在进行工程组织机构设置时要注意考虑到这一规律性,同时在组织运行时也要尊重这一规律,按规律办事。

2.1.2 铁道电气化工程管理组织的影响因素

1)来自工程管理组织外部的因素

(1)国际通行的工程管理方法与惯例

工程管理在国外,特别是在一些发达国家得到了极大的重视,工程管理的理论与实践也相对比较先进。随着社会经济的交流与合作的开展,在工程管理方面人们逐渐形成了大家共同认可及遵守的国际惯例,例如 ROT 及其衍生方式,PMC 方式以及国际上关于工程分包、费用调整、招标的管理等方面的惯例。这些国际惯例无论在形式上,还是内容上对我们在确定工程管理组织结构时都将产生相当的影响。

(2)国家经济管理环境和与工程相关的管理制度

国家的经济管理环境是否宽松,相关的管理制度是否合理、相关法规是否健全与完善,这些因素在工程组织机构的选择与确定时都将予以认真考虑。

(3)工程的经济合同关系与形式

在确定工程管理的组织形式时要注意工程的经济合同形式,主要指在付款方式上是总价合同、单价合同,还是成本加酬金合同等;在工作内容上是劳务合同、代理合同,还是委托合同等。这些合同的形式与关系在确定工程管理的组织结构时都是必须考虑的。

(4)工程管理的范围以及工程的种类、规模、性质和影响力

工程的种类是设计还是施工,是建议书、可行性研究,还是监理等;规模是小型的还是大型的或是中型的;工程的性质是基建还是技改,是新建还是改扩建;工程建设及建成后对社会,包括国内及国际地区可能产生哪些政治和经济影响等。所有这一切都是我们在确定工程的管理组织形式时不可忽视的因素。

2)来自工程管理组织内部的因素

(1)公司的组织管理模式与制度

透彻分析工程运行所在公司的工程管理模式与管理制度是确定工程管理组织结构形式的重要前提。工程的管理组织结构形式实际上是公司的管理模式与制度在某一工程管理中的具体体现。

(2)公司内领导层及各部门之间的运作方式

管理组织形式的确定涉及权力与职责的划分,公司内领导层及各部门之间的运作方式实际上是其权力与职责划分的表现。因此工程的管理组织形式的确定,一方面在相当程度上受现有公司内领导层及各部门之间的运作方式的影响;另一方面,有时为了避开现有公司内领导层及各部门之间运作方式对工程管理的影响,工程管理不得不采取一种新的组织形式。

(3)公司内对工程运作的理念与企业文化

公司的理念与文化对工程管理组织形式的影响表面上看是潜在的、无形的,但是结果却是有形的、巨大的。公司内的价值取向、敬业程度、团队精神的状况等都在确定工程管理组织形式过程中随时都在发挥着影响力。

2.1.3 铁道电气化工程管理组织的建立步骤

1)确定合理的工程目标

一个工程的目标可以包括很多方面,例如,规模、时间、质量、内容等,这些方面互相影响。对于工程的完成者来说,同委托方进行讨论,明确主要矛盾,确定一个合理的、科学的工程目标是至关重要的,这是工程工作开展的基础,同样也是确定组织形式与机构的重要基础。

2)确定工程工作内容

在确定合理的工程目标的同时,工程工作内容也要得到相应的确认,这将使工程工作更具有针对性。确定工程具体工作内容,一般是围绕进行工程工作目标与任务分解

进行的,从而使工程工作内容系统化。工程工作内容确定时,一般按类分成几个模块,模块之间可根据工程进度及人员情况进行调整。

3)确定组织目标和组织工作内容

这一阶段首先要明确的是:在工程工作内容中,哪些是工程组织的工作内容。因为不是所有的工程目标都是工程组织所必须达到的,也不是所有的工作内容都是工程组织所必须完成的,有的可能是公司或组织以外的部门负责进行的,而本组织只需掌握或了解。一些工作可能是公司的行政部门或财务部门的工作,工程组织与这些部门之间是上下游工序的关系,如图 2-3 所示。

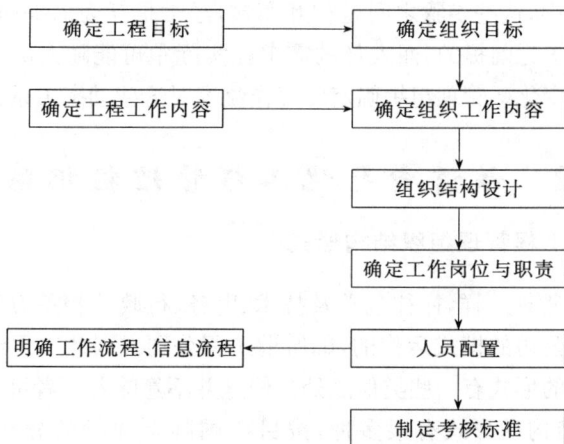

图 2-3　工程管理组织的建立步骤

4)组织结构设计

完成上述工作以后,下一步进行的就是组织结构设计。根据工程的特点和工程内外环境因素,选择一种适合工程工作开展的管理组织形式,并完成组织结构的设计。具体工作包括:组织形式、组织层次、各层次的组织单元(部门)、相互关系框架等。这里要注意前面提到的几条原则。

5)工作岗位与工作职责确定

工作岗位确定的原则是以事定位,要求岗位的确定能满足工程组织目标的要求。岗位的划分要有相对的独立性,同时还要考虑合理性与完成的可能性等。确定了岗位后,就要相应确定各岗位的工作职责。工作职责应能满足工程工作内容的需要,并做到前面所要求的权职一致。

6)人员配置

以事设岗,以岗定人是工程组织机构设置中的一项重要原则。在工程人员配备时要做到人员精干,以事选人。工程团队中的人员并不都是高智商的,也不全需要高学历。根据不同层次的事物安排不同层次的人。

7）工作流程与信息流程

组织形式确定后，大的工作流程基本明确了。但具体的工作流程与相互之间的信息流程要在工作岗位与工作职责明确后确定下来。工作流程与信息流程的确定不能只在口头形式上，而要落实到书面文件，取得团队内部的认知，并得以实施。这里要特别注意各具体职能分工之间、各组织单元之间的接口问题。

8）制定考核标准

为保证工程目标的最终实现与工作内容的最后完成，必须对组织内各岗位制定考核标准，包括考核内容、考核时间、考核形式等。有关内容将在人力资源一章详细论述。

在实际工程工作中，这些步骤之间是相互衔接，经常是互为前提而开展工作的，如人员的配备是以人员的需求为前提的，而人员的需求在实际中可能随人员获取结果的影响和人员考核结果的影响而变化。管理组织确定的工作流程对这些动态关系进行了形象的描绘。

2.2　铁道电气化工程管理组织结构

2.2.1　常见的工程管理组织结构形式

工程管理同公司管理一样，往往也涉及技术、财务、行政等相关方面的工作。特别是有些工程本身就是以新公司的模式运作的，即所谓工程公司。因此工程组织结构与形式在某些方面与公司的组织的形式有一些类似之处。但这并不意味着二者可以相互取代。

工程管理组织结构的形式有很多种，按目前国际上通行的分类方式。工程组织的基本形式可分为职能式、工程式、矩阵式以及复合式。

1）职能式

（1）组织结构图

职能式是目前国内咨询公司在咨询工程中应用最为广泛的一种模式，通常由公司按不同行业分成各工程部，工程部内又分成专业处，公司的咨询工程按专业不同交给相对应的专业部门和专业处来完成。组织结构如图2-4所示。

职能式是最基本的一种组织结构。职能式工程管理组织模式有两种表现形式：

一种是将一个大的工程按照公司行政、人力资源、财务、各专业技术、营销等职能部门的特点与职责，分成若干个子工程，由相应的各职能单元完成各方面的工作。例如，某咨询公司负责某大型通信企业规划工程，公司由副总牵头，工作内容按公司相关部门职能分工如下：有关技术方面的分析工作由通信工程部负责；财务分析部门由技术经济部负责；企业管理组织方面由公司研究所负责完成，等等。具体地说，在公司管理者的高级领导下，由各职能部门负责人构成工程协调层，由各职能部门负责人具体安排落实本部门内人员的相关任务，协调工作主要在各部门负责人之间进行。分配到工程团队中的成员在职能部门内可能暂时是专职，也可能是兼职，但总体上看，没有专职人员从事工程工作。工程工作可能只工作一段时间，也可能持续下去，团队中的成员可能由

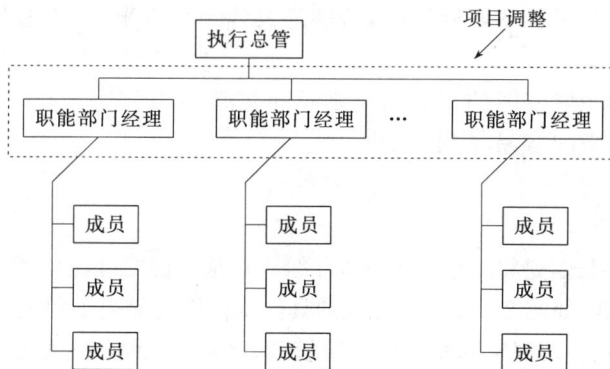

图 2-4　职能式组织结构

各种职务的人组成,可能是某位副总裁,或职能部门负责人担任工程领导或项目经理。

另一种形式就是对于一些中小工程,在人力资源、专业等方面要求不宽的情况下,根据工程专业特点,直接将工程安排在公司某一职能部门内部进行,在这种情况下工程团队成员主要是由该职能部门人员组成,这种形式目前在国内各咨询公司中经常见到。

(2)职能式组织结构的优点

工程团队中各成员无后顾之忧。由于各工程成员来自各职能部门,在工程工作期间所属关系没有发生变化,工程成员不会为将来工程结束时的去向担忧,因而能客观地为工程去考虑、踏实地工作。

各职能部门可以在本部门工作与工程工作任务的平衡中去安排力量,当工程团队中的某一成员因故不能参加时,其所在的职能部门可以重新安排人员予以补充。

当工程全部由某一职能部门负责时,在工程的人员管理与使用上变得更为简单,使之具有更大的灵活性。

工程团队的成员由同一部门的专业人员作技术支撑,有利于提高工程专业技术问题的解决水平。

有利于公司工程发展与管理的连续性。由于是以各职能部门作基础,所以工程管理不会因工程团队成员的流失而有过大的影响。

(3)职能式组织结构的缺点

职能式组织结构的缺点是比较明显的,主要有:

①工程管理没有正式的权威性。由于工程团队成员分散于各职能部门,团队成员受职能部门与工程团队的双重领导,而相对于职能部门来说,工程团队的约束显得更为无力。

②工程团队中的成员不易产生事业感与成就感。团队中的成员普遍会将工程的工作视为额外工作,对工程的工作不容易激发更多的热情。这对工程的质量与进度都会产生较大的影响。

③对于参与多个工程的职能部门,特别是具体到个人来说,不容易安排好在各工程之间投入力量的比例。

④不利于不同职能部门的团队成员之间的交流。

⑤工程的发展空间容易受到限制。

2)工程式

(1)组织结构图

工程式又称项目式,是将工程组织独立于公司职能部门之外,独立负责工程的主要工作的一种组织管理模式,如图 2-5 所示。工程的具体工作则主要由工程团队负责,工程的行政事务、财务、人事等在公司规定的权限内进行管理,这种组织结构适用于一个项目法人同时开展多个子项目建设,或一个建设项目分为若干个相对独立的单项工程进行建设的情况。

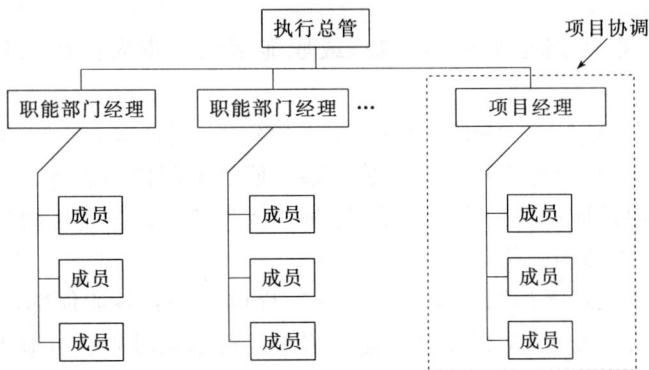

图 2-5　工程式组织结构

(2)工程式组织结构的优点

项目经理是真正意义上的工程负责人,项目经理对工程及公司负责,团队成员对项目经理负责,项目经理可以调动团队内外各种有利因素,因此是真正意义上的工程负责人。

团队成员工作目标比较单一,建立于原职能部门之外,不受原各自工作的干扰,团队成员可以全身心地投入到工程工作中去,也有利于团队精神的形成和发挥。

工程管理层次相对简单,使工程管理的决策速度响应速度变得快捷起来。

工程管理指令一致,命令主要来自项目经理,团队成员避免了多头领导,无所适从的情况。

工程管理相对简单,使工程费用、质量及进度等控制更加容易进行。

工程团队内部容易沟通。

当工程需要长期工作时,在工程团队的基础上容易形成一个新的职能部门。

(3)工程式组织结构的缺点

容易出现配置重复,资源浪费的问题,如果一个公司多个工程都按工程式进行管理组织,那么在资源的安排上很可能出现工程内部利用率不高,工程之间则是重复与浪费的现象。

工程组织为一个相对封闭的组织,公司的管理与对策在工程管理组织中贯彻可能遇到障碍。

工程团队与公司之间的沟通基本上依靠项目经理,容易出现沟通不够和交流不充分的问题。

工程团队成员在工程后期没有归属感,团队成员不得不为工程结束后的工作投入相当的精力进行考虑,影响工程的后期工作。

由于工程管理组织的独立性,使工程组织产生小团体的观念。在人力资源与物质资源上出现"囤积"的思想,造成资源浪费,同时,各职能部门考虑其相对独立性。对其资源的支持会有所保留。

3)矩阵式

(1)组织结构图

为解决职能式组织结构与工程式组织结构的不足,发挥它们的长处,人们设计出了介于职能式与工程式组织结构之间的一种工程管理组织模式,即矩阵式组织。矩阵式工程组织结构中,参加工程的人员由各职能部门负责人安排,而这些人员在工程期间,工作内容服从工程团队的安排,人员不独立于职能部门之外,是一种暂时的,非松散的组织形式,工程团队成员之间的沟通不需要通过其职能部门领导,项目经理往往直接向公司领导汇报工作。

矩阵式组织结构分为弱矩阵式结构、强矩阵式结构和平衡矩阵式结构。

弱矩阵式工程管理组织结构,一般是指在工程团队中没有一个明确的项目经理,只有一个项目协调员负责协调工作。团队各成员之间按照各自职能部门所对应的任务,相互协调进行工作。实际上在这种模式下,相当多的项目经理职能由职能部门负责人分担了,如图 2-6 所示。

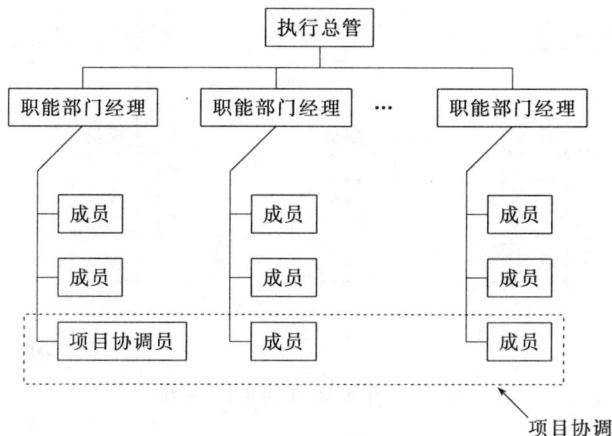

图 2-6　弱矩阵式组织结构

强矩阵式工程管理组织结构的主要特点是：有一个专职的项目经理负责工程的管理与运行工作，项目经理往往来自于公司的专门工程管理部门。项目经理与上级沟通往往通过其所在的工程管理部门负责人进行，如图 2-7 所示。

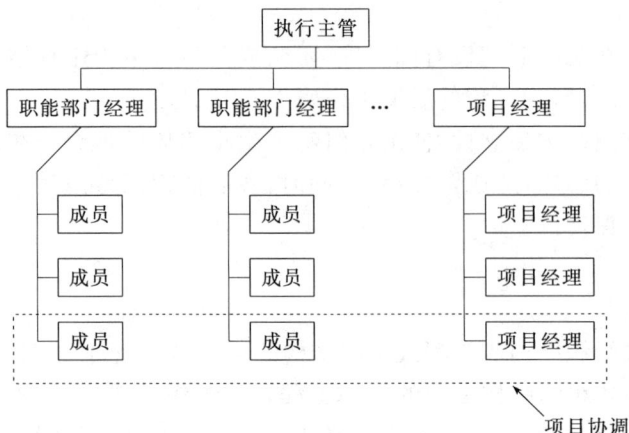

图 2-7　强矩阵式组织结构

平衡矩阵式工程管理组织结构是介于强矩阵式工程管理组织结构与弱矩阵式工程管理组织结构之间的一种形式。主要特点是项目经理是由某一职能部门中的职员担任，其工作除整个工程的管理工作外，还负责本部门承担的相应的工程中的任务。此时的项目经理与上级沟通时需在其职能部门的负责人与公司领导之间做出平衡与调整，如图 2-8 所示。

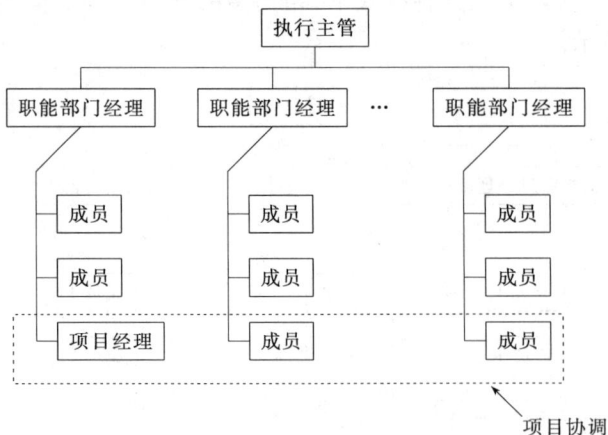

图 2-8　平衡矩阵式组织结构

（2）矩阵式组织结构的优点

矩阵式工程组织结构具备了职能式组织结构和部分工程式组织结构的优点：

①团队的工作目标与任务比较明确。

②团队成员无后顾之忧。

③各职能部门可根据自己部门的资源与任务情况来调整,安排资源力量,提高资源利用率。

④提高了工作效率与反应速度,相对职能式结构来说,减少了工作层次与决策环节。

⑤相对工程式组织结构来说,可在一定程度上避免资源的囤积与浪费。

在强矩阵式模式中,由于项目经理来自于公司的工程管理部门,可使工程运行符合公司的有关规定,不易出现矛盾。

(3)矩阵式组织结构的缺点

虽然矩阵式组织结构有许多优点,但也有一些不足,主要有:

①工程管理权力平衡困难。矩阵式组织结构中工程管理的权力需要在项目经理与职能部门之间平衡,这种平衡在实际工作中是不易实现的。

②信息回路比较复杂。在这种模式下,信息回路比较多,既要在工程团队中进行,还要在相应的部门中进行,必要时在部门之间还要进行,所以易出现交流、沟通不够的问题。

③工程成员处于多头领导状态。工程成员正常情况下至少要接受两个方向的领导,即项目经理和所在部门的负责人,容易造成指令矛盾,行动无所适从的问题。

4)复合式

(1)复合式的组织形式

所谓复合式工程组织结构有两种含义:一是指在公司的工程组织形式中有职能式工程式或矩阵式两种以上的组织形式;二是指在一个工程的组织形式中包含上述两种结构以上的模式,例如在职能式工程组织结构的子工程采取工程式组织结构等。

(2)复合式组织结构的优缺点

复合式工程组织结构的最大特点是方式灵活,公司可根据具体工程与公司的情况确定工程管理的组织形式,而不受现有模式的限制,因而在发挥工程优势与人力资源优势等方面具有方便灵活的特点。

同时,复合式组织结构也因此产生一些不足,即在公司的工程管理方面容易造成管理混乱,工程的信息流、工程的沟通容易产生障碍,公司的工程管理制度不易较好地贯彻执行。

2.2.2 工程管理组织结构的优化

前面介绍了4种工程管理组织形式,不同模式之间的差别只是相对的,是随着工程团队中职能部门和专职人员的多少而表现出的不同的管理组织形式。为保证工程的顺利进行,对工程的组织结构不要轻易进行调整,但在一些特殊情况下,还是要及时调整,以免影响后续工程工作的完成。

1)管理组织结构调整优化的原因

工程主客观条件发生变化。如同其他事物一样,工程的情况也是经常发生变化的。

这种变化从工程主观上看会有很多方面。由于委托方资金问题、产权关系、利益取向等的变化,使委托方对工程的目标进行调整,因而对工程内容也要进行相应的改变。在工程执行期间,工程的外部环境有时会发生很大的变化,特别是周期较长的工程,例如政治、经济环境,战争因素等。也可能是自然条件的变化,如自然资源、气候条件等。

工程正常运行本身使工程管理的内容出现改变。随着工程工作的正常开展,一些子工程的结束,一些新的子项可能要开始,工程管理的目标、管理的内容可能也会随之改变,特别是对一些大的工程。在这种情况下,开始采用的组织形式与结构设计方案可能已不适应新的变化。

尽管在工程组织方案设计时进行了深入的工作,但由于各种原因,原采用的工程组织形式仍可能与工程的工作目标出现矛盾,无法完成工程工作任务,在这种情况下必须进行组织再造。

2)各类组织形式的适合条件

不同类型的工程组织结构形式适合不同类型的工程。一般来说,小型、时间短、专业面窄的工程适宜采用职能式组织形式,而工作周期长、专业复杂或比较特殊的工程,投资或工程量较大的工程适宜采用强矩阵式或工程式的组织形式。因此在工程的组织设计中要根据工程的具体情况来决定工程的组织形式。如果工程在最初的组织设计时并没有依据工程的特点而进行组织形式设计,那么就必须进行组织形式的调整。

3)工程组织再造原则与方法

在工程组织再造时,除要遵循前面介绍的组织设计原则外,还要把握以下几点:

尽可能保持工程工作的连续性。工程组织再造的目的是为了保证工程工作的更好开展,而绝不是重新构建组织进行的。因此要尽可能防止因工程组织调整工作的开展而对工程进行产生不利的影响。

避免因人调整组织设置。组织的调整要以工程工作为中心,避免为了满足或削弱个别人的权力等而对工程组织进行改变,否则只能对工程工作产生破坏作用。

维护客户利益。当组织调整中出现矛盾时,以客户的利益为先行尺度,以完成好委托任务为第一原则。不能因组织的调整影响了工程合同的正常完成。

处理好调整的时机问题。当必须对工程组织进行调整时,要注意研究与把握调整的最佳时机,有时不能操之过急。并利用调整前的时间做好各项准备工作,防止各种意外情况的出现。

新组织一定要克服原组织下需解决的问题。调整是为了工程的发展,不是为了解决原组织中的所有问题,而只是不适应工程开展的主要关键问题。因此在构造新组织时一定要认真分析研究,新组织能否达到这一目标。

此外,在考虑工程组织结构调整时还应时刻注意:调整不一定是最佳方案,能不调则不动,能小调则不大动。

2.3　铁道电气化工程管理组织的技术支持

工程管理组织的技术支持包括来自工程公司内部和公司外部支持两方面,但不论哪一方面,对工程来说都可以认为是来自其外部,在这里我们统称为社会支持。

2.3.1　工程管理与社会技术支持的关系

任何一个工程的管理组织都不是绝对封闭,与外界隔绝的,都离不开社会的技术支持系统。充分利用外界力量的支持,把必要的社会力量纳入工程管理组织体系中,对于提高工程的社会参与度和工作效率,降低工作成本等都有积极的意义。

工程管理组织内的资源来源于社会,工程运行需要人、财、物三种形态资源及信息资源的支持。这些资源只靠工程单位自身往往是无法完成的。一些大的工程中相当多的人力资源要来自于社会,工程的资金支持也主要靠社会来提供,包括国内资金与国外资金,物资上也是如此,大到工程中的设备,小到办公用品等各个方面。因此,现代社会的发展与分工决定了工程管理组织的各项资源离不开社会。

充分利用社会的技术支持,有利于提高社会对工程的参与度,有助于取得社会的理解和支持,同其他组织一样,工程管理组织也是社会中的一个组成部分,它与其他组织一起构成了形形色色的社会。提高社会对工程的参与度、取得社会的理解和支持是工程社会评价的重要内容之一。通过利用社会的技术支持将使社会有关方面增加对工程的了解与认识,促进工程与社会的互适性,从而促进工程的建设与发展。

工程管理的组织形式不是一成不变的,随着外部条件的变化,工程管理组织的形式有时也要进行相应的调整。例如国家对施工分包的要求、工程法人建设等方面有变化时,工程的管理组织可能就要发生改变。因此,工程的管理组织结构要顺应社会的变化,适应社会的发展。同时,由于社会专业分工的发展,社会支持系统发生变化,有些工作在社会上有了专业公司,例如专门从事社会调查方面的公司、信息公司等。由于这些专业分工的产生,使工程在设计组织机构时与以往情况不同,有些专业与职能可能不再需要自己负责,而是依靠专业公司进行。

合理利用社会的技术支持,有利于提高工程的整体水平,降低综合成本。通过对社会技术支持的合理利用,在工程工作质量、工程进度、工程方案优化等各方面都可能得到改进与提高,不但可能降低工程建设与开发的成本,还可能降低工程的产品成本、工程的社会服务成本等,从而在整体上提高工程的经济效益与社会效益。

2.3.2　工程管理社会技术支持的种类

1)专业技术支持

工程涉及的专业技术各式各样、包罗万象。既有运输、给排水、环境保护等公用工程方面的专业,往往还涉及十分精细和稀缺的专业。计算机制造中专门研究如何改进计算机屏幕对人眼造成的疲劳,在食品发酵中专门进行特殊菌种的提取与研制等。这些专业往往不可能在一工程团队中安排专门部门人员从事这一工作,而往往需要公司技术部门或是社会专业机构、团体提供这方面的支持。

2)管理技术支持

随着现代管理理论的发展与完善,工程管理作为一项新兴、综合性学科越来越受到人们的重视。很多工程单位有很强的专业技术力量,但在管理上却相对薄弱。为保证工程的正常开展,避免或减少可能由于工程管理不善而带来的损失,有时工程单位不得不请一些社会上专门从事工程管理的专业力量加入到工程的工作当中,有的是请其对工程团队进行设计或培训,有的则是请其代行组织工程的管理工作。另外在财务方面,也经常需要公司的财务部门派专业人员进行指导。

3)宏观知识支持

对工程支持的宏观知识体系主要包括:国家产业政策、国际与国家经济发展判断、国家有关经济政策、各地区建设与发展情况和其投资环境方面的情况等。宏观知识在工程进行前期策划与分析过程中具有重要的作用。工程的前景与方向性的运作与工程经营方向的把握往往受宏观知识的影响。工程在酝酿与决策过程中,多多听取从事宏观方面研究人士的意见和建议,对于项目的发展将是十分重要的。

4)技术经济与财务分析的支持

一个工程是否能够取得成功,最终取决于其最后的经济效益情况。因而,为避免投资的风险,在工程前期对其进行技术经济评价是非常必要的。为了保证工程分析结果的客观性与正确性,工程业主往往在自己已进行财务分析的情况下,另请专业公司对其财务前景进行分析。有时编制工程标书时,也聘请专业力量从事这一工作。

5)法律、国际贸易等知识支持

除上述方面外,在工程的运作过程中,法律问题往往也是必须涉及的。但工程团队不可能整天处于纠纷或忙于这类事务,因而在组织内部往往不会设法律部门,取而代之的是聘请社会法律人士的支援。

此外,有时国际贸易方面的专业支持也是十分必要的,如国际贸易中的担保、贸易方式、付款等方面的惯例,对于一个涉及国际采购或本身就是一个国际工程的工程团队来说则是不可缺少的。

2.3.3 社会技术支持的管理形式

社会上对技术支持系统的管理是各式各样的,对于工程来说,主要采取以下形式:

1)专业机构的交流与联系

随着社会分工的细化,各种专业机构逐步形成和发展起来。从各专业技术研究开

发机构,到经济、财务分析、各类管理等专业机构等无所不在。在工程的开发与建设过程中,及时与这些机构建立必要的联系,进行必要的交流对于工程的发展来说是十分重要的。

2)松散的专家网络

社会上的专家系统是十分庞大的,但作为一个工程来说,不可能也不需要组织所有的各方面的专家来提供服务。在工程中大部分专家的联系与获取是通过专家之间的相互推荐或与工程有关联的人士的推荐,这就是松散的专家网络系统。这种网络系统平时不需要特意的维护与专人管理,只有在需要时才去联系与组织。对松散的专家网络系统的把握关键是掌握几个与社会上的专家有一定联系的关键"结点",掌握这样一些结点,也就掌握了专家网络。

3)专家库系统

松散的专家网络系统有时在时间上与专家质量上难以保证工程的需要。为此工程单位特别是工程咨询单位往往建立自己的专家库系统。在建立专家库系统时要做一系列的准备工作,包括专家推荐、征求意见(包括被入库的专家本人的意见)、专业分类、资料收集(包括专家的个人简历、受教育背景、工程经验、个人爱好等)、建立计算机管理系统、资料入库等,并委派专人进行管理。在建立起专家库系统后还要注意随时根据工程情况及专家情况进行系统更新,以保证工程工作中的需要。

4)专家委员会

专家委员会是更高一层次的专家支持系统,也是在管理与组织上更加正规的专家系统。专家委员会的成员往往是有较高资历和丰富经验的各有关方面的专家与学者。专家委员会往往承担其所在组织的某项工作内容,如重大工程的审定、重大方案的审查等。为保证专家委员会工作的成效,在组织机构内兼职或专职地设有一些部门或人员从事专家委员会的有关工作,如议题的安排、会议的通知、有关材料的准备等。

5)顾问体系

相对于专家委员会来说,顾问体系是属于半松散的高级专家系统。担任顾问的往往是资历较深或德高望重的专家或社会人士。顾问体系可以是单一的,也可以以顾问委员会形式出现。顾问们往往不像专家委员会那样有时有特定的工作,而只是在特定的场合与时机才出现,如组织中特别重大的事件等。在许多组织机构中,顾问往往没有发挥到专家的作用,取而代之的是陪衬作用,这也是工程管理当中要尽可能避免的问题。

复习思考题

1. 简述铁道电气化工程管理组织的确立原则、建立步骤。
2. 简述工程组织的基本形式及其特点。
3. 简述铁道电气化工程管理组织的技术支持的种类及形式。

3　铁道电气化工程设计管理

3.1　铁道电气化工程设计管理概述

3.1.1　铁道电气化工程设计的目标

工程设计的目标可以概括为"满足业主对工程的安全可靠性、适用性和经济性要求"。业主根据这三大目标要求，向设计单位提供设计资料、文件，并全面检验设计成果的质量如图 3-1 所示。

1)安全可靠性——业主对设计标准的控制

工程设计标准的选择是为了保证工程的安全可靠。所谓安全可靠性，就是要保证工程的大部分或全部的使用价值不致丧失、投资不致浪费。业主对工程可靠度的要求主要着眼于 3 个方

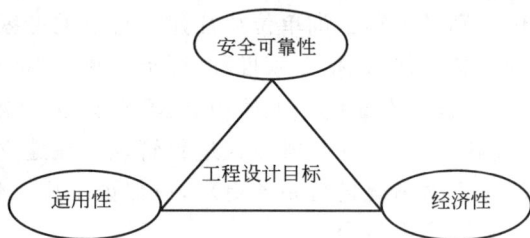

图 3-1　工程设计的目标

面：生产使用上要有效和耐久；建筑结构上保证强度、刚度和稳定；总体规划上要满足防灾、抗灾的安全要求。

设计标准与设计三大目标的相互关系是相互制约、相辅相成的。所以，业主要求设计单位对设计标准的选定要通盘考虑，并严格控制三大目标。既不能为了降低造价而降低设计标准，又不能为了安全而片面追求高标准。对于非规范性标准，业主要经过详细调查、试验，并结合设计的三大目标，综合平衡后，监督设计单位采用。

2)适用性——业主对使用功能的控制

适用性就是工程要具有良好的使用功能和美观效果，既方便生产，又方便生活。工程的使用功能当然是第一位的，但优美的生产和生活环境，则有利于提高生产效率和产量质量，两者不可偏废。

适用性主要是在工程决策阶段和初步设计阶段形成的。业主应抓住以下环节：总体布置上，要便于运输和联系，避免干扰和矛盾；布置要求工艺和运输流程衔接通畅，要有必要的面积和空间，有必要的通风、照明、空调、防尘、防毒、防火等设施，保证生产人员的身体健康；工程的形象处理要统一而有序，要有合适的外形，比例要适宜，装饰要明快，与外部空间和环境要协调，要给人以庄重大方和充满时代气息的感受。

适用性又表现为使用功能。使用功能包括基本使用功能和外部使用功能。

3)经济性——业主对主要参数的选择

经济性是指在保证工程安全可靠和适用的前提下,做到建设周期短、工程投资低、投产使用后经济效益高。

决定投资和产品成本的关键因素,是设计参数的正确选择。设计参数,有些是客观的自然条件决定的,应按实际情况采用,如接触网高度、最大风速等;有些是人为决定的,如工作制度、管理方式等。业主提供的原始数据必须准确、有根据、且经过检验;设计单位选定的参数,必须先进、合理、具有科学性,有些关键参数,业主代表应负责审定。设计参数的来源主要是:勘探和科研部门提供的资料;国家的规范、规程、标准、规定;业主(及设备厂家)提供的资料。

经济性的评价标准涉及以下多方面:节约用地、能源;回收期短,内部收益率高(与国内同类建设工程以及国际常规相比);投资省、工期短;成本低、维修简单、使用费省。投资低、成本低的方案当然是最佳方案。但一般却是投资低的往往产品成本高,产品成本低的又往往投资高,这就是业主要把握的关键所在。设计单位对方案进行技术经济分析,用投资回收期和内部收益率来综合评价工程设计的经济性。工程的经济评价,不仅要评价建设单位自身的效益,还要从社会效益来评价,从对国民经济和整个社会的受益或受损(包括环境污染等)来正确评价。业主一定要认真审查设计单位的经济性评价文件,反复咨询调研,避免走入误区。

3.1.2　铁道电气化工程设计的内容

电气化铁路工程设计的内容主要包含工程的总平面设计、结构设计和设备安装设计3部分,也可分为总平面设计和各单项工程的建安工程设计两部分。

1)总平面设计(总图设计)

总平面设计是在确定的线路的范围内,按照线路规划的要求,根据线路建设特点,保证布局合理的前提下,设置一定数量的站房、辅助设施和生活用房,结合线路地区的自然、气候、地形、地质以及内外运输、公用设施等具体条件,按照建设过程,经济合理地布置线路的建筑物和构筑物,搞好平面与竖向关系,组织好线路总平面布置的设计工作。

铁路工程总平面布置不仅要表示建筑物、构筑物、交通路线、地上地下工程技术管线及绿化、美化设施的相互配置,而且要创造符合该工程生产特性的统一建筑整体。总平面设计方案关系到整个建设场地的土地利用、建筑物的位置和工程管网的长度。正确合理的总平面设计方案,应做到结构合理,总体布置紧凑,减少建筑工程量,节约用地,节省投资,加快建设进度为工程创造良好的生产组织、经营条件和生产环境,创造完美的建筑艺术整体,还能使工程建成后较快地投入正常生产,发挥良好的投资效果,节省经营管理费用。

2）单项工程设计

单项工程设计是根据线路建设特点，站前、站后各专业类型要求，合理确定建筑物的高度、跨度、宽度、面积、设计标准、结构形式等，包括建筑物的平面立面布置，建筑物（群）的布局、结构形式；单项工程的建筑设计分为建筑物的立面、平面设计和建筑结构设计两部分。结构设计主要包括建筑物的结构形式、建筑材料、结构构件的设计。结构的造型必须因地制宜、因工程制宜地选用，要就地取材，充分利用当地的建材资源，降低运输费用，切实做到技术先进、经济合理、安全适用、施工方便。在满足线路使用要求的前提下，广泛采用新结构、新构件、新材料，充分利用地方材料和工业废料，节省"三材"，促进工程设计的标准化、构件预制工厂化、施工机械化，逐步提高建筑工业化水平。对于某些特殊要求的站房，应根据具体情况作特殊考虑。

3.1.3 铁道电气化工程设计全过程管理

工程设计贯穿从投资机会研究、初步可行性研究和可行性研究开始，到工程竣工验收、投产总结的整个过程。各阶段的管理内容大致见表3-1。

表 3-1 工程设计全过程管理

阶段名称	阶段管理内容	阶段名称	阶段管理内容
工程决策阶段	项目初选（含投资估算） 项目可行性研究（含投资估算）	工程施工阶段	设计技术交底 设计变更（含预算变更） 竣工验收
工程设计阶段	初步设计（含投资概算） 技术设计（含投资修正概算） 施工图设计（含投资预算）	生产运营阶段	工程回访 设计后评价

在工程决策阶段，工程设计（咨询）单位应完成预可行性研究、选址报告、总体规划和工程可行性研究报告，为项目投资决策提供依据。

在工程设计阶段，设计单位应完成方案设计（含投资估算）、初步设计（含投资概算）、技术设计（含投资修正概算）和施工图设计（含投资预算）。

在工程施工阶段，建设项目业主应组织设计单位对施工承包商进行设计技术交底，组织设计单位配合工程施工，修改设计并提出设计变更和预算变更，组织设计单位参加竣工验收和试运行。

在生产运营阶段，设计单位应编制设计总结，进行设计后评价，提出供建设项目业主改善生产运营的意见。

3.1.4 铁道电气化工程设计的阶段划分

国际上一般将工业建设项目的设计阶段划分为工艺设计、基础工程设计和详细工程设计。我国一般在工业性建设项目总体方案确定后，将其设计阶段划分为初步设计和施工图设计两个阶段。对于某些技术复杂或缺乏设计经验的重大项目，经主管部门

同意和建设项目业主确定，可在施工图设计之前增加技术设计环节；对于技术简单的小型项目，在方案设计确定后，即可展开施工图设计。

表 3-2 简单列出了三阶段之间的区别。

表 3-2 工程设计的三阶段对比

名称	初步设计	技术设计	施工图设计
条件	①可行性研究报告通过审查 ②已办理征地手续并取得规划局和国土局提供的建设用地规划许可证和建设用地红线图 ③已取得规划局提供的规划设计条件通知书	①初步设计被批准 ②特大规模的,或工艺极为复杂的,或采用新工艺、新设备、新技术而且有待试验研究的新开发工程以及某些援外工程等	①已取得初步设计审核批准书、国民经济年度基本建设计划和施工图设计条件通知书 ②初步设计审查时的重大问题和遗留问题已经解决,已完成勘察及地形测绘图 ③外部协作条件的各种协议已签订或基本落实 ④主要设备订货基本落实,设备总装图、基础图资料已收集齐全
深度	应满足设计方案比选,主要设备与材料订货,土地征用,项目投资控制,施工图与施工组织设计编制,施工、生产准备等要求	通过更详细的计算进一步阐明设计可靠性、合理性,从而决定各主要技术问题。对技术设计的内容不做硬性规定	应满足设备材料的安排,非标准设备的制作,施工图预算的编制,工程施工和价款阶段等要求
审查	业主对初步设计的审查重点围绕工程的质量、进度及投资三大目标	业主一般不再进行审核,直接上报审批技术设计的主管部门,后转入施工图设计	施工图设计的审查重点是使用功能是否满足质量目标和水平

3.1.5 初步设计阶段

1) 开展初步设计的条件

业主在委托初步设计时必须具备以下条件：

①工程可行性研究报告经过审查，业主已获得可行性研究报告批准文件。

②已办理征地手续，并已取得规划局和国土局提供的建设用地规划许可证和建设用地红线图。

③业主已取得规划局提供的规划设计条件通知书。

经批准的可行性研究报告中所确定的主要设计原则和方案，如建设地点、规模、产品方案、生产方法、工艺流程、主要设备、主要建筑标准等，在初步设计中不应有较大变动。若有重大变动或概算突破估算投资较大时，则要申明原因，报请原审批主管部门批准。

在初步设计过程中，业主要办理各种外部协作条件的取证工作和完成科研、勘察任务，并转交设计单位作为设计依据。

业主若对初步设计有何要求，可将其列为委托书的附件，提交给设计承包商作为设计条件之一。可能的要求涉及以下 10 个方面：

①加快建设工程进度、产量种类、质量方面的要求；

②对资源和原料要充分利用和综合利用的要求；

③对装备水平、机械化、自动化程度的要求，对先进技术、工艺、设备的要求；

④对环保、安全、卫生、劳动保护的要求；

⑤合理布局和企业协作的要求；

⑥合理选用各种技术经济指标的要求；

⑦对工业建筑、民用福利设施标准的要求；

⑧节约投资、降低生产成本的要求；

⑨建设工程扩建、预留发展场地的要求；

⑩贯彻上级或领导部门的有关指示及其他。

2）初步设计的主要内容

（1）设计原则，即可行性报告及审批文件中的设计原则，设计中遵循的主要方针、政策和设计的指导思想。

（2）建设规模，分期建设及远景规划，企业专业化协作和装备水平，建设地点，占地面积，征地数量，总平面布置和内外交通以及外部协作条件。

（3）生产工艺流程，即各专业主要设计方案和工艺流程。

（4）产品方案，主要产品和综合回收产品的数量、等级、规格、质量；原料、燃料、动力来源、用量、供应条件；主要材料用量；主要设备选型、数量、配置。

（5）新技术、新工艺、新设备采用情况。

（6）主要建筑物、构筑物，公用、辅助设施，生活区建设，抗震和人防措施。

（7）综合利用，环境保护和"三废"治理。

（8）生产组织，工作制度和劳动定员。

（9）各项技术经济指标。

（10）建设顺序，建设期限。

（11）经济评价，成本、产值、税金、利润、投资回收期，贷款偿还期，净现值，投资收益率，盈亏平衡点，敏感性分析，资金筹措，综合经济评价等。

（12）总概算。

（13）附件、附表、附图，包括设计依据的文件批文，各项协议批文，主要设备表，主要材料明细表，劳动定员表等。

3）对初步设计的审查与报批

业主对初步设计文件的审查，应围绕所设计工程的质量、进度及投资进行。针对业主所提的委托条件和业主对设计的原则要求，逐条对照，审核设计是否均已满足。对投资的审查，重点是审核总概算，要审核外部投资是否节约，外部条件设计是否经

济，方案经济评价是否合理，设备投资是否合理，主要设备订货价格是否符合当前市场价格，能否用国产设备，订制国外设备的条件和运输费用是否合理，报关是否合理，有无替代途径等。

对初步设计图纸的审查，重点是审查总平面布置、施工流程、站房组成和交通运输组织。要有技术经济方案的论证和比较。总图布置要方便生产，获得最佳的工作效率，同时要满足环境保护、安全生产、防震抗灾、生活环境等要求。总平面布置要充分考虑方向、风向、采光、通风等要素。工艺设备，各种管线和道路的关系，要相互无矛盾。

对于初步设计的报批，要区别不同类型规模的工程项目，由不同部门审批。

3.1.6　施工图设计阶段

1) 施工图设计的条件与内容

施工图是对设备、设施、建筑物、线路等工程对象物的尺寸、布置、选材、构造、相互关系、施工及安装质量要求的详细图纸和说明，是指导施工的直接依据，从而也是设计阶段质量控制的一个重点。

施工图设计是在初步设计或技术设计的基础上进行的。它应该具备以下条件：

(1) 上级文件，包括业主已取得经上级或主管部门对初步设计的审核批准书、批准的国民经济年度基本建设计划和规划局核发的施工图设计条件通知书。

(2) 初步设计审查时提出的重大问题和初步设计的遗留问题，诸如补充勘探、勘察、试验、模型等是否解决；施工图阶段勘察及地形测绘图是否完成。

(3) 外部协作条件，水、电、交通运输、征地、安置的各种协议已经签订或基本落实。

(4) 主要设备订货基本落实，设备总装图、基础图资料已收集齐全，可满足施工图设计的要求。

施工图的内容主要包括：工程安装、施工所需的全部图纸，重要施工、安装部位和生产环节的施工操作说明，施工图设计说明，预算书和设备、材料明细表。在施工总图上应有设备、房屋或构筑物、结构，线路各部分的布置以及它们的相互配合、标高、外形尺寸、坐标；设备和标准件清单；预制的建筑配构件明细表等。在施工详图上应设计非标准详图，设备安装及工艺详图，设计建、构筑物及一切配件和构件尺寸、连接、结构断面图，材料明细表及编制预算。图纸要按有关专业配套出齐，如站前和站后等专业。

2) 施工图的设计交底和图纸会审

设计交底和图纸会审的目的是：进一步提高质量，使施工单位熟悉图纸、了解工程特点和设计意图、关键部位的质量要求，发现图纸错误进行改正。

设计交底和图纸会审的具体程序是：业主组织施工单位和设计单位进行图纸会

审，先由设计单位向施工单位进行技术交底，即由设计单位介绍工程概况、特点、设计意图、施工要求、技术措施等有关注意事项；然后由施工单位提出图纸中存在的问题和需要解决的技术难题，通过三方协商，拟定解决方案，写出会议纪要。

图纸会审的主要内容如下：

（1）设计资格审查和图纸是否经设计单位签署，图纸与说明是否齐全，有无续图供应。

（2）地质与外部资料是否齐全，抗震、防火、防灾、安全、卫生、环保是否满足要求。

（3）总平面和施工图是否一致，设计图之间、专业之间、图面之间有无矛盾，标志有否遗漏；总图布置中各专业设备等与构筑物之间有无矛盾，布局是否合理。

（4）路基处理是否合理，施工与安装有否不能实现或难于实现的技术问题，或易于导致质量、安全及费用增加等方面的问题，材料来源是否有保证、能否代换。

（5）标准图册、通用图集、详图做法是否齐全，非通用设计图纸是否齐全。

3）对施工图设计的审查

在施工图审查方面，依据铁道部和建设部相关规定，规定由建设主管部门认定的施工图审查机构按照有关法律、法规，对施工图涉及公共利益、公众安全和工程建设强制性标准的内容进行审查。未经审查合格的施工图不得使用。

对施工图设计的审查重点是使用功能是否满足质量目标和水平。具体包括：

（1）总体审核

首先要审核施工图纸的完整性和完备性，及各级的签字盖章。其次审核工程施工设计总布置图和总目录。总平面布置和总目录的审核重点是：工艺和总图布置的合理性，工程是否齐全，有否子工程的缺漏，总图在平面和空间的布置上是否交叉无矛盾；有否各专业相碰，相互间距是否满足规范、规程、标准等的要求。

（2）总说明审查

工程设计总说明和分项工程设计总说明的审核重点是：所采用的设计依据、参数、标准是否满足质量要求，各项工程做法是否合理，选用设备、仪器、材料等是否先进、合理，工程措施是否合适，所提技术标准是否满足工程需要。

（3）具体图纸审查

图纸审查的重点是：施工图是否符合现行规范、规程、标准、规定的要求；图纸是否符合现场和施工的实际条件，深度是否达到施工和安装的要求，是否达到工程质量的标准；对选型、选材、造型、尺寸、关系、节点等图纸自身质量要求的审查。

（4）其他及政策性要求的审查

这部分的审查重点是：审核是否满足勘察、观测、试验等提供的建设条件；外部水、电、气及集疏运条件是否满足；是否满足和当地各级地方政府签订的建设协议书，如征地、水电能源、通信导航等；是否满足环境保护措施和"三废"排放标准；

是否满足施工和安全、卫生、劳动保护的要求。

（5）施工预算和总投资预算的审查

审查预算编制是否符合预算编制要求，工程量计算是否正确，定额标准是否合理，各项收费是否符合规定，汇率计算、银行贷款利息、通货膨胀等各项因素是否齐全，总预算是否在总概算控制范围之内。

3.2 铁道电气化工程设计的目标控制

设计过程是指从选址、可行性研究开始，直到竣工验收、投产准备的全过程，即设计贯穿于建设的全过程，所以业主对设计的控制也贯穿于建设的全过程。对设计过程的控制，主要围绕三个方面——质量控制、进度控制和投资控制，如图 3-2 所示。

3.2.1 铁道电气化工程设计质量控制

1）工程设计质量要求

工程设计质量包括两个方面：一是工程的质量标准，如采用的技术标准、设计使用年限、工程规模、达到的生产能力

图 3-2 工程设计的目标控制

等，即设计的工作对象；二是设计工作质量，如设计成果的正确性、各专业设计的协调性、设计文件的完备性、设计文件清晰明了、设计详细程度和成果数量符合有关规定等。

工程的质量目标和水平要通过工程设计具体化。工程设计的质量要求是：以"统一规划、合理布局、因地制宜、综合开发、配套建设"为方针，做到适用、经济、美观、防灾、抗灾、安全、节约用地与环境协调，做到造价不高质量高、标准不高水平高、面积不大功能全、占地不多环境美。

2）工程设计质量标准

为保证设计质量，工程设计单位应执行 ISO 9000 和 GB/T 29000 系列标准，建立和健全质量保证体系，设置质量管理的专职机构，强化设计质量管理与控制工作。有关 ISO 质量体系的详细内容将在后续章节中讲述。

对设计质量的管理与控制应满足 ISO 9001 和 GB/T 19001 质量保证体系的要求，制定设计和开发的策划组织和技术接口、设计输入、设计输出、设计评审、设计验收、设计确认和设计变更等程序，并控制其实施的有效性。同时还应按照 ISO 9004.X 和 GB/T 19004.1 的要求，健全内部质量管理体系，如实行独立校核制度并设立分阶段控制点，明确设计的直接负责人，参加工程设计保险等。

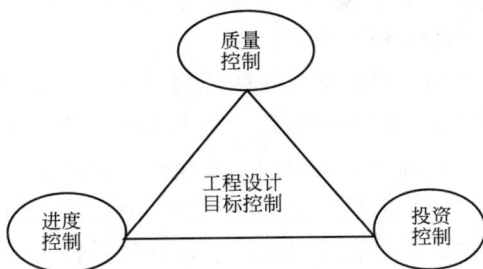

3）工程设计质量的控制措施

（1）分阶段设计。无论在国外还是国内，工程设计都是由总体到详细分阶段进行的，各阶段的设计文件要经过相关权利部门的审批、审查，作为继续设计的依据。这是一个重要的质量控制手段。

（2）委托设计监理或专家咨询。由于设计工作的特殊性，对一些大型和技术复杂的工程，建设项目业主和项目管理者常常不具备相关知识和技能，通常可委托设计监理或者聘请专家咨询，对设计进度、质量和成果进行审查。这也是十分有效的控制手段。

（3）多方案论证。采取设计招标方式，对多家投标方案进行比较，在选择好的设计单位的同时选择一个好的方案；采取奖励措施，鼓励设计单位自己要进行多方案比选和方案优化；对于技术复杂的设计，可聘请科研单位对方案进行试验或研究，进行全面技术经济分析。

（4）对设计工作的质量检查。对设计工作进行质量检查以便及时发现问题和错误，是一项十分细致、技术性很强的工作。要从宏观到微观，分析设计构思及设计文件的正确性、全面性、安全性，识别系统错误和薄弱环节。

（5）对设计工作的评价。对设计工作的评价包括评价功能组合的科学性、数量和质量是否符合项目要求、设计是否符合标准和规范要求，尤其是强制性标准和规范要求，如防火、安全、环保、抗震、质量等方面的标准等。设计会审时不仅要有项目业主、管理者、设计监理（咨询）参与，如有必要还应让施工单位、设备制造厂家和将来的生产运营单位参加。

3.2.2 铁道电气化工程设计进度控制

工程设计周期是建设工期的组成部分，该阶段的进度控制是工程建设进度控制的主要内容之一。工程设计进度控制还是施工进度控制、设备和材料供应进度控制的前提条件，工程设计所采用的总体规划、外部协作条件设计、主体工艺流程、设备制造及安装方式、主体建筑结构形式、施工方法等，都直接决定着工程实施进度。

1）工程设计进度控制的目标

工程设计进度控制的总目标是按质、按量、按时间地点提供施工图设计文件。在此目标下还有阶段性目标和专业目标，阶段性目标如图 3-3 所示。

为了有效地控制工程设计进度，还可以把工程设计进度目标具体分解为各专业设计阶段的分目标。如把施工图设计进度控制目标分解为基础设计进度控制目标、结构设计进度控制目标、装饰设计进度控制目标和安装设计进度控制目标等。如此便形成了从总目标到分目标的完整设计进度控制目标体系。

2）业主的设计进度控制措施

（1）协调各设计部门和专业的工作。大中型项目往往由若干个单项工程组成，可

能有多个设计单位参与设计，一个单项工程的设计文件又由若干个专业设计文件构成，各专业之间的协调工作是保证设计任务顺利完成的重要条件。

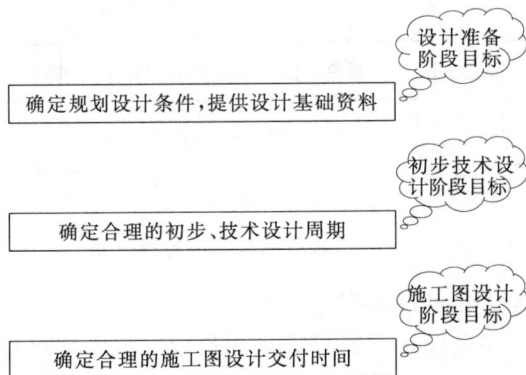

图 3-3 工程设计进程控制目标

（2）加强与外部的协调工作。主要是协调设计单位与规划、消防、人防、防汛、环保、供电、供水、供气和交通等部门的关系。

（3）协调设计与设备供应商的关系。目前国内工程设计单位大多不做设备设计，设备制造商又不可能做工程设计，因此二者之间要相互提供资料，互相协作。

3.2.3 铁道电气化工程设计投资控制

投资控制贯穿于项目建设全过程，不同建设阶段对项目投资影响的程度是不同的，而其中对项目投资影响最大的是工程投资决策阶段和工程设计阶段。所以，要想有效地控制投资，就要把投资控制工作的重点转移到建设前期阶段中来。

1）工程设计投资控制的目标

由于工程项目建设周期长、消耗物资多、价格变动风险大、技术进步速度快，因此工程投资控制工作是随着工程活动的开展，逐步形成投资估算、设计概算、施工图预算、（总）承包合同价的，故而投资控制目标是分阶段设置的，它们之间相互制约、相互补充，如图 3-4 所示。

工程设计阶段投资控制的总目标是：初步设计概算不超过可行性研究报告中的总投资估算，施工图设计预算不超过设计概算，施工配合过程中设计变更引起的预算改变不超过批准的总投资额。投资估算是方案设计和初步设计的投资控制目标；设计概算是技术设计和施工图设计的投资控制目标；（总）承包合同价是总承包单位在建设实施阶段的投资控制目标。

2）工程设计投资控制的方法

（1）多方案比选和设计招标

实行设计方案比选和设计招标，对工程设计优化、投资控制将起到重要的作用。

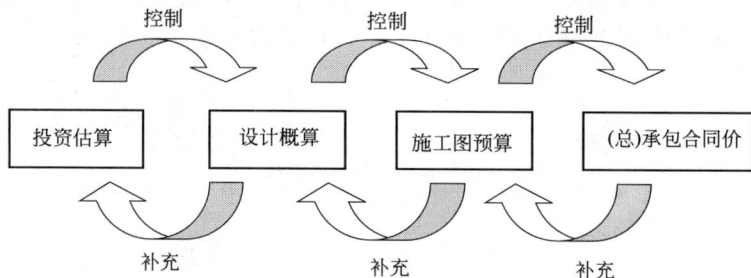

图 3-4　工程进程控制的目标体系

（2）应用价值工程优化设计方案

对某一工程项目的多个设计方案可以运用价值工程原理进行分析和比较，所得 V 值越高，方案越优。而且，在设计阶段应用价值工程分析比较，能够在确保建筑产品功能不变的前提下，优化设计方案，努力降低建设和生产成本。有关价值工程的详细内容将在后面讲述。

（3）推行限额设计

限额设计是指按照批准的设计任务书及投资估算控制初步设计；按照批准的初步设计概算控制施工图设计，同时各专业在保证达到使用功能的前提下，按分配的投资限额控制设计，严格控制技术设计和施工图设计的不合理变更，保证投资限额不被突破。投资分解和工程量控制是实行限额设计的有效途径和主要方法，限额设计的前提是合理确定设计规模、设计标准、设计原则及合理取定有关概预算基础资料，通过层层限额设计，实现对投资限额的控制与管理。

（4）推广标准设计

所谓标准设计是指经中央和地方政府有关部门批准的建筑、结构和构件等整套标准技术文件和设计图。各专业设计单位按照本专业要求自行编制的标准设计图称为通用设计。推广采用标准设计是在设计阶段有效控制投资的方法之一。

复习思考题

1. 铁道电气化工程设计的目标及内容是什么？
2. 铁道电气化工程设计各阶段的内容及特点是什么？
3. 铁道电气化工程设计的目标控制内容有哪些？

4 铁道电气化工程进度管理

铁道电气化工程进度管理是指通过制定工程进度计划,在既定工期内监控工程的进度情况,及时、定期地将实际进度情况与计划进度相比较,及早发现偏差,分析偏差产生的原因及其对工期的影响程度,然后采取相应的措施并更新进度计划。实施进度控制的总目标是确保工程的既定目标工期实现,或者在保证工程质量和不因此增加实际成本的条件下适当缩短工期。在现代工程管理理念中,进度已具有更为宽泛的含义,它将工程任务、工期、成本有机地结合起来,形成一个综合指标以全面反映工程的实施状况。

铁道电气化工程项目从立项、开工到竣工投产往往要经历较长的建设周期。为了达到预期的项目目标,从项目开始就必须对其过程进行监控,以确保每件事都按照进度计划进行。

通常在铁道电气化工程项目投入施工前,应当根据项目的实际环境条件、工程设计资料、指令性投资计划及工期要求等,编制工程网络计划图和施工组织计划,公开进行招标投标,发包工程;在工程项目的实施阶段,应当紧密跟踪施工进程,掌握施工进度。在工程项目施工中,一些工作将按进度计划完成,一些工作将提前完成,一些工作将迟于进度计划规定的日期完成,实际进度往往会偏离计划进度。无论是超前或延误都会对后续的未完成的工作带来影响。一旦发现项目进度偏离计划,必须及时采取纠正措施,以保证工程按期完成,或者作必要的调整,以期发挥工程的经济效益和社会效益。

本章主要介绍铁道电气化工程进度计划的编制方法与步骤、工程进度控制方法等,不展开叙述网络图的绘制与调整、优化,这方面国内有很多成熟的教辅书可以参考。

4.1 铁道电气化工程进度计划

4.1.1 进度计划的编制依据

铁道电气化工程进度计划是工程进度控制的基准,是确保工程在规定的合同工期内完成的重要保证。铁道电气化工程进度计划的编制是指根据工程活动定义、工程活动排序、工程活动工期和所需资源进行的分析及工程进度计划的编制工作。

根据所包含的内容不同,进度计划可分为总体进度计划、分项进度计划、年度进度计划等。不同的项目,其进度计划的划分方法也有所不同,如铁道电气化工程进度计划可以分为工程总体进度计划、单项工程进度计划、单位工程进度计划、分部分项工程进度计划和年度进度计划等。

工程进度管理前期工作及其他计划管理所生成的各种文件都是工程进度计划编制所要参考的依据。具体包括：

①有关法律、法规和技术规范、标准及政府指令；

②工程的承包合同（承包合同中有关工程工期、工程量、资源需求量的要求、资金的来源和资金数量等内容都是制定工程进度计划的最基本的依据）；

③工程的设计方案与施工组织设计；

④工程对工期的要求；

⑤工程的特点；

⑥工程的技术经济条件；

⑦工程的内部、外部条件；

⑧工程各项工作、工序的时间估计；

⑨工程的资源供应状况；

⑩已建成的同类或相似工程的实际工期。

在工程管理中，科学、合理地安排进度计划，控制好施工进度是保证工程工期、质量和成本三大要素的第一重要因素。工程进度符合合同要求、施工进度既快又科学，将有利于承包商降低工程成本，保证工程质量，同时给承包商带来好的工程信誉；反之，工程进度拖延或匆忙赶工，都会使承包商的费用增大，资金利息增加，给承包商造成严重亏损。另外，竣工期限拖延也会给业主带来了工程管理费用的增加、投入工程资金利息的增加以及工程延期投产运营的经济损失。可见，铁道电气化工程进度计划与管理无论对业主还是承包商都是相当重要的。

4.1.2 进度计划的编制方法

铁道电气化工程进度计划的编制方法主要有关键日期表、甘特图、垂直图、网络计划技术等。表4-1简单对比了它们的特点及适用范围，之后将详细介绍甘特图与网络计划技术的相关知识。

表4-1 进度计划编制方法对比

类 别	方 法 介 绍	方 法 特 点
关键日期表	将工程建设活动或施工过程在表中列出，注明其开始与结束时间以及是否关键工作	是一种简洁的日程安排，但表现力差，优化调整较困难
甘特图	利用比例横线条表示各活动的延续时间，在图中列出活动或施工过程名称，标注时间坐标值	在工程实践中广泛使用，简单明了
垂直图	利用横坐标表示活动时间，纵向坐标表示工作进程（通常开始点定位于下方）；活动进展情况由从下至上的斜线表示施工速度的快慢	

续上表

类 别	方 法 介 绍	方 法 特 点
网络计划技术	应用网络图来表示一项工程中各项关键工作和关键线路，通过不断改进网络计划来寻求最优方案，以求在计划执行过程中对计划进行有效的控制与监督，保证合理地使用人力、物力和财力，以最小的消耗取得最大的经济效果	

1）甘特图

甘特图又称条形图、横道图，是一种古老的工程进度计划方法。早在 20 世纪初就开始应用和流行，传统的甘特图如图 4-1 所示。

ID	任务名称	2009						2010						
		七	八	九	十	十一	十二	一	二	三	四	五	六	七月
1	施工准备													
2	支柱装配													
3	接触网悬挂													
4	静、动态检测													

图 4-1 甘特图示例

甘特图把项目计划与项目进度安排两种职能组合在一起，是一个二维平面图，横维表示进度或活动时间，也称时间维，纵维表示工作包内容，横道显示出每项工作的开始时间和结束时间，其长度表示了该项工作的持续时间。甘特图的时间维决定了工程进度计划的详细程度，根据不同的需要可以以小时、天、周、月、年等作为度量工程进度的时间单位，上例的基本度量单位是月。

从图例中可以总结出，甘特图的优点有：

①表达方式比较直观；

②绘图简单、方便，计算工作量小。

缺点有：

①工序之间的逻辑关系不易表达清楚；

②由于不能进行严谨的时间参数计算，所以不能确定计划的关键工作、关键线路与时差；

③计划难以适应大进度计划系统的需要。

这些弱点严重制约了甘特图的进一步应用，所以传统甘特图只适用于比较简单的小型工程。随着网络计划原理与甘特图的相互融合，甘特图已得到了不断的改进和完善，如带有时差的甘特图，具有逻辑关系的甘特图等就同时具备了甘特图的直观性和网络图各工作的关联性。

总的来说，甘特图的作用主要有三：第一，用于工程进度计划，即通过代表各工作包的横道在时间维上的点位和跨度来直观地反映工作有关的时间参数;通过甘特图的不同图形特征(如实线、波浪线等)来反映工作包的不同状态(如反映时差、计划或实际进度等);通过箭线反映工作之间的逻辑关系。第二,用于工程进度控制,即将实际进度状况以横道的形式绘制到该工程的进度计划甘特图中,从而直观地对比实际进度与计划进度之间的偏差,作为调整进度计划的依据。第三,用于资源优化、编制资源及费用计划。

2)网络计划技术

网络计划技术是随着现代科学技术和工业生产的发展而产生的,20 世纪 50 年代后期出现于美国,标志性事件为 1956 年美国杜邦公司研究创立的关键路径法(CPM),1958 年美国海军武器部在研制"北极星"导弹计划时应用的计划评审技术(PERT)。

在著名数学家华罗庚教授的倡导下,我国从 20 世纪 60 年代中期开始在生产管理中推广和应用网络计划技术。1992 年国家技术监督局和建设部先后颁发了《网络计划技术常用术语》(GB/T 13400.1—1992)、《网络计划技术网络图画法的一般规定》(GB/T 13400.2—1992)、《网络计划技术在项目计划管理应用中的一般程序》(GB/T 13400.3—1992)3 项国家标准,以及行业标准《工程网络计划技术规程》JGJ/T 121—1999),标志着我国网络计划技术应用走上规范化、科学化的轨道。同国外发达国家相比,目前我国在网络计划技术的理论水平与应用方面相差无几,但在应用管理上,特别是计划执行中的监督与控制以及跟踪调整方面相对落后,基本上只停留在计划的编制阶段。

网络计划技术的主要类型如图 4-2 所示。

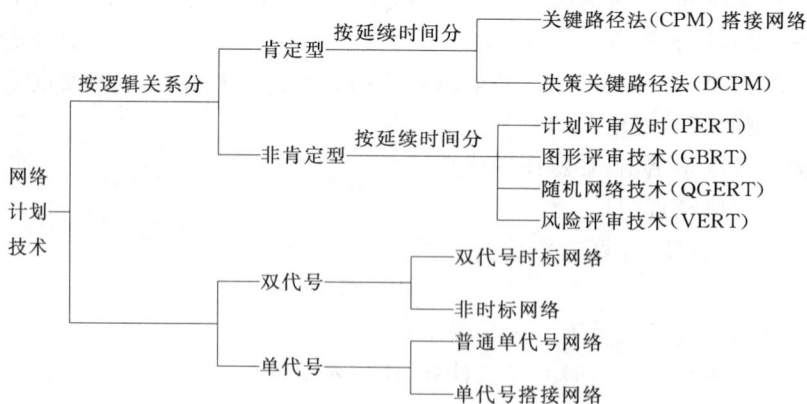

图 4-2　网络计划技术的类型

肯定型网络计划指子项目(工作)、工作之间的逻辑关系及各工作的持续时间都肯定的网络计划。非肯定型网络计划指计划子项目(工作)、工作之间的逻辑关系及各工作的持续时间三者之中有一项及以上非肯定的网络计划。

双代号网络计划即用双代号网络图表示的网络计划,以箭线及其两端节点的编号表示一项工作。单代号网络计划是以单代号网络图表示的网络计划,以节点及其编号

表示工作,以箭线表示工作之间的逻辑关系。

时标网络计划是以时间坐标为尺度编制的网络计划,其应用多为双代号网络计划,特点是箭线长度表示一项工作的延续时间。搭接网络计划是指前后工作之间有多种搭接逻辑关系的网络计划。

上图中最基本的四种网络图分别是双代号网络图、单代号网络图、双代号时标网络图和单代号搭接网络图。

(1)双代号网络图

双代号网络图又称箭线式网络,是以箭线及其两端节点的编号表示一项工作的网络图,如图4-3所示。

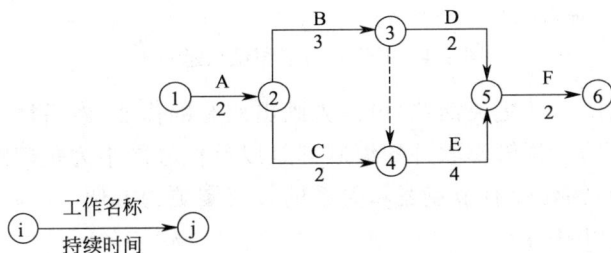

图 4-3 双代号网络结构示意图

双代号网络图的基本符号是箭线、圆圈及编号。其中,圆圈是两条或两条以上箭线的交点,称为节点;箭线表示一项工作,箭尾节点表示该工作的开始时刻,箭头节点表示该工作的结束时刻。上图中虚箭线表示的是虚工作,功能是用来正确表达前后工作的逻辑关系,虚工作不消耗资源且持续时间为零。在网络中贯穿起始节点与终止节点的一条链叫线路。在所有线路中,完工时间最长的那条链决定了整个工程的完工时间,称为关键路线。当然在任务的完成过程中,关键路线也不是一成不变的。

(2)单代号网络图

单代号网络图又称节点式网络图,是以节点及其编号表示工作、以箭线表示工作之间逻辑关系的网络图,如图4-4所示。

单代号网络图的基本元素有节点、箭线和线路。其中,每个节点表示一项工作,用圆圈或方框表示,并标志工作名称、持续时间和工作代码。单代号网络图中的节点必须编号,编号标注在节点内,其号码可间断,但严禁重复。单代号网络图中的箭线表示紧邻工作之间的逻辑关系。箭线应画成水平直线、折线或斜线。箭线水平投影的方向应自左向右,表示工作的进行方向。

在实际工作中,不同的人对双代号网络与单代号网络有不同的偏好。双代号网络出现相对较早,因而它的应用也很广泛。但是,现在越来越多的人倾向于单代号网络,因为单代号网络相对而言有以下优点:

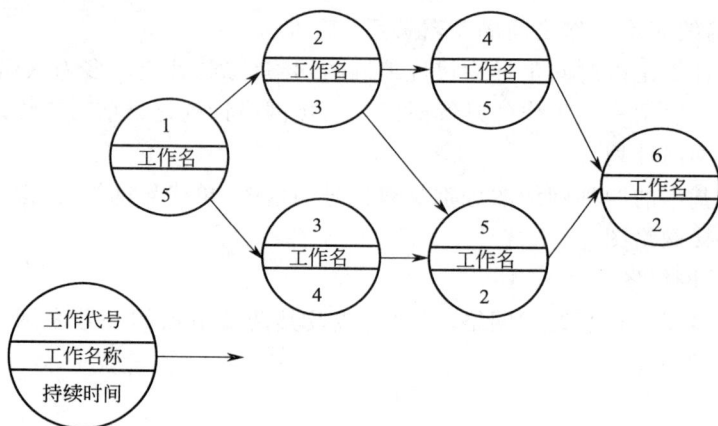

图 4-4　单代号网络图结构示意图

①单代号网络的设计更灵活些,可以先画出所有的作业,然后插入逻辑关系;

②目前大多数的工程管理软件的编制都是以单代号网络为基础的;

③在甘特图中,构建带有节点逻辑关系的甘特图更为方便。

(3)双代号时标网络图

双代号时标网络图是以时间坐标为尺度编制的双代号网络图,如图 4-5 所示。在时标网络图中,以实箭线表示工作,实箭线的水平投影长度表示该工作的持续时间;以虚箭线表示虚工作,由于虚工作持续时间为零,所以虚箭线垂直画;以波形线表示工作与其紧后工作的自由时差。

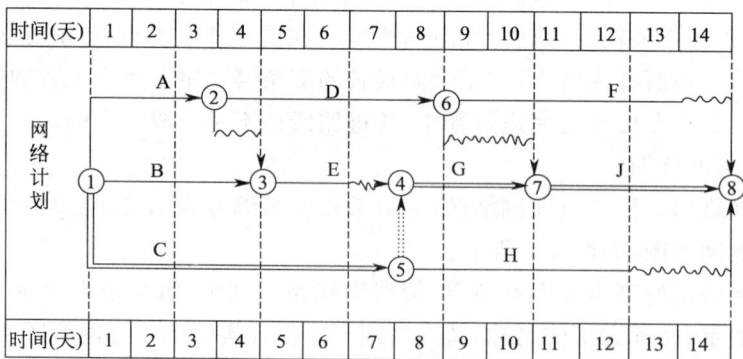

图 4-5　双代号时标网络的结构示意图

双代号时标网络图主要有以下几个特点:

①兼有网络计划与横道计划的优点,能够清楚地表明计划的时间进程;

②能在图上直接显示各项工作的开始与完成时间、工作自由时差及关键线路;

③在绘制中受到时间坐标的限制,因此不易产生循环回路之类的逻辑错误;

④可以利用时标网络计划图直接统计资源的需要量,以便进行资源优化和调整。

双代号时标网络图适用于以下几种情况:

①工作项目较少、工艺过程比较简单的工程;

②局部网络计划;

③作业性网络计划;

④使用实际进度前锋线进行进度控制的网络计划。

(4)单代号搭接网络图

传统的双代号和单代号网络计划中,只能表示两项工作首尾相接的关系,仅仅是一种衔接关系,即只有当其紧前工作(紧排在本工作之前的工作)全部完成之后,本工作才能开始。但是在工程建设实践中,有许多工作的开始并不是以其紧前工作的完成作为条件的,它们之间存在着一定的搭接关系,这种情况需要以搭接网络图来描绘。搭接网络计划一般都采用单代号网络图的表示方法,即以节点表示工作,以节点之间的箭线表示工作之间的逻辑顺序和搭接关系。图 4-6 所示为某单代号搭接网络的结构示意图。

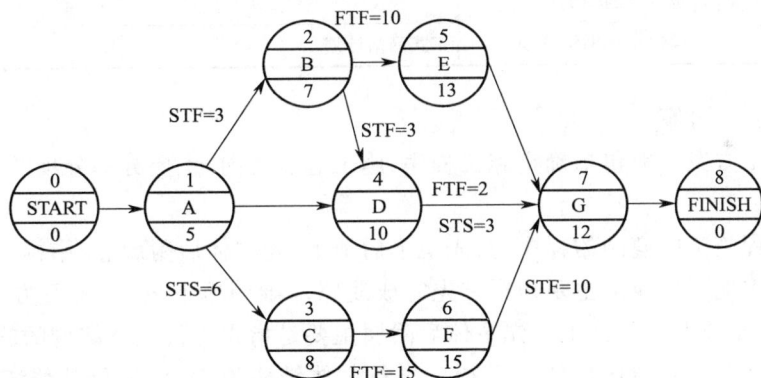

图 4-6　单代号搭接网络图结构示意图

单代号搭接网络可以描绘前后两项工作(此处分别代称 A 工作、B 工作)之间的 4 种逻辑依存关系:

①"结束——开始"型(FTS),即 B 工作在 A 工作结束之前不能开始;

②"结束——结束"型(FTF),即 B 工作在 A 工作结束之前不能结束;

③"开始——开始"型(STS),即 B 工作在 A 工作开始之前不能开始;

④"开始——结束"型(STF),即 B 工作在 A 工作开始之前不能结束。

其中,"结束——开始"型最为常见,"结束——结束",型和"开始——开始"型允许两项工作有一定程度的并行,"开始——结束"型较少见。

4.1.3　进度计划的编制步骤

铁道电气化工程,其进度计划编制的步骤和阶段成果大致如表 4-2 所列。

表 4-2　建筑工程进度计划编制步骤

编制阶段	编制步骤	阶 段 成 果
准备阶段	工程描述	工程描述表
	信息收集和分析	
	明确施工方案	
绘制网络图	工程分解与工作描述	项目分解结构(WBS)图表、工作描述表、工作列表、工作责任分配表
	工作排序与网络图绘制	各工作详细关系列表、网络图结构
时间参数计算确定关键线路	工序作业时间估计	各工序作业时间
	时间参数计算	最早开始(结束)时间、最晚开始(结束)时间自由时差、总时差
	确定关键线路	
编制可行网络计划	工期、资源的检查与调整	
	编制可行网络计划	可行网络计划
优化并确定正式网络计划	进度计划的优化	
	编制正式网络计划	正式网络计划

1)明确施工方案

明确施工方案一般包括确定施工程序、施工起点流向、主要分部分项的施工方法和施工机械等。

单位工程施工应遵循的程序为:先地下后地上、先主体后附属、先结构后装饰、先土建后设备。先地下后地上主要是指首先完成线路基础等地下设施、土石方工程和基础工程,然后开始地上工程施工。先主体后附属主要是指先进行主体结构的施工,再进行附属结构的施工。先结构后装饰是指先进行主体结构施工,后进行装修工程的施工。先土建后设备主要是指一般的土建工程与水暖电气等工程的总体施工程序。

确定施工起点流向就是确定单位工程在平面或竖向上施工开始的部位和开展的方向。施工流向牵涉到一系列施工活动的开展和进程,是组织施工活动的重要环节。

确定施工顺序要遵循施工程序,符合施工工艺,与施工方法一致,符合施工组织的要求,满足施工质量和安全的要求,同时也要考虑当地气候的影响。

2)工程分解与工作描述

施工方案确定后就可在此基础上对工程进行划分,即采用 WBS(项目分解结构)把建设工程分解成若干组成元素,以便按照客观的施工顺序依次或平行地逐一完成这些元素,从而最终完成建设任务。工程分解有时又称划分工序。"工序"在网络计划技术中是一个含义十分广的名词,它在双代号网络图中表现为一条箭线,这条箭线所代表的工作内容可多可少、可粗可细,要根据计划对象的情况和计划的任务来定。一般来说,计划的对象大或者是控制性计划,其划分的每一个工序所包含的内容就会较多,划分得

也就很粗,工序也就会很大。如果计划的对象规模不大,或者是用于指导施工的实施性计划,则要把工序划分得很具体。

在工程分解的基础上,为了更明确地描述工程所包含的各项工作的具体内容和要求,需要对工作进行描述,编制工作描述表并对所有工作进行汇总编制工作列表。同时,为了明确各部门或个人在工程中的责任,应根据项目分解结构图表和组织结构图,对工程的每一项工作或任务分配责任者和落实责任。工作责任分配的结果是形成工作责任分配表。

3)工作排序与网络图绘制

一个工程有若干项工作或活动,它们在时间上的先后顺序称为逻辑关系,既包括客观存在的、不变的强制性逻辑关系,还包括随实施方案、人为约束条件、资源供应条件变化而变化的逻辑关系。一般来说,工作排序应首先考虑第一种逻辑关系,在此基础上通过分析进一步确定工作之间可变的逻辑关系。工作排序的结果是形成描述工程各工作相互关系的项目网络图以及工作的详细关系列表。

完成工作排序后便可绘制网络图,网络图是整个工程在时间过程和工序关系上的模拟,能清楚地反映整个工程的工作过程,所以它是网络计划的基础,是网络计划技术的出发点。网络图的绘制原则主要有:

(1)在网络图中不允许出现循环线路(或闭合回路),即箭头从某一事项出发,只能自左向右前进,不能反向又重新回到该事项上去。

(2)箭线的首尾都必须有事项,即不允许从一条箭线的中间引出另一条箭线来。

(3)不允许在两个相邻事项之间有多条箭线。

(4)网络图中不允许出现中断的线路。

(5)对单目标网络,不允许出现多个起始事项和终止事项的情况。

(6)网络中各事项的编号是由左向右、由小到大,工作的起始事项号要小于工作的终止事项号,并且事项编号不能重复。

以上规定又称网络逻辑,一张网络图只有符合网络逻辑的要求才能正确反映计划任务的内容,并为大多数人所接受。

4)工序作业时间估计

确定进度计划中各工序的作业时间是计算网络计划时间参数的基础,是计划工作的关键,必须十分谨慎。利用网络计划技术编制进度计划时有一个特点,那就是工序作业时间的确定并非完全根据当时的情况(施工条件和工期要求),而是按照正常条件来确定一个合理的、经济的作业时间,待计算完以后再结合工期要求和资源供应等具体要求,对计划进行调整。这种做法的意义表现在以下方面:

(1)按照正常的条件而不是赶工、抢工条件确定的作业时间,一般总是比较合理的,其费用也是较低的。按照这种作业时间编制出来的计算总成本一般较低。

(2)有了这样的初步计划,结合实际进行调整和优化便有了一个合理的基础,也便于进行比较。

（3）以这种作业时间为基础计算出网络时间并找到关键路线之后，在必须压缩工期时，就可以知道应该压缩哪些工艺，哪些地方有时差可以利用，有潜力可以挖掘。这样就不至于因考虑工期要求而盲目抢工，把那些还有时差的工序也加快，徒然增加工程费用，造成成本增高、资金浪费。所以，采用网络计划技术编制进度计划从一开始就避免了浪费。

工序作业时间的确定可以采用各种不同的方法，比如根据工程量、人工（或机械台班）产量定额和合理的人员（或机械）数量计算求得。但对于产量定额必须有所分析，要根据实际情况做适当的调整才能使计划更切合实际，这是就各项具体的工序（分项工程）而言的。对于那些大工序（单位工程等），则可以根据国家的工期定额或类似工程的资料加以必要修正后套用。必要时，比如对一些缺乏经验而又比较重要的分项工程或工程，也可以采用三时估计法，即估计一个最乐观时间 t_0（在最顺利条件下所需时间）、一个最可能时间 t_m 和一个最悲观时间 t_p（在最不利条件下所需时间），然后利用式（4-1）进行加权计算，求得一个期望工时 $\bar{t}_c$。

$$\bar{t}_c = \frac{t_0 + 4t_m + t_p}{6} \tag{4-1}$$

为了预测该工作在期望工时内完成的可能性，还可以通过计算方差和均方差，来反映工作时间概率分布的离散程度，其数值越大，说明工作时间概率分布的离散程度越大，期望工时 $\bar{t}_c$ 的可靠性就越小；反之，δ 的数值越小，期望工时 $\bar{t}_c$ 的可靠性越大。

$$\delta^2 = \left(\frac{t_p - t_0}{6}\right)^2 \tag{4-2}$$

$$\delta = \frac{t_p - t_0}{6} \tag{4-3}$$

最后，将估计出的各工序的作业时间添加到网络图上，就形成了初步的工程进度计划网络图。

5）时间参数计算

网络图中的活动是要消耗一定的资源、经过一定的时间才能完成的。对初始方案进行时间参数的计算在于确定计划工期并为工期调整和资源调整准备条件。为此，要计算出各工序的最早开始时间 ES_{i-j}、最早完成时间 EF_{i-j}，最迟开始时间 LS_{i-j}、最迟完成时间 LF_{i-j}、总时差 TF_{i-j}、自由时差 FF_{i-j}，并据此判断关键线路。

下面以双代号网络图为例，介绍其时间参数的计算方法。在双代号网络图中，工作 $i-j$ 的时间参数常以图 4-7 所示形式标注在该工作箭线上。

ES_{i-j}	LS_{i-j}	TF_{i-j}
EF_{i-j}	LF_{i-j}	FF_{i-j}

图 4-7　双代号网络时间参数标识

（1）最早开始时间 ES_{i-j} 的计算

工作最早开始时间指各紧前工作（紧排在本工作之前的工作）全部完成后，本工作有可能开始的最早时刻。工作 $i-j$ 的最早开始时间 ES_{i-j} 的计算应符合下列规定：

工作 $i-j$ 的最早开始时间 ES_{i-j} 应从网络计划的起始节点开始，顺着箭线方向依次逐项计算。

以起始节点为箭尾节点的工作，当未规定其最早开始时间时，其值应等于零。

当工作 $i-j$ 只有一项紧前工作 $h-i$ 时，其最早开始时间 ES_{i-j} 为

$$ES_{i-j}=EF_{h-i}=ES_{h-i}+D_{h-i} \tag{4-4}$$

式中　ES_{h-i}——工作 $h-i$ 的最早开始时间；

　　　EF_{h-i}——工作 $h-i$ 的最早结束时间；

　　　D_{h-i}——工作 $h-i$ 的持续时间；

当工作 $i-j$ 有多项紧前工作时，其最早开始时间 ES_{i-j} 应取各紧前工作最早结束时间的最大值，公式为：

$$ES_{i-j}=\max(ES_{h-i}+D_{h-i}) \tag{4-5}$$

（2）最早完成时间 EF_{i-j} 的计算

工作最早完成时间指各紧前工作完成后，本工作有可能完成的最早时刻。工作 $i-j$ 的最早完成时间计算公式为：

$$EF_{i-j}=ES_{i-j}+D_{i-j} \tag{4-6}$$

（3）最迟完成时间 LF_{i-j} 的计算

工作最迟完成时间指在不影响整个任务按期完成的前提下，工作必须完成的最迟时刻。工作 $i-j$ 最迟完成时间 LF_{i-j} 的计算应符合下列规定：

工作 $i-j$ 的最迟完成时间 LF_{i-j} 应从网络计划的终点节点开始，逆着箭线方向依次逐项计算。

以终点节点为箭头节点的工作的最迟完成时间，可以取网络计划的计划工期 T_p。所谓计划工期，是指按要求工期 T_r 和计算工期 T_c 确定的作为实施目标的实际工期，其中计算工期 T_c 是指根据时间参数计算得到的工期。如果事先规定了要求工期 T_r，则应满足 $T_c \leqslant T_p \leqslant T_r$；如果没有事先规定要求工期 T_r 则应满足 $T_c \leqslant T_p$，一般就取 $T_p = T_c$。

其他工作 $i-j$ 的最迟完成时间 LF_{i-j} 应取其各紧后工作最迟开始时间的最小值，即

$$LF_{i-j}=\min(LF_{j-k}-D_{j-k}) \tag{4-7}$$

式中　LF_{j-k}——工作 $i-j$ 的各紧后工作 $j-k$ 的最迟完成时间；

　　　D_{j-k}——各紧后工作的持续时间。

（4）最迟开始时间 LS_{i-j} 的计算

工作最迟开始时间是指在不影响整个任务按期完成的前提下，工作必须开始的最迟时刻。工作 $i-j$ 的最迟开始时间计算公式为：

$$LS_{i-j}=LF_{i-j}-D_{i-j} \tag{4-8}$$

（5）工作总时差 TF_{i-j} 的计算

工作总时差是指在不影响总工期的前提下，本工作可以利用的机动时间 TF_{i-j} 的计算公式为：

$$TF_{i-j}=LS_{i-j}-ES_{i-j}=LF_{i-j}-EF_{i-j} \tag{4-9}$$

（6）工作自由时差 FF_{i-j} 的计算

工作自由时差是指在不影响其紧后工作最早开始时间的前提下，本工作可以利用的机动时间。工作 $i-j$ 的自由时差 FF_{i-j} 的计算应符合下列规定：

当工作 $i-j$ 有紧后工作 $j-k$ 时，其自由时差应为：

$$FF_{i-j}=ES_{j-k}-ES_{i-j}-D_{i-j}=ES_{j-k}-EF_{i=j} \tag{4-10}$$

式中　ES_{j-k}——工作 $i-j$ 的紧后工作 $j-k$ 的最早开始时间。

以终点节点 $(i-n)$ 为箭头节点的工作，其自由时差 FF_{i-n} 应按网络计划的计划工期 T_p 确定，即

$$FF_{i-n}=T_p-ES_{i-n}-D_{i-n}=T_p-EF_{i-n} \tag{4-11}$$

6）确定关键路线

在一个网络图中，总时差为零的活动称为关键活动，时差为零的节点称为关键节点。一个从始点到终点，沿箭头方向由时差为零的关键活动所组成的路线，就叫关键路线。关键路线通常是从起始节点到终点节点最长的路线。要想缩短整个工程的工期必须在关键路线上想办法，即缩短关键路线上的作业时间；反之，若关键路线工期延长，则整个工程工期就越长。

7）工期、资源的审查与调整

时间参数计算完毕以后，首先要审查计划总工期，看它是否符合业主的要求，即是否在规定的工期范围之内。如果计划工期不超过规定的工期，那么这个计划在工期这一点上是可行的。如果计划工期超过了工期规定，那就要调整计划工期，将它压缩到规定的工期范围之内；如果做不到这一点，那就要提出充分的理由和根据，以便就工期问题与业主进行进一步商谈。

同时，还要进一步估算主要资源的需要量，审查资源需要量和供应的可能性，看二者能否协调。如果供应能够满足施工高峰对资源的需求，则这个计划也就被认为是可行的。如果某一段时间内供应不能满足资源消耗高峰的需要，那就要对这段时间施工的工序加以调整，使它们错开，减少集中的资源消费，把它降到可能供应的水平之下。

8）编制可行网络计划

经过工期和资源的初步调整之后，网络计划已基本适应现有的施工条件要求，因此可以绘制可行的网络计划图。同时，还可以进一步计算该进度方案的技术经济指标，如与定额工期的比较、单方用工、劳动生产率、节约率（与预算比较）、机械台班利用率等。通过与过去或先进计划指标的比较，可以逐步积累经验，对提高管理水平非常有意义。

9)进度计划的优化

可行计划还不是最优的计划,所以只要有改进的可能,对于可行计划还应逐步加以改进、优化,使之更趋完善,以便取得更好的经济效果。在工程实践中,寻求最优计划在实际上是不可能的,只能寻求在目前条件下更令人满意的计划。

工程进度计划的优化一般有以下几种途径:

(1)在不增加资源的前提下压缩工期

在进行工期优化时,首先应在保持系统原有资源的基础上对工期进行压缩。如果还不能满足要求,再考虑向系统增加资源。在不增加系统资源的前提下压缩工期有两条途径:

一是不改变网络计划中各项工作的持续时间,通过改变某些活动间的逻辑关系达到压缩总工期的目的。主要是将某些原来前后衔接的活动改为互相搭接,这种方法主要适用于可以形成流水作业的工程。按照前后衔接的关系要等到紧前活动全部完成以后,紧后活动才开始;改为互相搭接的关系后,紧前活动只要完成一部分,其紧后活动就可以开始了。

二是改变系统内部的资源配置,削减某些非关键活动的资源,将削减下来的资源调集到关键工作中去以缩短关键工作的持续时间,从而达到缩短总工期的目的。

(2)压缩关键活动

压缩关键活动的步骤如下:

①确定初始网络计划的计算工期;

②将计算工期与指令工期进行比较,求得需要缩短的时间;

③压缩关键线路重新计算,得到新的计算工期。

如果这个新的计算工期符合指令工期的要求,则工期优化即已完成。否则,按上述步骤再次压缩关键线路直到符合指令工期的要求为止。当网络图中有多条关键路径时,应首先对多条关键线路的公共部分进行压缩,这样可节省费用。如果网络图中有多条关键路线,若其中有一条不能够再压缩,则整个网络计划的总工期也就不能再压缩了。在实际工作中要压缩任何活动的持续时间都会引起费用的增加。

(3)工期——费用优化

任何一个工程都是由若干项活动组成,每项活动的完成时间并非常量,随着投在其中费用的变化而变化。因此,有必要对网络计划进行工期——费用分析。根据工程活动的费用率以及极限工期,可以知道每项活动可以压缩的时间和相应要增加的成本,压缩工程工期必须压缩关键活动的时间,而且必须按费用率由小到大进行压缩。在压缩关键活动工期时还要受到以下限制:

①活动本身的最短工期的限制。

②总时差的限制。关键线路上各活动压缩时间之和不能大于非关键线路上的总时差。

③平行关键路线的限制。当一个网络计划图中存在两条（或多条）关键路线时，如果要缩短计划工期，必须同时在两条（或多条）关键路线上压缩相同的天数。

④紧缩关键路线的限制。如果关键路线上各项活动的工期都为最短工期，这条路线就称为紧缩关键路线。当网络计划中存在这种路线时，工期就不能再缩短了。在这种情况下压缩任何别的活动的持续时间，都不会缩短工期而只会增加工程的费用。

网络计划工期——费用优化可以按下列步骤进行：

①首先计算出网络计划中各活动的时间参数，确定关键活动和关键路线。

②估算活动的正常工期和正常费用、极限工期和极限费用，并计算活动的费用率。

③若只有一条关键路线，则找出费用率最小的关键活动作为压缩对象；若有两条关键路线，则要找出路线上费用率总和最小的活动组合为压缩对象（这种费用率总和为最小的活动组合称为最小切割）。

④分析压缩工期时的约束条件，确定压缩对象可能压缩时间，压缩后计算出总的直接费用的增加值。

⑤计算压缩后的工期能否满足合同工期的要求，如果能满足，停止压缩；如果不能满足，再按①—⑤的顺序继续压缩。如果出现了紧缩的关键路线，而工期仍不能满足合同要求，则要重新组织和安排各工序的施工方法，调整各工序活动的逻辑关系，然后再按①—⑤的顺序进行优化调整。这种方法是用逐渐增加费用来减少工期的，所以称为最低费用加快法。

4.2　铁道电气化工程进度控制

进度控制是工程三大目标控制之一，是工程管理中的一项重要工作。有效进度控制的关键是监督、协调、预测与控制，即不断监控工程的进度，以保证各项工作能符合里程碑进度要求，按预定的进度计划进行；同时要了解、掌握铁道电气化工程进度计划的实施情况，并与实际进度相比较，若发现偏离，要及时分析和研究并采取对策，实行有效控制，避免发生实质性的延误。整个进度控制工作及流程如图 4-8 所示，铁道电气化工程进度控制的主要措施见表 4-3。

表 4-3　铁道电气化工程进度控制措施

类　别	详　细　措　施
组织措施	设立进度控制部门、配置人员；落实进度控制各环节及人员的责任；编制进度控制流程；制定进度控制制度；进度控制的分析与预测
管理措施	加强信息管理、收集实际进度资料、及时整理统计、定期提出工程进度报告
经济措施	编制资源需求计划，为进度计划辅助决策提供信息；落实资源供应条件
技术措施	设计方案评选时应考虑设计技术与工程进度的关系；工程实施过程中应考虑技术的先进性与经济合理性

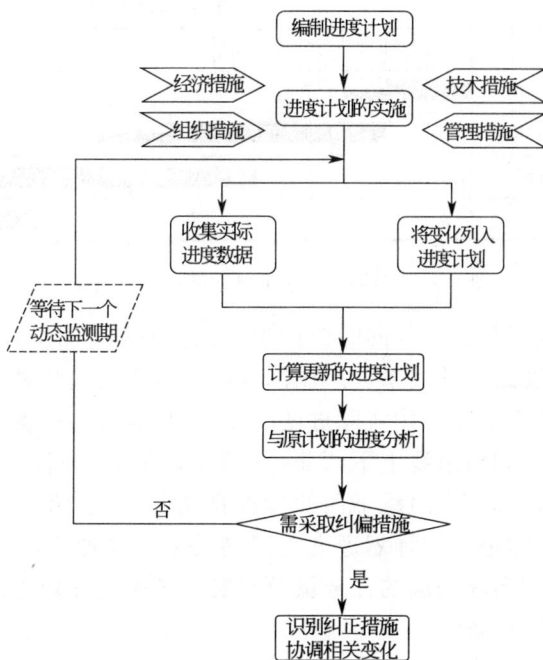

图 4-8　进度控制过程

4.2.1　铁道电气化工程进度的对比、分析

将工程的实际进度与计划进度进行比较,分析其对工程工期的影响,确定实际进度与计划不符的原因,进而找出对策,这是进度控制的重要环节之一。常用的进度对比方法有横道图比较法、实际进度前锋线比较法、S形曲线比较法、香蕉形曲线比较法等。

1)横道图比较法

图 4-9 为某工程在第 6 天末进行检查时,绘制的实际进度与计划进度比较示意图。图中的粗线代表实际进度,细线代表计划进度。由此例可见,横道图比较法是将在工程进展中通过观测、检查、搜集到的信息,经整理后直接用不同标志的横道线并列标于原计划横道线处,从而进行直观比较的方法。横道图比较法是进度控制中最简单的方法,仅适用于工程中各项工作都是按均匀速度进行,即每项工作在单位时间所完成的任务量各自相等的情况。

根据工程中各项工作速度的不同,以及进度控制要求和提供的进度信息的不同,这种方法还可以进一步划分为匀速施工横道图比较法、双比例单侧横道图比较法和双比例双侧横道图比较法。其中,匀速施工横道图比较法只适用工作进展速度不变的情况,作图方法如前所示,可以将实际进度线加粗。而双比例单侧横道图比较法适用于工作进度变速的情况,作图方法是在实际进度线涂黑的同时,在表上标出某对应时刻完成任

ID	任务名称	工程进度(d)													
		1	2	3	4	5	6	7	8	9	10	11	12	13	14
1	腕臂装配														
2	吊弦装配														
3	软横跨														
4	支柱														

图 4-9　实际进度与计划进度比较示意图

务的累计百分比,将该百分比与其同时刻计划完成任务累计百分比相比较,从而判断工作实际进度与计划进度之间的关系。双比例双侧横道图比较法是双比例单侧横道图比较法的改进和发展,是将表示工作实际进度的涂黑粗线,按着检查的期间和完成的累计百分比交替地绘制在计划横道线上下两面,其长度表示该时间内完成的任务量。工作的实际完成累计百分比标于横道线下面的检查日期处,通过两个上下相对的百分比相比较,判断该工作的实际进度与计划进度之间的关系。这种比较方法从各阶段的涂黑粗线的长度看出本期间实际完成的任务量及其实际进度与计划进度之间关系。

　　2)实际进度前锋线比较法

　　当铁道电气化工程进度计划采用时标网络计划形式时,可以利用实际进度前锋线法进行实际进度与计划进度的比较。实际进度前锋线比较法是从计划检查时间的坐标点出发,用点画线依次连接各项工作的实际进度点,最后到计划检查时间的坐标点为止,形成前锋线。可以根据前锋线与工作箭线点的位置判断工程实际进度与计划进度的偏差。

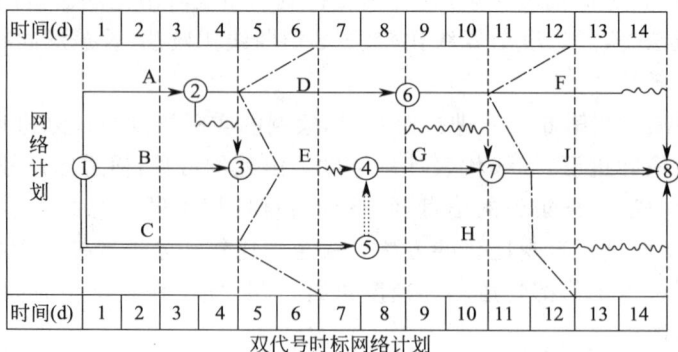

图 4-10　实际进度前锋线法示意图

　　从图 4-10 中可以直接判断出相关工作的进度状况。此图是一份时标网络计划用前锋线进行检查记录的实例。该图有两条前锋线,分别记录了第 6 天和第 12 天两次检查的结果。在第 6 天末进行检查时,工作 1~4、2~5 实际进度比计划进度滞后 2 天,工

作 3～6 实际进度比计划进度滞后 1 天。由此可见,实际进度前锋线法也非常直观,反映的工程进度信息要比横道图比较法多。

3)S 形曲线比较法

S 形曲线比较法是以横坐标表示进度时间,纵坐标表示累计完成任务量,从而绘制出按计划时间累计完成任务量的 S 形曲线,将工程各检查时间对应的实际完成任务量与 S 形曲线进行实际进度与计划进度相比较的一种方法。

铁道电气化工程中,一般是工程的开始和结尾阶段单位时间投入的资源量较少,中间阶段单位时间投入的资源量较多。与其相关,单位时间完成的任务量也是呈同样的变化趋势,即随时间进展累计完成的任务量也呈 S 形变化,如图 4-11 所示。通过比较图中的两条 S 形曲线,可以得到如下信息:

其一,可以得到项目实际进度与计划进度比较的信息。当实际工程进展点落在计划 S 形曲线左侧则表示此时实际进度比计划进度超前;若落在其右侧,则表示拖后;若刚好落在其上,则表示二者一致。

其二,可以得到项目实际进度比计划进度超前或拖后的时间。图 4-11 中,Δt_a 表示 t_a 检查时刻实际进度超前的时间;Δt_b 表示 t_b 检查时刻实际进度拖后的时间。

其三,可以得到项目实际进度比计划进度超额或拖欠的任务量。图 4-11 中,Δy_a 表示 y_a 时刻超额完成的任务量;Δy_b 表示 y_b 时刻拖欠的任务量。

其四,可以预测工程进度。图 4-11 中 t_b 检查时刻之后,若工程按原计划速度进行,则预测到工期拖延预测值为 Δt_c。

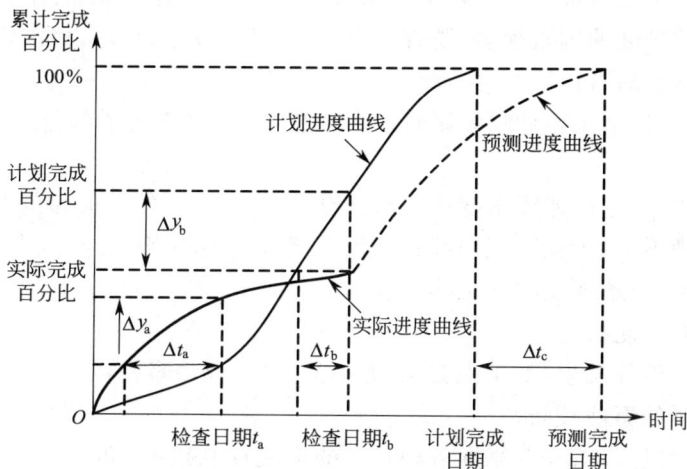

图 4-11 S 形曲线比较法

4)香蕉形曲线比较法

从 S 形曲线比较法中得知,工程进度计划实施过程中的进行时间与累计完成任务量的关系都可以用一条 S 形曲线表示。而且，一般情况下，任何一个工程的网络计划图都可以绘制出两条 S 形曲线——以各项工作的最早开始时间安排进度而绘制的 S 形曲线（ES 曲线）和以各项工作的最迟开始时间安排进度而绘制的 S 形曲线（LS 曲线）。两条 S 曲线都是从计划的开始时刻开始，在计划的完成时刻结束，因此两条曲线是闭合的。因形如香蕉，故称为香蕉形曲

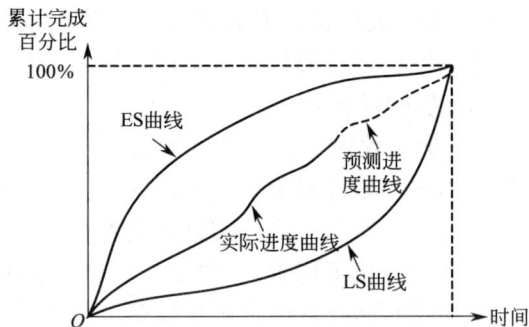

图 4-12　香蕉形曲线比较法

线，如图 4-12 所示。工程实施中进度控制的理想状况是：任一时刻按实际进度描绘的点应落在该香蕉形曲线的区域内。

香蕉形曲线的作图方法与 S 形曲线的作图方法基本一致，不同之处仅在于要分别以工作的最早开始时间和最迟开始时间绘制两条 S 曲线。利用香蕉形曲线比较法，可以进行进度的合理安排，可以进行施工实际进度与计划进度比较，还能对后期工程进行预测，即在确定的检查状态下，后期工程仍按最早、最迟开始时间实施，分析 ES 曲线和 LS 曲线的发展趋势，预测工程后期进度状况。

4.2.2　进度拖延的纠偏措施

进度拖延是工程过程中经常发生的现象，各层次的工程单元，各个工程阶段都可能出现延误。影响进度的因素很多，既有人为因素，又有技术、材料设备、资金、气候、环境等客观因素。常见的有以下几种情况：

①计划失误，包括工程计划编制时过于乐观，计划时遗漏了部分工作，没有考虑资源的稀缺性等。

②合同变更，业主可能要求变更一部分设计，增加工程的功能和范围等。

③组织管理不力，工程队伍内部和工程干部人沟通不畅，协调不力；设计工作不能及时完成；物资供应不能及时到位等。

④技术难题未能攻克。

⑤不可抗力事件发生，如工人罢工、恶劣的气候、政治事件以及战争等情况发生。

1）进度拖延的事前预防

在工程开始以后，首先要采取各种日常的进度控制措施，防止可以避免的、人为的进度拖延。日常进度控制途径包括以下几方面：

（1）突出关键路线。坚持抓关键路线，以此作为最基本的工作方法及组织管理的基本点，并以此作为牵制各项工作的重心。

（2）加强生产要素配置管理。配置生产要素是指对劳动力、资金、材料、设备等进行

存量、流量、流向分布的调查、汇总、分析、预测和控制。合理配置生产要素是提高施工效率、增加管理效能的有效途径，也是网络节点动态控制的核心和关键。在动态控制中，必须高度重视整个工程建设系统内、外部条件的变化，及时跟踪现场主、客观条件的发展变化，坚持每天用大量时间来熟悉、研究人、材、机械、工程的进展状况，不断分析预测各工序资源需要量与资源总量以及实际机械、工程的进展状况，不断分析预测各工序资源需要量与资源总量以及实际投入量之间的矛盾。应规范投入方向，采取调整措施，确保工期目标的实现。

（3）严格控制工序，掌握现场施工实际情况。记录各工序的开始日期、工作进程和结束日期，其作用是为计划实施的检查、分析、调整、总结提供原始资料。因此，严格控制工序有三个基本要求：一是要跟踪记录，二是要如实记录，三是要借助图表形成记录文件。

2）进度拖延的事后措施

进度拖延的事后措施，最关键的是要分析引起拖延的原因。通常有以下方面的措施：

（1）对引起进度拖延的原因采取措施。目的是消除或降低它的影响，防止它继续造成拖延或造成更大的拖延，特别是对于计划不周（错误）、管理失误等原因造成的拖延。

（2）投入更多的资源加速活动，或者要求增加每天的工作时间；也可以安排更多的设备或材料来加快进度。但是，增加资源的方法往往会使成本增加。

（3）采取措施保证后期的活动按计划执行。要特别关注关键路线上的进度拖延。缩短后期工程的工期，常常会引起一些附加作用，最典型的是增加成本开支或引起质量问题。

（4）分析进度网络，找出有工期延迟的路径。应针对该路径上工期长的活动采取积极的缩短工期的措施。工期长的活动往往存在更大的压缩空间，这对缩短整个路径的总工期是最明显的。

（5）缩小工程的范围。包括减少工作量或删去一些工作包（或分项工程），但是这必须征得业主的同意，并且不会影响整个工程的功能，也不会大幅度地降低工程的质量。

（6）改进方法和技术提高劳动生产率。可以采用信息管理系统提高信息的沟通效率，采用并行工程，增加对员工的技能培训及激励措施等。

（7）采用外包策略。让更专业的公司用更快的速度、更低的成本完成一些分项工程。

复习思考题

1. 双代号网络计划如何绘图，时间参数如何计算以及关键工作和关键线路如何确定？
2. 铁道电气化工程建设项目进度计划的编制方法有哪些？
3. 简述铁道电气化工程建设项目进度控制的含义和任务。
4. 简述建设项目进度控制的措施。

5 铁道电气化工程成本管理

铁道电气化工程项目的投资控制是建设项目管理的主要组成部分。项目的投资控制就是在项目的投资决策阶段、设计阶段、招标阶段和施工阶段中,把项目投资的发生控制在预定计划的投资额之内,及时纠正可能发生的偏差,保证实现项目的投资目标,取得良好的项目投资效益和社会效益。

项目成本是构成项目投资的主要部分,控制项目成本是投资控制的极其重要的环节。

5.1 概 述

5.1.1 铁道电气化工程成本

铁道电气化工程成本是指工程形成过程中所耗费的各种费用的总和。根据费用发生的阶段及用途,工程成本可分为以下几个部分,如图 5-1 所示。

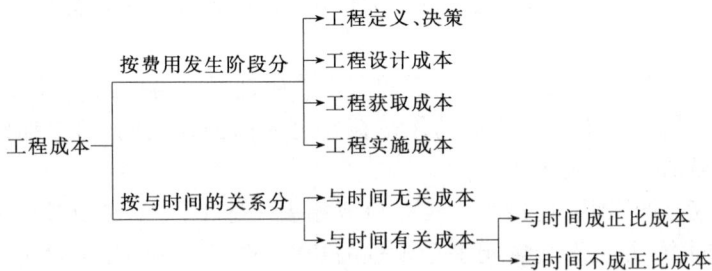

图 5-1 铁道电气化工程成本的类型

工程的定义和决策对工程的建设和建成后的经济效益、社会效益有很大的影响,为了对工程进行科学的定义和决策,在工程启动阶段必须做好调查研究、技术经济分析、可行性研究等前期论证工作,这些工作所花费的费用就构成了工程定义和决策成本。可行性研究通过之后,工程进入设计阶段,这些工作所花费的费用就构成了工程的设计成本。为了获得工程,工程组织必须开展询价、供应商选择、广告、承发包、招投标等一系列工作,这些工作所花费的费用就是工程的获取成本。在工程实施过程中,为完成工程而耗用的各种资源所构成的费用统称为工程实施成本,包括人工成本、物料成本、设备成本、其他费用和不可预见费用。

影响铁道电气化工程成本的因素有工程消耗的资源数量及其价格、工程工期、工程范围等,其中,工程成本与工期的关系十分密切、复杂。与时间有关的成本包括两类:一是与时间成正比的,如租赁设备的台班费、周转材料的使用费、现场管理人员的工资、临时设施的运行费等;二是与时间不成正比关系的,如时间延长造成周转材料、劳动力、机械设备等一次性投入的减少。与时间无关的成本如工程中的许多一次性费用,如施工设备的进出场费用、临时设施的建设费用、工人的调遣费用。其构成如图 5-2 所示,其中的建安工程成本由直接费和间接费组成。

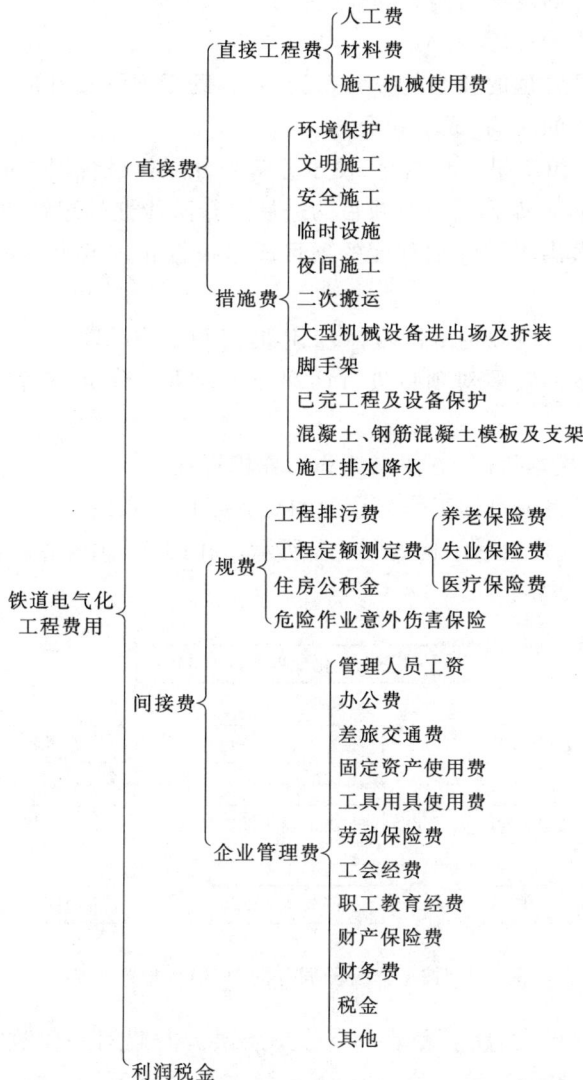

图 5-2 铁道电气化工程费用构成

5.1.2 工程项目分解体系

工程建设项目是一个庞大的体系,为了管理的方便需要将它分解,有针对性地分别对待各个部分,由部分到整体完成生产。工程建设项目一般分解为5个层次:

建设项目—单项工程—单位工程—分部工程—分项工程。

所谓工程项目的分解结构也称工作分解结构(Work Breakdown Structure, WBS)是把项目分解为一系列可管理的工作单元,从而可以更容易地确定这些单元的成本、预算、进度等,并保证所确定项目内容的完整性。

1)工作分解结构的作用

将项目划分为可管理的较小的单元(工作),有助于理解和管理项目的细节,进而详细确定项目及各工作的时间、成本和资源。

(1)WBS与项目组织机构相结合,便于分解和分配项目管理人员的职责。

(2)可以利用WBS编码系统对项目的进展进行阶段性的跟踪和动态控制。

(3)WBS可以做出不同详细程度的项目成本报告和进度报告,以便发现和解决问题。

(4)WBS能够容易地确定工作内容、工作时间和工作顺序。

(5)WBS可以按照需要对项目进行详细分析或概略分析,有利于向上级主管部门汇总汇报工作。

(6)有助于建立成本代码,方便交流和计算机管理。

(7)WBS有助于将项目的工作与企业的财务账目相联系。

WBS的常见形式是树形结构如图5-3所示。在图5-3中,各方框中给出工作及相应工作的WBS编码数字。

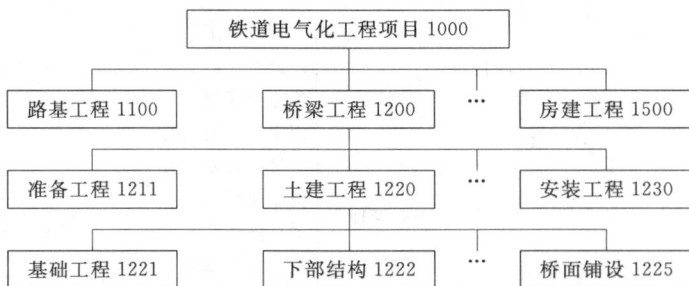

图 5-3 按工作阶段划分的WBS和成本编码

WBS编码中的每一位数字表示一个分解层次。左起第一位数字之后全为零的编码(如1000)表示整个项目;第一位数字相同,第二位数字不同,之后数字全为零的编码表示子项目,其总和构成整个项目;前二位数字相同,第三位数字不同,之后数字全为零

的编码表示子项目分解后的工作,其总和构成某一个子项目,依此类推。

实际上,项目的分解方式与成本的分类往往不同。因此,对于每一个阶段的工作的成本需要进一步分解,如图5-4所示。在图5-4中,各方框中仍是工作的WBS编码,而该工作的成本及其成本编码的数字列出在该方框的下面。同类成本的成本编码的最后两位数字是一样的。

WBS和WBS编码还可以采用概要结构,即类似书籍的章节目录形式。上一层是其下一层工作的汇总,下一层工作是其上一层工作的组成成员,最底层的是详细工作,不能再被分解。详细工作是项目的最基本的单元,它的成本、工作时间、资源质量等能方便地确定。

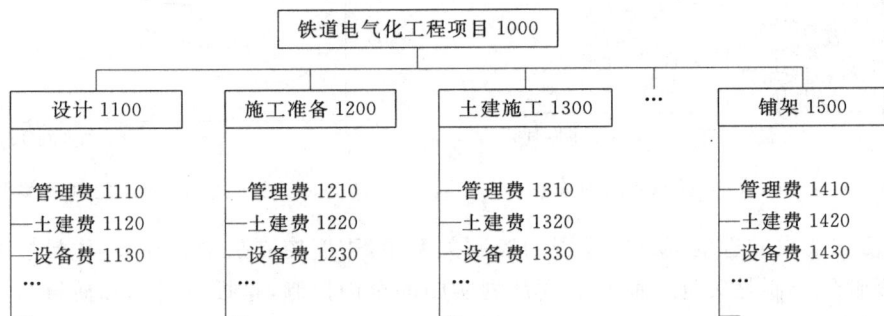

图 5-4 中内容:

铁道电气化工程项目 1000

设计 1100
- 管理费 1110
- 土建费 1120
- 设备费 1130
- ...

施工准备 1200
- 管理费 1210
- 土建费 1220
- 设备费 1230
- ...

土建施工 1300
- 管理费 1310
- 土建费 1320
- 设备费 1330
- ...

铺架 1500
- 管理费 1410
- 土建费 1420
- 设备费 1430
- ...

图 5-4 按工作阶段划分的 WBS 和成本编码

2)建立 WBS 时应当遵照的原则

(1)WBS 应对成本控制和质量控制同时有效。

(2)分解后的工作有利于施工安排,有利于反映各个工作之间的工序(逻辑)关系。

(3)工作划分要明确,各工作之间的界限要明确。

(4)分解的详细程度与所要求的控制级别一致。

(5)每一个工作并不一定要给出成本,成本可以赋予汇总工作或工作序组。

(6)项目分解必须与有关的合同条款匹配和符合。

(7)设置资金利用率控制及还贷能力监控系统。

(8)把项目分解为最基本的工作单元,因而最大限度地缩小了估计范围,消除复杂因素。

按照每一个工作单元分别估算成本,然后汇总就能得到整个项目的估算。

5.1.3 费用、进度、质量三目标的控制关系

工程建设项目的总目标是投资、工期和质量,这三项管理目标并非孤立存在,而是相互关联的矛盾对立统一体。工程质量要求过高,则投资随之增加,施工进度也相应变化;盲目地赶进度往往导致工程质量下降,成本增加。而进度与费用之间,则不是简单

的线性增减关系。指导施工的网络计划是经过优化的,当施工进度控制在某一界限范围内时(最低费用相对应的最优工期),加快施工进度能达到使费用降低的目的;而超越这一界限,工程进度的超前与延误一样都将会增大投资和资源消耗,影响既定的项目目标的实现(参见图5-5和图5-6)。因此,在对三大目标控制的实施中应互相兼顾,单纯地追求某一目标的实现,均会适得其反。

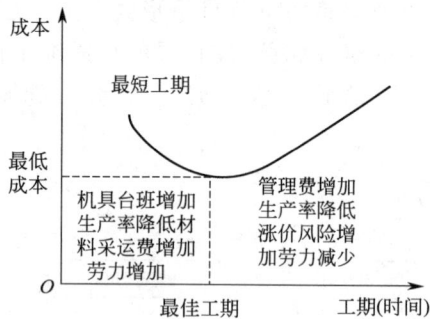

图 5-5　时间、成本、资源之间的关系

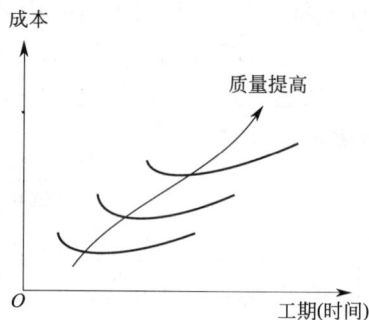

图 5-6　时间、成本、资源之间的关系

在工程建设的进度、质量、投资的控制关系中,进度控制是中心环节,质量控制是根本,投资管理控制是关键。而对进度计划实施的全面控制,是投资目标和质量目标实施的根本保证。

在铁道电气化建设工程项目的施工中,建设单位(业主)一方面要控制工程的进度,一方面要根据承包施工单位的施工进展情况,将资金分批支付给施工单位。给各施工单位的投资与各施工单位要完成的工程量是紧密相关的。一般地,工程项目的投资总额是控制的,如果过早完成投资,就会加重建设单位(业主)的贷款负担;投资推迟完成,又会造成施工单位的资金周转困难。因此建设单位(业主)需要科学合理地管理好投资,通过投资控制施工的进度,以资金作为杠杆调配好人力物力,使工程能够保质保量地在规定工期内完成。

我国铁道电气化工程项目在施工过程中,提前工期的事屡见不鲜,但必须考虑全线的工程质量与综合进度,并协调各标段的进程,才能真正取得实际效益。

从图5-5和5-6所示的时间、成本、质量之间的关系图可见,成本与工期之间呈非线性关系。对于一道工序或一个项目,如果要缩短工期,就必须增加资源(人工、设备、材料等),从而会增加成本;如果延长工期,虽然在短期内可以减少资源的投入,但是资源总量未必减少,尤其是直接费将会增加,各种涨价因素也将起作用,从而也会增加成本。因此,成本—工期(时间)的关系曲线呈两头上翘的形状。成本控制的一个重要思想是努力寻找最低成本点,其相应的资源和工期在理论上均是最优的。当项目的工程质量标准提高后,工程的成本将相应地提高,工期也将相应地增长,成本曲线将向右上方移动。

正是因为在成本、资源、工期、质量诸因素之间存在着这种相互依存和互动的关系，所以不能单纯地追求降低成本、节约投资，也不能只凭热情一味地压缩工期、提前完工，只有同时综合考虑成本、资源、工期、质量因素，找寻最优的实施方案，才能有效地成功地管理和控制一个建设项目，达到预期的项目目标。

5.2　铁道电气化工程成本管理

5.2.1　铁道电气化工程成本管理的基本思想

长期以来，我国对工程成本管理的认识基本上还停留在工程的成本确定和控制上。随着现代工程管理对工程内涵的不断拓展和对实践经验的不断总结，人们逐渐认识到传统的成本管理是不全面的。成本管理的现代管理思想有：工程全过程成本管理、工程全寿命周期成本管理以及工程全面成本管理。

（1）工程全过程成本管理，20 世纪 80 年代中期由我国工程成本管理领域工作者提出。该管理思想认为：工程成本管理应该是贯穿工程生命周期各阶段的全过程、全方位的工作。因为工程的投资要贯穿于工程建设全过程，而且工程实施之前的决策和设计方案对投资的影响最大，因此，成本管理的关键在于采取经济技术手段，以设计阶段为重点，对工程建设全过程进行全方位管理。

（2）工程全寿命周期成本管理，20 世纪 80 年代由美国国防部首先提出。当时国外的有关资料表明，在工程的寿命周期内，研究和研制费用约占 10%，生产费用约占 30%，使用保障费用约占 60%。鉴于使用费用、采购费用远大于研制费用的现象，美国国防部首先提出了全寿命周期费用概念，力求通过在研制阶段多花一点钱来节省后来的使用保障费。

（3）工程全面成本管理，该思想是国际全面成本管理促进会前主席 R. E. Westney 先生借助"全面质量管理"的思想提出的。他对全面成本管理的定义是：通过有效地使用专业知识和专门技术去计划和控制工程资源、成本、赢利和风险。工程全面成本管理所涉及的内容有：

①与发现需求和机遇阶段相关的工程成本管理工作；
②与说明目的、使命、目标、指标、政策和计划阶段相关的工程成本管理工作；
③与定义具体要求和确定管理技术阶段相关的工程成本管理工作；
④与评估和选择工程方案阶段相关的工程成本管理工作；
⑤与根据选定方案进行初步工程开发和设计阶段相关的工程成本管理工作；
⑥与获得设施和资源阶段相关的工程成本管理工作；
⑦与实施阶段相关的工程成本管理工作；
⑧与完善和提高阶段相关的工程成本管理工作；
⑨与退出服务和重新分配资源阶段相关的工程成本管理工作；

⑩与补救和处置阶段相关的工程成本管理工作。

5.2.2　全面成本管理基本特点

全过程的成本管理。对工程项目施工的全过程,也即对成本形成全过程每一环节进行管理。决定铁道电气化工程成本高低的因素,首先是以确定施工工艺、施工组织方案及技术组织措施为主要内容的施工组织设计的质量。在某种意义上来说,施工组织设计的质量如何,该工程项目的成本水平也就成定局了。此外,在施工准备阶段和正式施工阶段的组织管理工作质量如何,也会对工程成本产生影响。

综合性的成本管理。工程成本的高低,有许多因素决定,如材料供应、劳动力调配、技术方案、机械设备利用、质量管理、安全施工、施工组织等。成本水平是工程项目施工管理水平的综合反映。因此,成本管理是综合性的管理,施工管理的各业务部门都负有一定的经济责任。

全员参加的成本管理。工程成本是由各业务部门、各生产岗位的职工,通过所从事的各项施工活动,分散并以不同的形式逐步形成的。因此,工程项目施工的成本管理必须与每个职工的本职工作结合起来,必须全体员工共同参与管理。

成本的预防性管理。成本管理不能停留在事后核算上,并以成本的预测和成本的控制为重点。要坚决改变目前那种“干了再算”,即工程完才知道成本的做法,形成一种“算了再干”的成本管理工作做法和成本控制工作体系。

5.2.3　成本管理的工作内容

做好成本管理的基础工作,包括制定和贯彻各种定额,建立成本管理责任制。

定额是成本管理的基础,应当制定反映工程项目实际水平的材料消耗及费用定额、机械消耗定额、人工工资定额和其他间接费用控制目标。并依此建立成本管理责任制,做到奖惩分明,使成本管理有据可依,成本控制目标落到实处。

认真做好成本预测和成本计划。即做好成本的事前控制,严格进行成本费用控制,加强成本核算和分析。

5.2.4　成本管理工作程序

图 5-7 所示为成本的过程控制示意图。

5.2.5　铁道电气化工程成本管理的意义

工程成本管理的重要性主要体现在:

(1)工程成本管理是工程成功的关键,是贯穿工程全寿命周期各阶段的重要工作。对于任何工程,其最终的目的都是想要通过一系列的管理工作来取得良好的经济效益。而任何工程都具有一个从概念、开发、实施到收尾的生命周期,其间会涉及业主、设计、

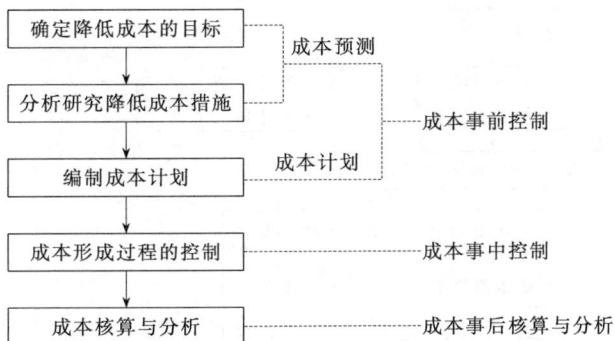

图 5-7　成本的过程控制示意图

施工、监理等众多的单位和部门,它们有各自的经济利益。

(2)不确定性成本的存在,需要施加全面的管理和控制。工程成本的不确定性是绝对的,确定性是相对的。这就要求在工程的成本管理中除了要考虑对确定性成本的管理外,还必须同时考虑对风险性成本和完全不确定性成本的管理。对于某些不确定性成本,可以依赖于加强预测和制定附加计划法或用不可预见费来加以弥补。但对于工程风险成本的管理,最根本的任务是首先要能识别工程中存在的各种风险并确定出相应的风险性成本;其次是要通过控制风险事件的发生与发展,直接或间接地控制工程的风险成本。另外,还要开展对于包括风险性成本和不可预见费等预备费用在内的各种风险性成本和风险性成本管理储备资金的直接控制,从而实现整个工程的成本管理目标。

(3)工程成本管理可以合理的补偿施工消耗,保持社会再生产的顺利进行。还可以促使工程公司不断降低工程成本,提高企业的经营管理水平,贯彻经济责任制。增强公司的竞争实力,不仅在工程项目中以优质取胜,而且还要以价廉取胜。

5.3　铁道电气化工程成本管理工作

工程成本管理是指为保障工程实际发生的成本不超过工程预算而开展的预测、决策、计划、控制、核算、分析和考核等一系列管理活动,具体包括工程资源计划、工程成本估算、工程成本预算、工程成本控制等环节。铁道电气化工程其成本管理程序如图 5-8所示。

成本管理的关键是实现成本的过程控制。项目成本管理必须紧紧围绕影响成本变化的各个环节,事先预测、事中控制、事后总结。成本管理对象除生产成本外,还应逐渐扩展到预测成本、施工方案成本和质量成本、安全成本等方面,将成本管理的触角伸展到项目每个领域和过程,由计划经济下的生产经营决定成本向成本干预生产经营方向发展,以真正适应市场经济的需要。

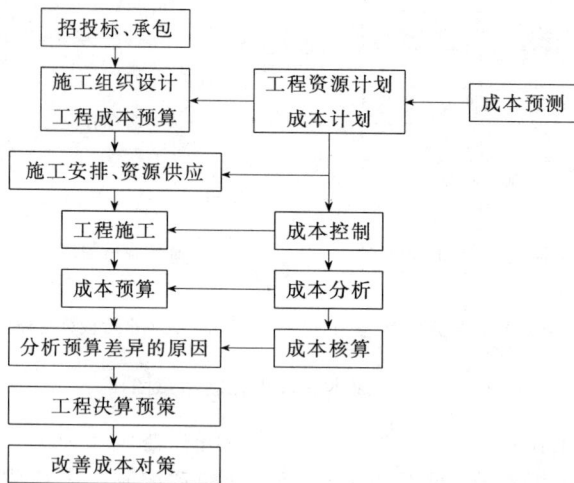

图 5-8　铁道电气化工程成本管理工作

5.3.1　工程成本估算

1）工程成本估算类型

铁道电气化工程成本估算是铁道电气化工程成本管理的一项核心工作，是根据工程的资源需求计划以及各种资源的价格信息，估算和确定工程各项活动成本的工作。一般情况下包括初步工程成本估算（量级估算）、技术设计后的成本估算（预算）和详细设计后的成本估算（最终估算）等几种不同精度的工程成本估算。项目成本估算的类型及其精度见表 5-1。

表 5-1　成本估算类型对比

估 计 类 型	估 算 时 间	估 算 目 的	估 算 精 度
量级估算	工程完成前 3～5 年	为工程决策提供依据	−2.5%～75%
预算	工程完成前 1～2 年	将资金拨入预算计划	−10%～25%
最终估计	工程完成前不足 1 年	为采购提供实际成本	−5%～10%

在工程初期，许多具体情况不能确定，所以只能粗略地估计工程的成本。当完成了技术设计之后，就可以进行比量级估算更精确的工程成本计算了。到详细设计之后，工程的各种细节已确定下来，于是就可以进行比预算更精确的最终估算了。因此，成本估算工作在一些大型工程的成本管理中都是分阶段做出不同精度的成本估算，然后再逐步细化和提高精度的。

2）工程成本的估算方法

工程成本的估算方法有专家判断法（类比估算法、自上而下法）、工料清单法（自下

而上法）、参数估计法（参数模型法）、软件估算法等。

（1）专家判断法。这是一种在工程成本估算精确度要求不是很高的情况下使用的工程成本估算方法，也称作类比估算法或自上而下法，是一种通过比照已完成的类似工程的实际成本，估算出新工程成本的方法。通常有两种具体的形式：

①专家小组法。指成立工程成本估算专家小组，进行调查研究，然后通过召开座谈会、讨论会等形式共同探讨，提出工程资源计划方案，在意见比较一致的基础上，确定工程成本。

②德尔斐法。由于专家小组法可能带有很强的主观性，为了消除不必要的相互影响和迷信权威等心理上的影响，可以采用专家们互不见面、互不知名，由一名协调者来汇集专家意见，整理并编制出工程成本估算的方法。这种方法的精度一方面取决于用来作为参照的以前完成的工程与新工程的相似程度，另一方面取决于工程成本估算的专家具有的必备的专业技能。优点在于估算是基于实际经验和实际数据的，缺点在于在很多种情况下并没有真实的同类工程的成本数据。由于工程的独特性、一次性等特性，多数新工程与已经完成的工程不具备可比性。更进一步，对于许多已完成的工程而言，并没有真实的历史数据，因为工程实施中的变化是很大的，工程留下的文档和数据多数是中间结果而不是最终结果。另外，专家们毕竟也是常人，他们的看法不可避免地会带有一定的偏见。

（2）工料清单法。工料清单法又叫自下而上法，是根据工程的工作分解结构，即整个工程被逐级分解而得到的工作包，由项目经理为每个工作包分配专人负责，由其为该工作包估算成本；然后，将所有的估算加起来，得到更高一级的 WBS 的估算，依次就可以得到整个工程的成本估算。这种方法可以克服将工程作为一个整体来计算成本所带来的误差，因为较小的相对独立的工作包的成本估算比较细致、准确和快捷，但此方法同时也存在花费时间长、代价高的缺点。

（3）参数估算法。参数估算法又叫参数模型法，是利用工程特性参数建立数学模型来估算工程成本的方法。这种方法并不考虑众多的工程成本细节，因为工程的成本动因决定了工程的成本变量，并且对工程成本有举足轻重的影响。参数估算法重点是成本动因的确定，即找到影响成本最重要的因素。

（4）软件估计法。这种方法的优点是快速并易于使用，只需要一小部分信息即可据此得出整个工程的成本费用。这种方法的缺点是如果不经过标准的验证，参数估算模型可能不准确，所以估算出的工程成本精度不高，而如果用于校准、验证的历史数据不适用或有问题，则估算出的成本误差较大。

5.3.2　铁道电气化工程成本预算

工程成本预算是在工程成本估算工作的基础上，对工程活动及其成本估算的合理性进行进一步的分析，采用更加合理的估算方法对工程总成本进行估算，得到精度更高的结果,并且将总成本分摊到工程的各项活动上。

工程成本预算的主要依据是:工程成本估算文件、工程的工作分解结构和工程进度计划等。工程成本预算计划的编制工作包括确定工程的总预算、工程各项活动的预算、工程各项活动预算的投入时间。

(1)工程总预算的确定是在工程成本估算的基础上,根据更详细、更深入的设计方案和预算定额对工程整个成本做再次估算的工作。总预算确定的目的是为了将资金拨入预算计划,它的精度提高到了10%~25%。

(2)确定工程各项活动的预算是按照工程的划分所得的工作分解结构,将工程总成本逐级分摊到工程的各个工作包,然后再根据各个工作包的活动构成,将每一个工作包的成本分摊到各项活动。在分摊过程中,既可以采用自上而下分解的方法,也可以采用自下而上汇总的方法。也就是说,可以先根据每项活动的规模,套用相应的预算定额计算出活动的工作量,并进一步计算出所需要的资源种类和数量,每种资源的数量与单价相乘就可得到活动的成本。然后,再将活动的成本逐级向上汇总为工作包的成本,各工作包的成本再向上汇总为整个工程的总成本。

(3)各项活动预算投入的时间要根据工程的进度安排和项目的资源供应计划来确定。

5.3.3 工程成本的控制

工程成本控制是在工程实施过程中,通过工程的成本管理,尽量使工程的实际成本控制在计划和预算范围内的一项工程管理工作。这一管理过程还包括在工程的实际进程中,根据工程实际发生的成本情况,不断修正初始的成本预算,预测工程的最终成本等工作。

1)工程成本控制的内容

工程成本控制的主要目的是控制工程成本的变更。有效地控制工程成本的关键是经常及时地分析工程成本管理的实际绩效,尽早地发现工程成本出现的偏差和问题,以便在情况变坏之前能够及时采取纠正措施。

工程成本控制的范围涉及对可能引起工程成本变化因素的控制(事前控制)、项目实施过程中的成本控制(事中控制)和当工程成本变动实际发生时对于工程成本变化的控制(事后控制)。具体包括4个方面。

①成本计划。主要是按照设计、计划方案预算工程成本并提出报告,通过将成本目标或成本计划分解,提出设计、采购、施工方案等各种费用的限额作为成本控制的基准。

②成本监督。审核各项费用,确定是否进行工程款的支付,监督已支付的工程是否完成,并作实际成本报告。

③成本跟踪。作详细的成本分析报告,向各个方面提供不同要求和不同详细程度的报告,确保实际需要的工程变动都能够有据可查;防止不正确、不合适的或未授权的工程变动所发生的费用被列入工程成本预算。

④成本诊断。包括成本超支量及原因分析,剩余工作所需成本预算和工程成本趋势分析。

工程项目成本的发生与消耗是一个动态过程,是随着工程项目的实施而发展变化的,成本与工程进度有着密切的关系,因此,在实际的工程项目管理中都是采取成本与进度同步控制的做法。例如,对非关键工程合理延缓投资,可以减轻贷款负担且不会延长整个工程的工期,而增加关键工程的投资可望缩短整个工程的工期。

2)工程成本控制的依据

工程成本控制的主要依据有如下几个方面:

(1)工程成本基准计划。工程成本基准计划是一个按时间分布的、项目经理用于测量和监控成本实施情况的预算,是工程成本控制的基础。

(2)工程成本管理绩效报告。工程成本绩效报告反映了工程预算的实际执行情况,其中包括哪个阶段或哪些工作的成本超出了预算,哪些没有超出预算,问题出在什么地方等,这些信息对于工程成本控制是非常有用的。这种绩效报告通常要给出工程成本预算数额、实际执行数额和差异数额。"差异数额"是评价、考核工程成本管理绩效好坏的重要标志。

(3)工程的变更请求。工程成本的变化主要是由工程的变更造成的。通常,工程的变更请求是通过口头或书面方式提出来的,工程成本控制的一个主要工作就是要审查这些请求哪些是合理的、必需的,哪些是不必要的,并且要报给业主审批,只有取得业主同意的工程变更才予以补偿。如果工程实施者不经过业主同意,或是仅仅获得工程业主组织中的非权威人士的口头赞同,就做了工程变更活动,那么就可能面临着其变更活动不能收到付款的风险。

(4)工程成本管理计划。这是关于如何管理好工程成本变动的说明文件,是工程计划管理文件的一个组成部分。在这一文件中,重点给出了有关工程成本事前控制的计划和安排,对于工程成本控制工作具有重要的指导意义。

3)工程成本控制的原则

(1)节约原则。节约原则是成本控制的基本原则,节约绝对不是消极的限制与监督,而是要积极创造条件,要着眼于成本的事前监督、过程控制,在实施过程中经常检查是否出偏差,以优化施工方案,从提高项目的科学管理水平入手来达到节约。

(2)全面控制原则。全面控制原则包括两个含义,即全员控制和全过程控制。全员控制即充分调动每个部门、班组和每个员工控制成本、关心成本的积极性;全过程成本控制伴随项目施工的每一阶段,如在施工准备阶段制定最佳的施工方案,按照设计要求和施工规范进行施工,充分利用现有的资源,减少施工成本支出,并确保工程质量,减少工程返工费和工程移交后的保修费用。工程验收移交阶段,要及时追加合同价款办理工程结算,使工程成本自始至终处于有效控制之下。

(3)目标控制原则,目标管理是管理活动的基本技术和方法。在实施目标管理的过程中,目标的设定应切实可行,越具体越好,要落实到部门、班组甚至个人;目标的责任要全面,既要有工作责任,更要有成本责任;做到责、权、利相结合,对责任部门(人)的业绩进行检查和考评,并同其工资、奖金挂钩,做到奖罚分明。

(4)动态控制原则。即收集成本发生的实际值,将其与目标值相比较,检查有无偏离,若无偏差,则继续进行,否则要找出具体原因,采取相应措施。实施成本控制过程应遵循例外管理方法,所谓"例外"是指在工程项目建设活动中那些不经常出现的问题,但关键性问题对成本目标的顺利完成影响重大,也必须予以高度重视。

4)工程成本控制的措施

由于工程的成本目标不是孤立的,它与工程的质量、进度、工作范围、工作量等都密切相关。所以工程成本的超支常常并非成本控制本身的问题,也可能是由以下原因所引起的:

①工程质量标准的提高;

②工程进度的调整;

③工程实际工程量比计划工作量有所增加,工程按实际工程量和合同单价付款;

④业主由于工程管理失误造成的索赔;

⑤市场物价的变化、汇率变化、通货膨胀等;

⑥不可抗力的影响。所以,对成本超支情况必须结合合同、技术、管理等综合措施来解决。

降低项目成本的方法有多种,概括起来可以从组织、技术、经济、合同管理等几个方面采取有效措施控制。

(1)组织措施

首先要明确项目经理部的机构设置与人员配备,明确处、项目经理部、公司或施工队之间职权关系的划分。项目经理部是作业管理班子,是企业法人指定项目经理做它的代表人管理项目的工作班子,项目建成后即行解体,所以它不是经济实体,应对整体利益负责,同理应协调好公司与公司之间的责、权、利的关系。

其次要明确成本控制者及任务,从而使成本控制有人负责,避免成本扩大,费用超支,项目亏损但责任不明的问题。

(2)技术措施

采取技术措施是在施工阶段充分发挥技术人员的主观能动性,对标书中主要技术方案作必要的技术经济论证,以寻求较为经济可靠的方案,从而降低工程成本,包括采用新材料、新技术、新工艺节约能耗,提高机械化操作等。

(3)经济措施

对于人工费的控制,一般都在10%左右,要从用工数量控制,有针对性地减少或缩短某些工序的人工日消耗量,达到降低人工日消耗、控制工程成本的目的。对于材料费的控制,一般要按量、价分离的原则,主要做好两个方面的工作;对材料用量的控制和对材料价格的控制。对于机械费的控制,应尽力减少施工中所消耗的机械台班量,通过管理施工组织、机械调配,提高机械设备的利用率和完好率,同时,加强现场设备的维修、维护工作,降低大修、经常性修理等各项费用的开支,避免不正当使用造成机械设备的闲置;加强租赁设备计划的管理,充分利用社会闲置机械资源,从不同角度降低机械台班价格。从经济的角度管制工程成本还包括对参与成本控制的部门和个人给予奖励的措施。

(4)合同措施

合同管理是施工企业管理的重要内容,也是降低工程成本、提高经济效益的有效途径。项目施工合同管理的时间范围应从合同谈判开始,至保修日结束止,尤其加强施工过程中的合同管理,抓好合同管理的攻与守。攻意味着在合同执行期间密切注意我方履行合同的进展效果,以防止被对方索赔。

5.4 铁道电气化工程项目中的投资控制

5.4.1 铁道电气化工程项目投资控制的基本原则

投资控制是工程建设项目动态控制的三大目标(进度、质量、投资)之一,对于铁道电气化工程项目的投资控制可以运用以下一些重要的原则。

1)分阶段设置投资控制的目标

铁道电气化工程项目往往周期长、工程量大、消耗多。为了实现对项目的投资控制,可以分阶段设置投资控制的目标,构成一个明确的项目投资控制目标系统。例如,投资估算可作为在项目的立项和初步设计阶段的项目投资控制目标;设计概算可作为在施工图设计阶段的项目投资控制目标;设计预算或施工承包合同价可作为在项目施工阶段的项目投资控制目标。各阶段的投资控制工作,为实现其目标而努力。

2)投资控制贯穿于项目建设的全过程

投资控制贯穿于项目建设的全过程。按照以往的经验,初步设计阶段影响项目投资的可能性为75%~95%,技术设计阶段影响项目投资的可能性为35%~75%。因此,项目投资控制的关键在于施工前的投资决策和设计阶段,当项目已作出投资决策后,项目投资控制的关键则在于设计。投资控制的重点应落在设计阶段。

3)主动控制,达到满意的效果

铁道电气化项目动态控制的三大目标(进度、质量、投资)是互相关联、互相制约的,一般不可能同时达到最优,即不可能同时做到工期短、质量高、投资省。

投资控制的主要过程为:

①编制投资(成本)计划。

②实施投资(成本)计划。

③检查、收集计划实施结果,与投资(成本)计划相比较,找出偏差。

④必要时采取改进措施。

⑤在实际工作中,应采用前馈式的主动控制方法,积极主动地采取措施,尽可能地减少或避免项目投资的目标值与实际值的偏差,以达到满意的效果。

⑥采取技术与经济相结合的手段有效地控制项目投资

在铁道电气化工程项目中通过技术、经济分析和效果评价,正确处理技术先进性与经济合理性的关系,把项目的投资控制观念渗透到项目的设计、施工各个环节。

5.4.2 影响铁道电气化工程项目投资失控的原因

产生铁道电气化工程项目投资失控的主客观原因较多,根据以往的实践经验,以下一些问题对投资失控的影响较大。

1)设计概算粗糙,投资不足

如果一个铁道电气化工程项目,未按程序精心设计便仓促上马,设计概算编制粗糙,尤其是对不可预见费估计不足,使项目的投资总量先天存在缺口,那么在项目的实施中必定会要求"调概",突破原来计划的投资。

2)变更设计

变更设计必定变更投资,有的变更设计会提高工程质量、缩短工期、节约投资,而有的变更设计则会要求追加投资。

3)项目实施不按规范、程序进行

设计尚未完成就提前施工,边设计边施工;先做涵洞,再做路基设计,最后发现线路架设长了或短了等,诸如此类的事情屡见不鲜,势必造成投资失控。

4)政策性调整与物价上涨

我国正处在改革开放的发展时期,政策性调整与物价体系的变动是经常发生的,例如工资标准的提高,材料、设备的涨价,水、电、运输价格的上浮,以及新增各种名目的杂费,都将使工程造价增长。

5)其他

例如,某些不可预见的费用,不可抗拒的自然灾害造成的损失等。

5.4.3 铁道电气化工程项目投资控制的对策

1)深化设计改革,提高勘测设计的质量,打足项目投资。

深化设计改革,提高勘测设计质量是防止项目投资失控的关键。其实首要的是要提高设计人员的素质和责任心,严格、认真、充分地进行勘测设计,提高勘测设计的质量,减少设计失误。尤其不能因为简化(或忽略)某些勘测设计内容和工作,降低勘测设计的质量。

在编制项目的概算时,应根据设计的工程量、施工组织安排,以及现行的概(预)算编制办法,适当留有余地,计算出工程总造价,打足项目投资。

对于变更设计要严格管理,尤其是Ⅰ、Ⅱ类变更设计,变更周期较长,影响工程的投资较大,应当严格掌握。对于变更设计应从实际出发,辨证地对待。

2)严格按规范、程序办事。

铁道电气化工程项目的实施应当严格按规范、按程序进行。实践证明,"边设计、边施工"的做法常常导致大量的变更设计,难以控制建设项目的投资。项目实施前的准备工作尚未完成就提前施工,也是造成投资失控的一个常见的原因。

3)加强验工计价工作。

验工计价是在施工过程中实行计量支付的一项主要工作,由施工监理工程师负责进行。主要对承包商(施工单位)呈报的完成工程量进行检验,确定其数量是否真实,其质量是否合格,并计算出应支付的费用,坚决杜绝那些虚报、瞒报的数字。

4)应对物价上涨和不可预见的费用,实事求是地预留费用。

5.5 价 值 工 程

价值工程(VE)又称价值分析(VA),是一种重要的现代化管理技术,它是研究产品功能和成本之间关系问题的管理技术。功能属于技术指标,成本属于经济指标,价值工程要求从技术经济两方面来提高产品的经济效益,起源于 20 世纪 40 年代的美国。50年代末至 60 年代初,在日本和欧洲等许多发达国家得到推广普及,并取得了巨大的经济效益。70 年代末引入我国,在企业中得到迅速推广应用并取得了显著的效果。

5.5.1 价值工程的定义

1)价值

价值工程中的价值有别于政治经济学中有关价值的概念,是指对象(产品或劳务)具有的必要功能与取得该功能的总成本的比值,即效用(或功能)与费用之比,是对研究对象功能和成本的综合评价,其表达式为:

$$V = F/C \tag{5-1}$$

式中　V——价值;

　　　F——功能;

　　　C——成本。

价值是产品功能和成本的综合反映,是评价产品的一种标准。

功能指功用、作用或用途,功能体现产品的本质。必要功能是产品必须具备的属性,是指用户要求并承认的功能。实际上一个产品往往存在不必要的功能,但不论是必要的功能和不必要的功能都是要支付费用的。

成本指产品寿命周期成本,即在产品从构思、设计、制造、使用、报废的整个寿命周期内发生的全部费用。

根据上述表达式,提高产品或劳务价值的途径有 5 种,见表 5-2。

表 5-2   提高价值的途径

序列	特　征	结　果	F	C	V
1	功能不变、成本降低	提高价值	→	↓	↑
2	功能提高、成本不变	提高价值	↑	→	↑
3	功能提高、成本降低	大大地提高价值	↑	↓	↑↑
4	功能大大提高、成本略有提高	适当地提高价值	↑	↑	↑
5	功能略有降低、成本大大减少	适当地提高价值	↓↓	↓↓	↑

2)功能

功能是指产品或劳务的性能或用途,即所承担的职能。产品功能的实质是产品的使用价值。

3)成本

价值工程中的成本是指产品或劳务在全寿命周期内所花费的全部费用。这里的全寿命周期是指产品或服务从用户提出需求开始,至满足用户需求为止的时期,即经济寿命周期。若用 C_1 表示生产费用、C_2 表示使用费用,则全寿命周期费用就是 C_1 与 C_2 之和,如图 5-9 所示。

图 5-9 中,若产品目前的全寿命周期费用为 C',则其对应的功能水平为 P';若将目前的功能水平提高到 P,则全寿命周期费用将降至最小 C_{min}。这时的功能水平达到最适宜水平。

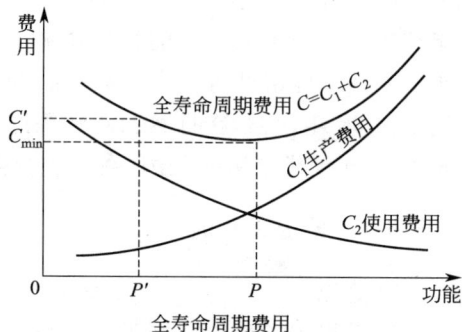

图 5-9   功能与成本的关系

在上述关于价值、功能和成本的描述中,可以看到价值工程是以提高产品或服务的价值为目的,通过有组织的创造性的工作,寻求以最低的全寿命周期成本,可靠地实现产品或服务的必要功能,着重功能分析,以求推陈出新,促进产品更新换代的一种分析研究活动。

5.5.2　价值工程的特征

从上述价值工程的定义,可以看出价值工程具有如下特征:

(1)价值工程的目的是提高产品或服务的价值,即以最低的全寿命周期费用实现必要的功能,消除不必要的功能和补充必要的功能,使用户和企业都能得到理想的经济效益。

(2)价值工程的核心是功能分析,即按用户的需求,对价值工程对象的功能和成本进行综合的定量与定性分析,发现问题,寻求解决办法,找出功能与成本的合理匹配。

(3)价值工程是一种依靠集体智慧进行的有组织的活动,通过各方面的专家、有经验的设计人员和用户的参与,运用多学科的知识,努力提高产品的价值。

从价值公式(5-1)可以看出,价值与功能成正比关系,与成本成反比关系。提高产品价值的途径概括起来有以下 5 种。

① 功能不变,降低成本。

② 成本不变,提高功能。

③ 成本小增,功能大提高。

④ 功能小降,成本大降低。

⑤ 功能提高,成本降低。

这最后一种是最理想的,它一般是通过运用新技术、新工艺、新材料、新方法,在提高功能的同时又大幅度的降低成本,从而大幅度的提高产品的价值。

一切发生费用的工程项目都可以应用价值工程。国内外的大量工程实践证明,运用价值工程的观点,可以取得多方面的效果:既提高工程功能(在铁路方面可以运能为主),又降低项目投资;在保证功能不变的情况下,降低项目投资;在项目投资不变的情况下,提高功能,达到最终降低造价的目的;在主要功能不变、次要功能略有降低的情况下,使项目投资大幅降低;在项目投资略有上升的情况下,使工程功能大幅度提高。所有这些,都是提高决策水平,降低工程投资、改进设计工作所需要的。

价值工程用于工程建设项目的投资控制,在我国尚属起步阶段,在铁道电气化工程项目管理中,成功的经验也很有限。但是,由于价值工程将铁道电气化工程项目的功能与成本结合起来考虑,可以避免不顾成本单纯追求项目的高功能(高标准)或只顾降低造价而不顾项目必须具有的功能要求等片面性做法的发生,在铁路项目决策方面具有现实意义。由于价值工程理论应用的日益广泛,越来越多的为人们所认知和接受,相信在不久的将来,会对铁道电气化工程项目管理,特别是投资决策与控制起着越来越重要的作用。

复习思考题

1. 费用、进度、质量三目标的控制关系是什么?

2. 成本管理工作的内容及意义是什么?

3. 铁道电气化工程成本控制的内容、依据与措施是什么?

4. 价值工程的原理及应用意义是什么?

5. 简述铁道电气化工程成本控制的基本原则与控制对策。

6 铁道电气化工程质量管理

铁道电气化工程质量是决定工程建设的关键,没有质量就谈不上数量和效益,更无法实现工程项目建设的目标。

铁道电气化工程施工项目是基本建设的固定资产,是国民经济发展的必要设施。符合质量标准的铁路工程施工项目才能交付使用和投入运营,发挥投资效果。否则不能达到设计能力、不能发挥其设计使用功能,就不能交付使用,这就造成最大的浪费。为此,施工项目必须把使用价值放在首位,十分重视和不断提高铁道电气化工程质量。

在项目实施过程中要正确处理质量与速度、质量与成本的关系。它们的关系是对立统一的。在质量与进度的矛盾中,质量是矛盾的主要方面。如果单纯追求进度,而不顾保证质量,造成施工项目的质量事故,轻者返工修补,重者推倒重建,这都会造成极大的浪费。因此,没有质量的数量对铁道电气化建设和国民经济的发展是没有实际意义的。同样,不顾成本和工期的要求,建造出超标准、超功能的工程产品,也是一种浪费。因此,项目施工过程中必须按照设计要求,遵循技术规律,在控制好工程成本的前提下确保铁道电气化工程质量。

工程质量管理是工程管理的核心知识领域之一,与进度管理、成本管理共同构成了一项工程的三大目标管理。质量管理的主要目的是保证工程能够兑现它的关于满足各种需求的承诺。工程的执行组织应努力通过 ISO 9000 系列的标准认证,建立健全质量管理体系,从而提高业务程序的质量即管理质量,以此保证产品或服务的质量;同时还需大力推行全面质量管理,推进质量管理和质量改进。

6.1 质量管理概述

6.1.1 质量管理的发展历程

质量管理的发展是伴随着整个社会生产发展的客观需要而发展的,它与科技的进步、经济和管理科学的发展紧密相关。从近现代质量管理的发展历史来看,国际上大体经历了质量检验管理、统计质量控制和全面质量管理三个阶段,每一阶段都继承了前一阶段行之有效的控制手段和方法。

1)质量检验阶段

这个阶段从 20 世纪初到 20 世纪 40 年代初,特点是通过严格的检验来控制和保证出厂或转入下道工序的产品的质量。检验是这一阶段的主要职能,质量检验所使用的

手段是各种各样的检测设备和仪器仪表,它的管理方式是设立独立检验机构,在技术上实施"终端检验制"严格把关,在行政上实行"总检验师质量负责制"。这是一种以"技术标准符合性"为标准的质量管理。

实践表明,这种质量管理方式虽能保证出厂产品的质量,但也有其弱点:出现质量问题容易扯皮,缺乏系统的管理;属于"事后检验",无法在生产过程中起到预防、控制作用;要求对产品进行100%的检验,在经济上不合算。因此,这种方法的管理效能很差。

2)统计质量控制阶段

美国质量专家休哈特在1929年出版了《工业产品质量的经济控制》一书,书中应用了一套统计卡片,后来发展成预防缺陷和工序控制图理论。同时,美国贝尔实验室成立的检验工程小组提出了统计抽样检验的概念及其实施方案,把数理统计的方法应用于质量管理,从而使质量管理进入了一个新的历史阶段,即统计质量控制阶段。

统计质量控制阶段的主要特点是:

①质量管理的许多职能由专业的质量控制工程师和技术人员承担;

②质量管理由事后的终端把关转到对生产过程进行控制,由通过检验剔除不合格品转到预防不合格品的产生;

③广泛地采用统计的思考方法和分析方法对产品进行抽样检查,或对生产过程进行质量控制。

这一阶段较之上一阶段有明显的进步,但是,它过分强调了统计质量控制方法,而忽视了组织、计划、管理等工作,给人们一种"质量管理即数理统计方法"的印象,并且数理统计方法对于一般人来说过于深奥、难以掌握,因此,这在一定程度上影响了统计质量控制方法的普及、推广和应用。

3)全面质量管理阶段

1981年,美国通用电气公司质量总经理菲根鲍姆首先在其《全面质量管理》一书中提出了全面质量管理的概念(TQC),即"全面质量管理是为了能够在最经济的水平上,考虑到充分满足客户要求的前提下,进行市场研究、设计、生产和服务,把企业的设计质量、维持质量和提高质量的活动构成为整个有效体系"。此后,全面质量管理概念逐步被美国和世界各国所接受,世界各国的质量管理专家学者,如戴明、朱兰、克劳斯比、石川馨、田口宏一、菲根鲍姆等在统计质量控制的基础上,广泛吸收各种现代学科的理论,把技术管理、行政管理和现代经营管理方法结合起来,形成了一整套全面质量管理的理论、方法,使质量管理发展到一个新的阶段,即全面质量管理阶段。该阶段的特点是:追求客户满意,注重预防而不是检查,并承认管理层对质量的责任。全面质量管理是20世纪管理科学最杰出的成就,现在正大面积推广于全球。

全面质量管理是全面的质量管理、全过程的质量管理及全员参加的质量管理的统一,如图 6-1 所示。

(1)全面的质量管理

一方面是对产品本身的质量进行有效管理并提高服务质量和成本质量,另一方面是管好全组织各职能部门的工作和工序质量。良好的工作和工序质量是保证产品和服务质量的前提,产品和服务的质量则是工作和工序质量的结果,抓质量管理就应该首先抓前提,管住影响产品和服务质量的因素,为产品的最终质量提供保证。

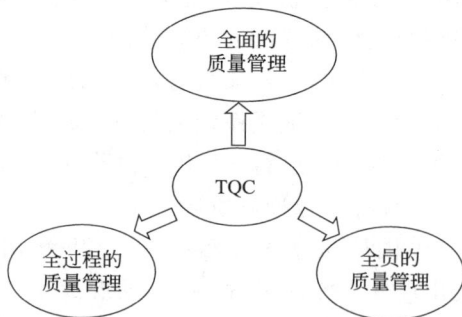

图 6-1　全面质量管理的内涵

(2)全过程的质量管理

全面质量管理认为,产品的质量决定于设计质量、合理的使用和维护质量等全过程。必须在市场调查、产品的选型、研究试验、设计、制造、检验、运输、储存、销售、安装、使用和维修等各个环节中都把好质量关。及时地将全过程中各个环节之间的配合情况及相应信息反馈到有关部门是全面质量管理中的重要环节,是不断提高产品质量、促进产品质量良性循环不可缺少的条件。

(3)全员的质量管理

各职能部门的工作质量是与各个员工的工作质量息息相关的。因此,全面质量管理的一个重要特点就是要求企业的全体人员都参与到质量管理工作中来,全员参与质量管理,要求企业的经营者参加到质量管理工作中来,同时在生产过程中动员全体员工参加改善产品和服务质量的活动,组织各种形式的质量管理小组,及时从技术上和组织上解决现场中所出现的各种质量问题,特别是关键的质量问题。日本一些企业认为,全面质量管理的真正目的在于培养如下的素质:

①善于发现问题;

②重视计划;

③重视过程;

④抓关键;

⑤动员全员参加质量管理,其中有无全员参加是衡量全面质量管理开展好坏的一个重要标志。

6.1.2　ISO 9000 族标准的质量管理

ISO 9000 是一个由国际标准化组织(ISO)开发的质量系统标准,是一个由组织中质量的规划、控制和归档所构成的连续循环。ISO 9000 是对质量管理和质量保证技术委员会(TC176 委员会)制定的所有国际标准的统一,ISO 9000 提供了一个组织满足其质量认证标准的最低要求,目前的最新版本是 ISO 9001(2008 版)。

1)ISO 9000 族标准的内容

ISO 9000 包括有下列 5 类标准：

（1）质量管理和质量保证术语标准（ISO 8402）

该标准以精确的语言表述了质量管理领域所用的质量术语的含义。ISO 8402 是 ISO 9000 系列的指导性文件，是理解和运用 ISO 9000 标准系列的前提和条件。

（2）质量管理和质量保证标准的选择和使用指南标准

这类标准的总编号为 ISO 9000，总标题是质量管理和质量保证，该标准阐述了 ISO 9000 标准系列的结构和分类，规定了选择和使用其他四个分标准的原则、程序和方法，是应用该标准系列的指导性和方法性文件。

（3）质量保证模式标准

质量保证标准由 ISO 9001、ISO 9002、ISO 9003 三个标准组成，这三个标准是由一定数量的质量体系要素组成的三种不同的模式，分别适应于三种不同的合同环境（以供方承担任务多少为界定），三个模式是对供方实施外部质量保证的三种不同程度的要求，由此也体现出供方实施外部质量保证的三种不同程度的技术和管理能力。

（4）质量管理指南标准

这一类标准的总编号为 ISO 9004，总标题是质量管理和质量体系要素。ISO 9004 阐述了质量体系的要素、原理和结构，是指导企业建立质量管理体系的文件。这一类的分标准有四个，这些标准的目的是用于指导组织进行质量管理和建立质量体系的。

（5）质量管理的支持性技术指南标准

这类标准的编号从 10001 到 100203；是对质量管理和质量保证中的某一专题的实施方法提供指南，目前已经正式公布实施了 8 个，如 ISO 10005 为质量计划指南，ISO 10007 为技术状态管理指南，ISO 10006 为工程管理质量指南等。

在以上这 5 类标准中，质量管理和质量保证是 ISO 9000 的核心。若没有这两类标准，ISO 9000 的各分标准将失去存在的价值，ISO 10000 系列中的许多标准也将失去依托。

2)ISO 9000 标准的应用

ISO 9000 族是一套通用性标准，而非具体的标准。因此，在具体应用该标准时应根据工程的实际情况选择相应的标准，并依此建立一个经济、可行、适用和有效的质量体系。在选择质量体系标准时，应考虑质量体系的环境特点，因为在不同的环境下所建立的质量体系也应不同。所以，在选择标准时应分清楚工程是处于合同环境还是非合同环境。如果是在合同环境下，则应选用质量保证模式标准作为供需双方谈判的基础，确定需方对供方的质量体系要求，并按合同要求建立质量保证体系。如果是在非合同环境下，则供方的质量体系不受需方的约束，供方可通过市场调查，预测用户的需要，自行确定产品质量的等级和水平，可根据产品和组织的具体情况设计和建立质量体系。

3）ISO 9000 族标准与全面质量管理

ISO 9000 族标准与全面质量管理之间，既存在一致性，又有一定的差异，见表 6-1。ISO 9000 族标准与全面质量管理无论在基本原理、指导思想，还是在要求甚至在具体方法上都是一致的。两者都强调全面质量管理、全员参与和全过程控制，都强调在质量管理中以预防为主和进行系统化管理，都强调管理层特别是决策层在质量管理和质量体系建设中的主导地位。ISO 9000 族标准从标准的角度，对全面质量管理的理论和实践进行了系统提炼和概括，从规范化和通用性角度体现了全面质量管理的思想和原则，并为组织建立质量体系、实施外部质量保证提供了指导。

表 6-1　ISO 9000 族标准与全面质量管理

一　致　性	差　异　性
①质量形成于生产全过程，这一原理在 ISO9004—1 中有充分阐述 ②在生产全过程中控制影响产品质量的全部因素，保证质量的结果满足全部要求 ③企业应其有持续提供符合要求产品的能力，即向组织内部提供内部质级保证和向客户或第三方提供外部质量保证的能力 ④质量管理必须坚持进行质量改进	①由全面质量管理是一个管理实践的过程，由众多活动所组成，而 ISO 9000 是属于管理性质的标准，是适合公众需求并针对质量管理制定的一种规范或文件，其目的是促进质量管理的标准化以取得最佳效益 ②ISO 9000 族标准中的质量保证标准并不是世界上最先进的质量管理标准，而是为组织提高质量管理水平提出的一个最基本的奋斗目标 ③按 ISO 9000 族标准建立的质量体系的认证合格只是暂时的、相对的，还需要在全面质量管理的实践中不断对质量体系进行评价，找出"不符合项"进行预防和纠正，以保证质量体系的有效运行

6.1.3　管理研究新进展

当今时代可谓新质量时代，从工程质量管理的角度来说，它给工程产品或服务的质量提出了新的要求：创造工程产品服务新价值，即创造出客户自己都不很清楚，但确实又是其需要的新型产品和服务，且不准失败。新质量时代就是创新的时代，工程质量管理的创新活动需要有"新构思"，"新构思"将面临多学科，如社会学、经济学、统计学等交叉互融的高科技选择和面对国内外市场的综合竞争。所以，要实现"新构思"就必须采用一些新的理论观点和新工具。

1）克劳斯比的零缺陷观点

克劳斯比在调查中发现，美国的制造业每年将约占营业额 20% 的费用用在了弥补质量问题上，服务业约为 35%，而营运良好的公司的这项花费大约是营业额的 3%～4%。因此，如果能够有效地控制产品或服务的质量，第一次就把事情做好，就可以大大减少因质量不佳而采取的各种弥补措施，从而降低费用、提高效益。由此，他提出了"零缺陷观点"，认为"管理有责任设置一个执行标准，这个标准应该是零缺陷的"，即改善质量的基础在于第一次就把事情做好，因为只做一次的工作才是最经济的。事实上，第一

次就把事情做好和事后弥补,体现了事先预防和事后把关两种不同的管理思想。第一次就把事情做好与全面质量管理的以预防为主的思想是一致的。因此,项目经理在制订工作计划和标准时应以"零缺陷"的思想作为依据。只有这样,才能使工程质量问题不断减少,直至没有。

2)依据产品类型选用不同的质量管理模式

当前,全球竞争的加剧已经导致客户对质量的期望越来越高。质量管理和质量保证的对象也从硬件产品扩展到了软件、流程性材料和服务。但无论是对生产哪一种产品的工程组织来说,为了保持竞争的优势和良好的经济效益,工程组织需要使用适合自身特点的更加行之有效的质量体系,这样的体系应以持续的质量改进和不断提高工程组织的客户和其他受益者的满意程度为目标,因此,对于工程组织来说,在选用质量管理的模式时,应根据工程组织自身的行业特点及所涉及的过程和具体实践的不同来进行适当的选择。

3)质量成本

所谓质量成本是指为了达到保证满意的质量而发生的费用以及没有达到满意的质量所造成的损失,也可将其分为一致成本与不一致成本。一致成本意味着交付满足要求的和适用性的产品,不一致成本则意味着对缺陷或没有满足的质量期望负责。通常所使用的质量成本法就是对质量成本进行预测、计划、收集、核算、分析、报告,从而发现质量体系活动的薄弱环节,采取纠正措施,减少质量损失,提高工程组织经济效益的一种管理方法。

4)质量经营

"质量经营"的观点是由日本著名的质量管理专家水野滋先生于 20 世纪 70 年代初提出的。质量经营就是以质量为中心的经营管理,它被认为是当今经营管理中的一场革新。它不仅强调重视质量的经营,满足客户的要求,而且强调质量管理必须为工程组织的经营服务,为增加效益服务,并追求其长久的利益和发展。

5)质量机能展开

质量机能展开(Quality Function Deployment,QFD)是 19 世纪 60 年代末在日本诞生的对新产品开发进行质量保证的方法论。最初,它以机械组装企业为中心,后来普及到制造业、建筑业,进而又推广到服务业和计算机软件产业。质量机能展开本身也从狭义的质量展开发展为包含有技术展开、成本展开和可靠性展开的综合性方法论。

质量机能展开(QFD)是一种把用户需求作为最终质量保证因素,映射到产品开发活动中的系统化、结构化方法。它通过对产品开发过程的基本因素、基本事件、基本活动的分析及它们之间相互关系的描述,实现对产品模型中涉及用户最终要求的因素进行控制,以保证最大限度地满足用户需求;并把顾客的需求和期望转化成工程特性、零件特性、制造作业和生产要求等一系列可检查、可操作的事件、活动或指标,完成产品的开发过程。

QFD 的所有活动由顾客需求驱动,一般可分为四个阶段:产品规划阶段、零部件部署阶段、过程和控制规划阶段、生产计划阶段。通过这四个相关过程,顾客需求被逐步展开为工程特性、零部件特性、制造作业和生产计划,其中上一阶段的输出是下一阶段的输入,如图 6-2 所示。

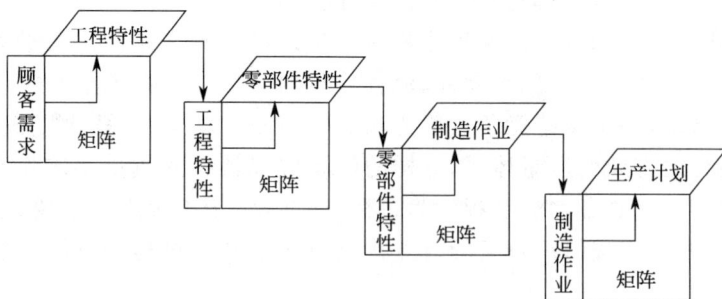

图 6-2　质量机能展开过程

6)6δ 质量控制标准

标准差在质量控制上非常重要,因为它是一个决定有质量问题的个体的可接受数目的关键因素。理论证明:"在质量分布属正态分布的条件下,质量的 68.26% 落在以质量平均值为中心左右 1 倍标准偏差(1δ)的范围内;95.45% 落在以质量平均值为中心左右 2 倍标准偏差(2δ)的范围内;99.73% 落在以质量平均值为中心左右 3 倍标准偏差(3δ)的范围内;99.999 66% 落在以质量平均值为中心左右 6 倍标准偏差(6δ)的范围内。"当然,在质量控制中会希望标准差的值越小越好。

质量控制的重要目标就是要减少出现的质量问题和质量控制过程的可变性,通过减少过程可变性使过程分布的标准差变得更小。产品的控制界限由 3δ 变到 6δ,就意味着每百万次操作中的失误次数由 66 800 次降至 3.4 次。目前许多著名的公司,如摩托罗拉、通用电器、宝丽来都建立了高质量标准,他们使用的就是 6δ 质量控制标准。6δ 质量控制标准被认为是美国对质量改进的最杰出的贡献之一。

6.2　铁道电气化工程质量管理

铁道电气化工程质量管理是工程管理的核心知识领域之一,在工程管理中起着非常重要的作用。目前许多咨询单位、勘察设计单位、施工单位、监理单位都已经或者正在按照国际通行的企业质量管理标准建立自己的质量管理体系,取得了第三方认证,增强了市场竞争能力。企业质量管理体系的建立对铁道电气化工程质量管理体系的形成奠定了基础。

6.2.1 工程质量概念

工程项目质量是项目应具有的满足设计功能、施工标准和规范要求的属性,是反映产品或服务满足明确的或隐含的需要能力的特征和特性的总和。质量的概念有广义与狭义之分。狭义的质量是指施工项目的工程质量(即产品质量),广义的质量除施工项目的工程质量外,还包括项目施工过程的工序质量和工作质量。它们的含义如下:

1)工程质量

工程质量是工程项目所具有的满足设计功能、施工标准、建设规范的属性,它是指在工程建设过程中所形成的工程产品实体符合有关规范、标准、法规,以及满足业主要求的程度。任何工程项目都是经过一道一道工序逐步完成的,工程质量是通过工序质量累积而成的最终结果。实际上,铁路工程项目随着施工的进展,工序质量集合形成分项工程质量,分项工程质量集合形成分部工程质量,分部工程质量集合形成单位工程质量,最后各单位工程质量集合形成该工程项目的实体质量,其中分部工程质量又包括建筑工程质量、安装工程质量和生产设备质量,如图 6-3 所示。

2)工序质量

工序质量是指每道施工工序的质量必须满足下一道工序要求的性能。施工过程是由工序组成的,不同的施工项目有不同的工序,不同工序按着先后顺序进行称为作业程序。尽管施工项目的作业程序不同,但都要通过一道道工序加工制作出来。每道工序的质量,必须具有满足下道工序要求的性能。

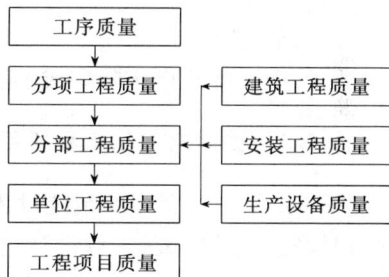

3)工作质量

工作质量是指施工组织与管理对工程质量的保证的程度。在施工项目的施工过程中,必须进行施工组织与管理、技术组织与管理、后勤保证及服务、思想政治工作等,以保证提高施工项目的工程质量。工作质量是从影响工程质量的最重要最活跃的因素——人的方面来反映工程产品质量的。工作质量看起来不像工程质量和工序质量那样直观,但它是通过项目的经济效益、劳动生产率、工作效率和工程产品的验交质量集中表现出来的。

工作质量保证工序质量,工序质量保证施工项目的工程质量。因此,必须通过提高工作质量来保证提高工序质量,在此基础上达到保证施工项目的工程质量的最终目标,实现项目的设计标准和功能,使施工项目最终满足业主的质量要求。

图 6-3 工程质量构成图

6.2.2 质量要素

主要的质量要素有三类:

1）质量特性

质量特性是为质量控制所确定的工程属性，例如工程建筑物的中心位置、尺寸、颜色、强度、偏移等。虽然这些属性远未包括该工程建筑物的全部属性，但它们是用来定义工程质量的主要属性。

质量控制必须预先明确规定将要予以控制的工程项目的主要的质量特性。

项目施工过程质量控制的依据是质量标准。所谓质量标准是指把反映施工项目的质量特性的系列技术参数和指标规定下来，形成技术文件，作为考核质量的依据。目前我国对铁道电气化建设工程制订有一系列质量标准，在铁道电气化工程建设中必须遵守。

2）设计质量

设计质量是指工程设计的质量规定。在工程设计中既规定了工程项目的各个属性应达到的设计标准，同时也规定了工程的允许误差，对允许误差规定得越小，意味着对该项目的质量要求越高。

设计质量与成本相关，设计质量越高，所需耗用的工程成本也越高，反之亦然。铁路工程设计应符合工程设计规范的规定，既不允许违反规范的规定，也不必盲目追求过高的设计质量。

3）质量符合度

质量符合度是指实际完成的工作与设计质量的符合程度。

6.2.3　铁道电气化工程项目质量的形成过程

图 6-4 是一个有序的系统过程，是工程项目质量的形成过程。任何工程项目的建设都要经过立项决策、工程设计、施工、竣工验收等阶段，工程质量的产生、形成和实现的全过程也贯穿在这些建设阶段，如图 6-4 所示。

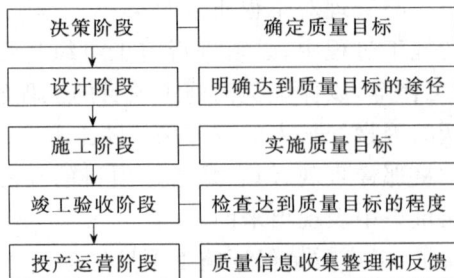

决策阶段	确定质量目标
设计阶段	明确达到质量目标的途径
施工阶段	实施质量目标
竣工验收阶段	检查达到质量目标的程度
投产运营阶段	质量信息收集整理和反馈

图 6-4　工程项目质量的形成过程

在项目的立项决策阶段主要是制定工程项目的质量目标和水平。应当综合考虑投资目标、进度目标和质量目标，处理好三者的关系，确定项目业主满意的合理的工程质量目标和水平。

在项目设计阶段是通过工程设计使质量目标具体化,提出达到质量要求的途径和方法。

在项目施工阶段具体产生和实现工程的实体质量,必须对项目的质量目标不断进行检验、评定、考核,监督质量实现的全过程,及时纠正工程质量缺陷,保证达到工程项目的质量目标。

在项目竣工验收阶段是对项目的质量目标的完成状况进行检验、评定、考核,对有质量缺陷的部分进行及时的维修和补救。在项目的投产运营后通过项目的实际使用,收集和整理工程项目的质量信息,总结经验教训。

6.2.4 质量成本

为质量需要付出代价。对于一个工程项目的工程质量必须考虑工程的设计与实施两方面的代价。优质优价,低质低价,在追求提高工程质量的同时应当考虑质量成本,即所谓经济质量问题。

质量成本不同于工程成本。质量成本是指为了保证工程质量满足设计要求和业主要求所做出的各项努力的费用总和,以及由于工程质量问题而造成的损失和返修、赔偿所耗费的总费用。项目施工的工程成本是指施工前的准备费、施工费、材料费、设备费、管理费的总和。工程成本包含质量成本。

对于在一个工程项目的实施中的质量控制,质量成本包括两个方面的费用:

1)施工与监理费,包括为了生产质量合格的工程产品,需要投入的技术劳动力、施工设备、材料、施工方法等费用,以及监理费用。

2)质量控制费,包括质量控制与检验质量的费用,以及纠正或替换质量不合格的工作的费用。

图 6-5 表示了以上两类费用的综合情况,称为质量符合度费用曲线。在图中有三条曲线:施工与监理费曲线、质量控制费曲线、总质量费用曲线。总质量费用曲线的纵坐标值是由施工与监理费曲线和质量控制费曲线的纵坐标值相加而成。

从图 6-5 可知,对于施工与监理费曲线,当质量符合度的要求提高时,施工与监理费也随之增加,曲线上升;对于质量控制费曲线则相反,当质量符合度的要求提高时,质量控制费随之减少,曲线下降。因此,总质量费用曲线呈中间低两边高的上凹形状,它必定有一个最低点,这就是质量成本最低的质量优化点。

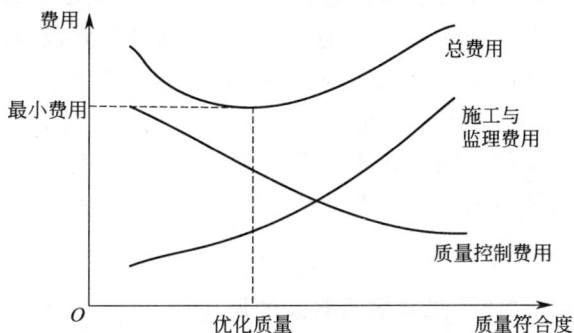

图 6-5 质量符合度费用曲线

6.2.5 工程质量的管理特点

由于影响工程质量的因素十分复杂,以及工程项目自身的固有特性,工程质量不同于一般工业产品的质量,它有如下一些特点,在质量控制中必须慎重对待。

1)终检局限性。

工程项目是一次性的产品,工程项目建成后的终检验收时很难发现其内在的隐蔽的质量缺陷。一旦发生质量问题,工程产品不能解体、拆卸、替换,即便是进行加固、修补,也无法达到质量的完整。因此,工程质量的监控应在工程项目实施的全过程进行,预防发生质量事故。

2)影响质量的因素多而杂。

工程不仅受工程决策、勘察设计、工程施工的影响,还要受到人、材料、机械设备、工艺方法的影响,对工程所在地的政治、经济、社会环境以及气候、地理、地质、资源等影响也不能忽视。概括起来有五大类因素:人员、机具设备、材料、方法和环境。在工程质量形成的各个阶段都需要严格控制这些影响因素,把质量事故消除在未发生之前或萌芽状态。

3)容易发生质量波动,工程质量管理难度较大。

一般的工业产品在工厂生产,有固定的生产工艺流程,有配套的生产设备,有稳定的生产环境,有完善的检测技术和装置,其产品的质量是稳定的。但是就工程项目而言,无论客观条件保持得多么稳定,施工设备多么精良,工人操作技能多么高超,最终完成的产品不可能与以往的同类工程项目产品完全相同,其质量特性不可能完全一样,总存在质量特性值的差异,即工程质量存在波动性。

4)工程质量具有隐蔽性,易发生第二判断错误。

在工程施工中,工序交接多,中间产品多,隐蔽工程多,若不及时检查并发现其存在的质量问题,只在事后观察表面,就容易把质量不合格的产品当作合格的产品。

5)容易产生系统变异,具有一定的风险性。

工程建设项目是工期长、高投入、涉及面广、影响因素多的系统工程。系统中任何环节任何因素发生质量问题都会引起系统的质量问题,造成质量事故,这就是质量的变异性。

6.2.6 工程质量管理的原理

工程质量管理的基本原理可以概括三大类,如图 6-6 所示。

1)PDCA 循环原理

(1)PDCA 循环的阶段步骤

PDCA 循环最早是由美国质量专家戴明博士

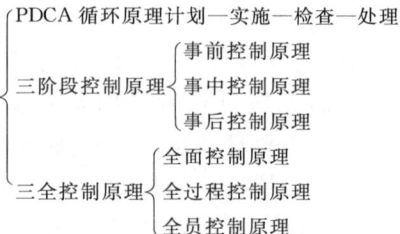

PDCA 循环原理计划—实施—检查—处理

三阶段控制原理 { 事前控制原理 / 事中控制原理 / 事后控制原理 }

三全控制原理 { 全面控制原理 / 全过程控制原理 / 全员控制原理 }

图 6-6 工程质量管理的基本原理

提出,又称"戴明环"。戴明将质量管理全过程划分为四个工作阶段,即计划阶段(Plan)、实施阶段(Do)、检查阶段(Check)和处理阶段(Action),由此构成了 PDCA 循环。在实际操作中,戴明又将 PDCA 循环细分为便于操作的 8 个步骤,见表 6-2。

表 6-2　PDCA 循环的阶段步骤

阶段		步　骤
P阶段	步骤 1	分析质量现状,找出存在的质量问题,而且在分析质量现状时,要通过所收集的数据来进行分析,用数据说明存在的质量问题
	步骤 2	分析产生质量问题的各种原因或影响因素,包括人、机器设备、工艺方法、材料、环境等,对每个具体的问题或因素需进行具体的分析
	步骤 3	从各种原因中找出影响质量的主要原因,并针对主要原因制定对策,拟定管理、技术和组织措施,提出执行计划和预计的效果
	步骤 4	制定措施和计划,在此过程中一般应明确,为何制定此计划(why),预期达到什么目标(what),在哪里执行(where)、由谁来执行(who)、何时执行(when)、怎样执行(how),即"5W1H"
D阶段	步骤 5	按预定计划、目标和措施及其分工执行质量管理,努力实现质量管理目标
C阶段	步骤 6	将实施结果与原计划要求进行对比,检查计划的执行情况和实施的效果,如是否达到预期的目标,取得的经验教训是什么等
A阶段	步骤 7	将取得的经验教训总结并纳入相应的标准、制度或规定之中,对已经取得的成绩加以肯定并进一步指导今后的工作,对发生过的问题进行处理并防止其再次发生
	步骤 8	指出本次循环尚未解决的问题,作为遗留问题转入下一轮循环,为下一阶段制订计划提供依据

PDCA 管理循环是全面质量管理所应遵循的科学管理程序,一个程序完成以后,紧接着又按此程序再做循环,如此一轮接一轮地循环,永无止境。实践证明,每完成一次循环,质量管理的整体水平就会提高一个层次。

(1)PDCA 循环的特征

PDCA 循环不停地运转,问题不断产生而又不断解决,如此循环不止,也就是管理循环不断前进的过程。PDCA 循环的特征如图 6-7 所示。

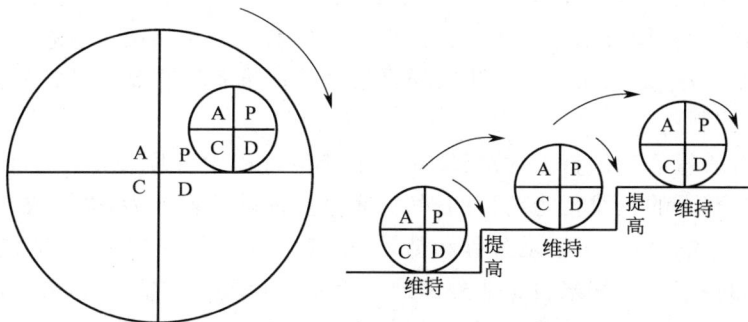

图 6-7　PDCA 循环的特征

特征一:"大环套小环、小环保大环,同向转动、相互促进"。PDCA 管理循环作为全面质量管理的科学方法,可用于组织各个环节、各个方面的质量管理工作。整个组织的质量管理体系构成一个大的 PDCA 管理循环,它运作的成败取决于各职能部门,而各职能部门又都有各自的 PDCA 循环,再向下依次又有更小的 PDCA 循环,从而形成一个"大环套小环"的综合管理体系;各部门之间的循环以及各阶段、各步骤之间的循环之间都有一个相互衔接的关系,这就体现了"环环相扣"的特征;而各个循环的目的都是为了保证"质量管理体系"的大循环,即"小环保大环"。如此不停运转,就把组织各个环节、各项工作有机地组织起来,推动整个"质量管理体系"大循环,从而实现总的质量目标。

特征二:"动态良性大循环"。PDCA 管理循环就像爬楼梯一样,运转一周就前进一步并升到另一高度,这不仅使产品质量水平提高一步,更重要的是质量工作提高了一个层次,如此循环往复,质量问题不断解决,工作质量、管理水平和产品及服务的质量就不断提高。因此,PDCA 管理循环是一个动态良性大循环。

特征三:"工作经验与实践转换的综合性循环"。PDCA 管理循环是管理工作经验的科学总结,而此总结又将继续回归到实践当中,并且在实践当中被转化为适用的具体的操作。在全面质量管理工作的实践中,需要运用各种管理技术和科学方法对收集到的相关数据资料进行分析,应从 PDCA 管理循环四个阶段的特点入手,正确理解 PDCA 管理的四个阶段之间紧密衔接的关系,按照边计划边执行、边执行边检查、边检查边总结、边总结边改进、边改进边修正计划的程序进行操作,如此循环往复就能把全面质量管理工作做得卓有成效,更好地达到预期的质量目标。

2)三阶段控制原理

所谓三阶段控制,即事前控制、事中控制与事后控制,这三阶段控制构成了质量控制的系统过程。

(1)事前控制

要求预先进行周密的质量计划,尤其是工程项目施工阶段,制订质量、计划或编制施工组织设计或施工项目管理实施规划都必须建立在切实可行、有效实现预期质量目标的基础上,作为一种行动方案进行施工部署。事前控制包括两层意思,一是强调质量目标的计划预控;二是按质量计划进行质量活动前的准备工作状态的控制。

(2)事中控制

首先是对质量活动的行为约束,即对质量产生过程中各项技术作业活动操作者在相关制度的管理下的自我行为约束的同时,充分发挥其技术能力,去完成预定质量目标的作业任务;其次是对质量活动过程和结果,来自他人的监督控制,这里包括来自企业内部管理者的检查检验和来自企业外部的工程监理和政府质量监督部门等的监控。事中控制虽然包含自控和监控两大环节,但其关键还是增强质量意识,发挥操作者自我约束自我控制,即坚持质量标准是根本的、监控或他人控制是必要的补充,没有前者或用后者取代前者都是不正确的。

（3）事后控制

包括对质量活动结果的评价认定和对质量偏差的纠正。从理论上讲，如果计划预控过程所制订的行动方案考虑得越是周密，事中约束监控的能力越强越严格，实现质量预期目标的可能性就越大。然而，在实际过程中不可避免地会存在一些难以预料的影响因素，包括系统因素和偶然因素。因此当出现质量实际值与目标值之间超出允许偏差时，必须分析原因，采取措施纠正偏差，保持质量受控状态。

以上三大环节不是孤立和截然分开的，它们之间构成有机的系统过程，实质也就是PDCA循环具体化，并在每一次滚动循环中不断提高，达到质量管理或质量控制的持续改进。

3）三全控制原理

三全管理是来自于全面质量管理 TQC 的思想，同时包容在质量体系标准（GB/T19000、ISO 9000）中，即全面质量控制、全过程质量控制、全员质量控制。

6.2.7 工程质量管理相关方的责任

工程相关各方的质量管理责任列在表 6-3 中。

表 6-3 工程各参与方的质量管理责任

业主单位质量管理责任	对工程质量管理负总责，通过签订各种合同将工作质量责任分解到各有关单位； 择优选择咨询单位，依法对工程勘察、设计、施工、监理单位以及与工程建设有关的重要设备、材料等采购进行招标； 不得迫使承包方以低于成本的价格竞标，不得任意压缩合理工期，不得明示或者暗示设计单位或施工单位违反工程建设强制性标准，降低建设工程质量； 向有关勘察、设计、施工、监理等单位提供工程有关的真实、准确、齐全原始资料； 开工前负责办理施工图设计文件审查、开工报告、工程施工许可证和工程质量监督等手续，并组织设计和施工单位认真进行设计交底和图纸会审； 按国家有关规定和合同约定，加强对咨询成果、设计、施工质量的检查； 由工程业主单位采购建筑材料、建筑构配件和设备等，建设单位应当保证其符合设计文件和合同要求； 涉及建筑主体和承重结构变动的装修工程，业主单位应在施工前委托原设计单位或者具有相应资质等级的设计单位提出设计方案，没有设计方案不得施工
勘查设计单位质量管理责任	依法取得相应等级的工程咨询资格证书，并在其资质等级范围内承担工程勘察、设计任务； 建立健全质量管理体系，按国家有关规定，工程建设强制性标准和合同要求进行勘察、设计，并对其勘察、设计的质量负责； 设计文件应符合国家规定的设计深度要求，注明工程合理使用年限，注册建筑师、注册结构工程师等人员应当在设计文件上签字，对设计文件负责； 设计文件中选用的建筑材料、构配件和设备应当注明规格、型号、性能等技术指标，其质量必须符合国家规定的标准，除有特殊要求的建筑材料、专用设备、工艺生产线等外，设计单位不得指定生产厂、供应商就审查合格的施工图设计文件向施工单位做出详细说明，参与建设工程质量事故分析，并对因设计造成的质量事故，提出相应的技术处理方案

续上表

施工单位 质量管理责任	依法取得相应等级的资质证书,并在其资质等级许可范围内承揽工程,禁止以其他施工单位的名义承揽工程或允许其他单位或个人以本单位的名义承揽工程,施工单位不得转包或者违法分包工程; 建立健全质量管理体系,落实质量责任制,确定工程的项目经理、技术负责人和施工管理负责人,对建设工程施工质量负责; 总承包单位依法将建设工程分包给其他单位的,分包单位应按分包合同的约定对其分包工程的质量向总承包单位负责,总承包单位对分包工程的质量承担连带责任; 必须按照工程设计图纸和施工技术规范标准组织施工,未经设计单位同意不得擅自修改工程设计; 按照工程设计要求、施工技术标准和合同约定对建筑材料、构配件、设备和商品混凝土进行检验,形成书面记录由专人签字,未经检验或检验不合格,以及不符合设计和强制性技术标准要求的产品不得使用; 建立健全施工质量的检验制度,严格工序管理,做好隐蔽工程的质量检查和记录; 对涉及结构安全的试块、试件和材料,应当在建设单位或监理单位的监督下现场取样,并送具有相应资质等级的质量检测单位进行检测; 对施工中出现质量问题的或竣工验收不合格的工程应当负责返修,直到合格为止
监理单位 质量责任	按资质等级许可承担工程监理任务,不得超越资质等级许可的范围,不得转让工程监理业务,禁止其他单位或个人以本单位的名义承担工程监理业务; 依照法律、法规以及有关技术标准,设计文件和工程承包合同,与建设单位签订监理合同,代表建设单位对工程质量实施监理并承担监理责任
供应商 质量责任	建筑材料、构配件及设备生产或供应单位应对其生产或供应的产品质量负责。生产厂或供应商必须具备相应的生产条件、技术装备和质量管理体系,所生产或供应的材料、构配件及设备质量应符合国家、行业现行的技术规定的和合同约定的合格标准和设计要求,具有相关产品检验合格证,设备应有详细的使用说明

6.2.8 工程质量管理的环节

工程质量管理包括在质量体系中,是与决定质量工作的策略、目标和责任的全部管理功能有关的各种活动。这些活动是通过如下三个质量管理的主要过程加以实现:

质量计划——确定工程应当采用哪些质量标准以及如何达标。将质量标准纳入工程设计是质量规划的重要组成部分。

质量保证——在常规基础上对整个工程执行情况作评估,以提供信用,保证该工程能够达到有关质量标准。质量保证过程不仅要对工程的最终结果负责,而且还要对整个工程过程承担质量责任。

质量控制——监控特定工程的执行结果,以确定它们是否符合有关的质量标准,并以适当的工具和技术来消除导致工程绩效不佳的原因,从而提高工程整体的质量。工程具体结果既包括工程可交付的成果,也包括工程过程的结果,工程产品的质量控制一般由质量控制职能部门负责,而工程过程结果的质量,却需要由工程团队控制。

1)质量计划

确保工程质量管理的第一步就是质量计划,它是保证工程成功的过程之一。质量

计划是对特定的工程、产品、过程或合同,规定由谁、何时使用哪些程序和相关资源的文件,这些程序通常涉及质量管理过程和产品实现过程。

(1)质量计划的内容

质量计划的内容包括:

①明确各层次的质量目标和质量管理职能;

②明确各层次之间的配合和接口,一定要做到层次清楚、接口明确、结构合理、协调有序;

③明确实现质量目标的过程顺序,明确过程中进行质量监测的环节和频率以及标准,根据过程控制的原理按过程顺序进行控制,使每个工序都能保证质量;

④确定和提供实现质量目标必需的资源;

⑤明确记录和收集、报告数据的标准表格,制定收集报告数据的标准表格是为了对记录进行规范化的整理,既是及时分析质量执行情况,采取改进措施的重要工具,也是及时向顾客和有关部门报告进行沟通的重要手段。

在工程质量的计划编制中,重要的是确定每个独特工程的相关质量标准,把质量计划到工程的产品和管理工程所涉及的过程之中。一个工程的质量是在计划中确定,而非在检验中确定的。

(2)质量计划的依据

在工程的质量计划编制中,需要参照以下几项依据。

①质量方针——是由工程的最高管理者正式发布的该工程总的质量意图和质量方向,通常质量方针与工程的总方针相一致并为制定质量目标提供框架。质量管理原则可以作为制定质量方针的基础。然而,如果工程执行组织以前并没有正式的质量方针,或者项目包含了多重的执行组织,则工程组织需要为这个工程单独制定一个质量方针,并且有责任确保所有的工程人员充分意识到此方针。

②范围说明书——是规定主要的子工程和工程目标的书面文件,在范围说明书中规定了主要的工程成果,是质量计划的关键依据。

③成果说明——是对范围说明书中工程成果的进一步说明,成果说明通常仍需阐明技术要点的细节及其他可能影响质量计划的因素。

④标准和规则——是工程组织必须考虑任何可能对该工程产生影响的任何应用领域的专门标准和规则。

⑤其他程序的结果——除了范围阐述和成果说明,在其他知识领域中的程序也可能产生一定的结果,应当作为质量计划的一部分加以考虑。例如,在综合质量计划中应反映出做采购计划时对供应商所提出的各种质量要求。

(3)质量计划的手段和技巧

效益成本分析——质量计划过程中,必须对工程的效益和成本进行分析。所谓效益是指工程的高效率、低成本,质量标准的满足以及工程干系人的满意度的提高;成本则是指与开展工程质量管理活动有关的费用,毫无疑问,对质量的管理应努力使效益大于成本。

基准比较分析法——基准比较分析法是一种用于质量改进的技术,将实际的或计划中的工程实施情况与那些在工程执行组织内部或外部的其他工程或产品的相应特性进行比较,从而产生质量改进的思想,并提供检测项目绩效的标准。

流程图——流程图是显示系统中各组成要素之间的相互关系的图表,质量管理中常用的流程图有鱼刺图(图 6-8)和系统(程序)流程图。其中,鱼刺图又称石川图,由石川馨在他的《质量控制指南》一书首先使用,鱼刺图列出了可能成为质量问题原因的主要构成因素,可以帮助我们发现质量问题的根本原因;系统(程序)流程图用于显示一个系统中各组成要素之间的相互关系,能够帮助工程组织预测可能发生的质量问题以及在哪个环节发生质量问题,因而有助于提高解决问题的技巧。

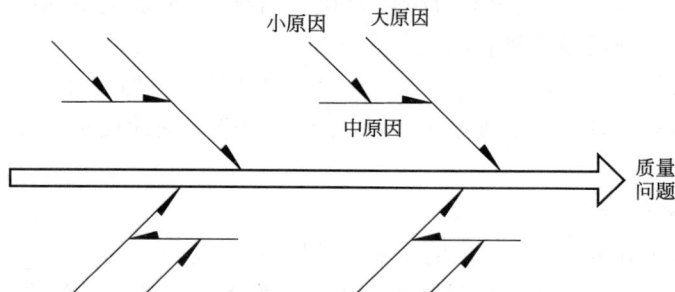

图 6-8　鱼刺图示例

试验设计——试验设计是一种质量分析技术,有助于确认哪些变量会对整个工程的成果产生最大的影响。而了解哪个变量影响工程成果正是质量计划编制的重要组成部分。这种技术常应用于工程生产的产品,也可用于权衡工程的成本和进度。例如在 IT 工程中,你不可能期望一个初级程序员和一个高级程序员能够在相同的时间内完成相同水平的工作,因此可适当设计一个试验来计算初级和高级程序员的不同组合的成本和历时,这样就有助于你在给定的有限资源条件下确定一个最佳的人员组合。

(4)质量计划的成果

质量计划编制结束时应提交的成果包括:

①质量管理计划。质量管理计划应说明工程组织如何具体执行其质量方针。用 ISO 9004 的话来说,就是要说明工程的质量体系构成,即实施质量管理的组织结构、责任、程序、工作过程以及具体执行质量管理所需的资源。根据工程的需要,质量管理计划可以是正式的也可以是非正式的,可以是总结概括型的也可以是详细具体化的。

②计划的实施说明。实施说明应详细描述实现各项质量标准的方式,并说明通过质量控制程序对它们进行检测的标准。例如,质量检测说明应指出是需要检测所有的工程活动,还是仅仅对特定的子工程进行检测,如果是特定的子工程,则应具体说明是

哪些子工程。

③检查表。为了确保整个工程生命周期的质量,需要在质量计划编制中设置各种检查表以检查和核对某些必须执行的步骤是否已经得到贯彻实施。检查表可以很简单,也可以很复杂。许多组织提供标准化检查表,以确保对常规工作的要求保持前后一致。

2)质量保证

工程质量管理的第二个过程是质量保证,所谓质量保证就是为了使人们确信该工程将能够达到有关质量标准,而在质量体系中开展的有计划、有组织的所有活动,它贯穿于整个工程的始终。质量保证的另一个目标是不断地改进质量。比 ISO 9000 质量体系的发展更进一步的是,在质量计划部分所描述的活动,从广义上说也是质量保证的组成部分。上级管理部门和项目经理做好质量保证工作,可以对工程质量产生最重要的影响。

质量保证通常由质量保证部门或有类似职能的组织单位提供,质量保证有两种类型,一种是向工程团队提供的内部质量保证,另一种是向客户和其他没有介入工程工作的人员提供的外部质量保证。质量保证的结果是工程质量的提高,质量提高包括采取措施提高工程的效益和效率,为所有的工程干系人提供更多的利益等。

质量计划编制的几个工具也可以用于质量保证,如鱼刺图和试验设计可以用来帮助保证和提高产品质量,而基准比较分析法可用于产生质量改进的思想,质量保证的另一个主要工具和技术是质量审计。所谓质量审计,是对特定质量管理活动的结构化审查,即通过核查工程的质量保证体系及其管理程序是否得到遵守来评价其各项功能的运行情况,督促责任部门适时采取预防或纠正措施,提高执行组织对工程的执行水平,从而使工程的质量得到保证。质量审计可以是定期的,也可以是随时的,可以由训练有素的内部审计师进行,或者由第三方,如质量体系注册代理人进行。

3)质量控制

质量控制就是监控工程的具体成果,以判定它们是否符合有关的质量标准,并根据质量计划编制的内容,找出避免出现质量问题的方法,找出改进质量、组织验收和必要返工的方案。也就是说,质量控制就是通过对工程实施过程的作业和活动进行持续不断的检查、度量和评价,及时发现这些作业和活动是否偏离有关规范并进行相应的调整,使其恢复正常,以达到控制的目的。

(1)质量控制的依据

质量控制的依据除了质量计划中的质量管理计划、计划的实施说明以及检查表外,还有一项就是工程成果。工程成果既包括工程可交付的成果(如阶段工作报告),也包括工程管理过程的结果(如工程成本及进度的执行情况)。可交付成果的质量控制通常由质量控制部门负责执行,而工程管理过程结果的质量则需要由工程组织控制,另外也需要利用关于计划的或预测的成果信息(来源于工程计划)。

(2)质量控制的结果

质量控制的结果主要有以下几方面:

①质量改进。包括采取措施提高工程的效益和效率,为工程相关人员提供更多的利益。

②可接受的决策。经检验后的工程产品或服务或被接受或被拒绝。如果工程联系人拒绝接受作为工程一部分而生产的产品或服务,则一定要返工,领导一个团队解决和纠正存在的质量问题。

③返工。返工指采取行动,使拒收事项达到和满足产品需求,或达到规范,或达到工程干系人的其他期望。返工的成本非常高,所以项目经理必须努力做好质量计划编制和质量保证工作,以避免返工。返工,尤其是预料之外的返工,是导致工程延误的常见原因。工程团队应该尽一切努力减少返工。

④完成后的检查单。完成之后的检查单应为工程报告的组成部分。

⑤过程的调整。过程调整是在质量控制度量的基础上,为了防止进一步质量问题的发生而随时进行的预防和纠错行为。在有些情况下,过程调整需要依据整体变化控制的程序来实行。

6.2.9 质量控制的方法、工具

日本在开展全面质量管理的过程中通常将分层法、排列图、因果分析图、统计调查表、直方图、控制图和相关图称为"老七种工具",而将关联图、KJ法、系统图、矩阵图、矩阵数据分析法、PDPC法以及矢线图统称为"新七种工具"。这七种新工具是日本科学技术联盟于1979年正式提出用于质量管理的,是对"老七种工具"的补充和丰富。表6-4为读者概括性地介绍质量管理界的新老七种管理工具,有关各工具的详细内容请参考质量管理方面的教辅书。

表 6-4 新老七种 TQC 方法

归类	方法名称	方 法 解 释
老七种工具	排列图法	最初由意大利经济学家帕累托用来分析社会财富的分布状况,后被朱兰应用到质量管理中,作为寻找"关键的少数"质量问题的一种方法,进而有针对性地进行质量控制
	因果分析图法	最初由石川娜发明,又称石川图,可以用来分析找出造成"关键的少数"质量问题的原因,特别是其中的主因,是质量界广泛采用的一种技术
	直方图法	发现和分析质量数据的分布形式是质量控制的一个重要部分,直方图的重要功用就是用来检查数据分布中的非正态分布,然后采取相应措施进行控制,最终修正质量数据,使其呈现正态分布
	控制图法	常用于判断一个过程是在控制之中还是失去了控制,用来对过程状态监控其输入、输出,并可度量、诊断和改进过程状态
	相关图法	用来发现和显示两组相关数据之间相关关系的类型和程度,或确认其预期关系的一种图示工具
	分层法	将调查搜集的原始数据,根据不同的目的和要求,按某一性质进行分组、整理的分析方法。通过分层可以使数据各层之间的差异凸现出来,使层内差异减少,在此基础上再进行对比,可以更深刻地发现、认识质量问题的本质
	统计调查表法	用来系统地收集资料和积累数据,确认事实并对数据进行粗略整理和分析的统计图表

归类	方法名称	方 法 解 释
新七种工具	关联图法	用连线图来表示事物相互关系的一种方法,也叫关系图法。将关系纷繁复杂的因素按"原因—结果"对或"目的—手段"等目的有逻辑地连接起来。关联图可用于制定质量管理的目标、方针和计划;产生不合格品的原因分析;制定质量故障的对策;规划质量管理小组活动的展开;用户索赔对象的分析
	系统图法	系统地将某一主题分解成许多组成要素,以显示主题与要素、要求与要素之间的逻辑关系和顺序关系。主要用于新产品研制开发中方案的设计;质量保证活动中,质量保证事项和工序质量分析事项的展开;目标、实施项目的展开;价值工程中功能分析的展开;结合因果分析图,使之进一步系统化
	矩阵图法	以矩阵的形式分析因素间相互关系及其强弱的图形,由对应事项、事项中的具体元素和对应元素交点处表示相关关系的符号构成。矩阵图法可用于寻找新产品研制和老产品改进的着眼点(关键点),寻找质量问题产生的原因
	数据矩阵分析法	与矩阵图法类似,但区别在于不是在矩阵图上填符号,而是填数据,形成一个分析数据的矩阵。数据矩阵分析法是一种定量分析方法。往往需要借助电子计算机来求解
	矢线图法	又称箭条图法,是计划评审技术在质量管理中的具体运用,是使质量管理的计划安排具有时间进度内容的一种方法
	过程决策程序图(PDPC)法	是在制订达到研制目标的计划阶段,对计划执行过程中可能出现的各种障碍及结果做出预测,并相应地提出多种应变计划的一种方法
	KJ法	由日本川喜二郎提出,是从错综复杂的现象中用一定的方式来整理思路、抓住思想实质、找出解决问题新途径的方法。KJ法不同于统计方法,统计方法强调一切用数据说话,而KJ法则主要靠用事实说话、靠"灵感"发现新思想、解决新问题;二者的共同点是从事实出发、重视根据事实考虑问题

一般说来,"老七种工具"的特点是强调用数据说话,重视对制造过程的质量控制;而"新七种工具"采用的是图形语言形式,基本是整理、分析语言文字资料(非数据)的方法,这是因为图形对事物的描绘概括十分形象,而且关联清晰、易抓住问题的实质,适用于分析处理复杂事物和多因素相关研究,可防止遗漏和差错,消除失误。"新七种工具"在全面质量管理中主要用于解决 PDCA 循环计划阶段的有关问题,如帮助工程质量管理人员整理问题、展开方针和安排进度,整理问题可以用关联图法和 KJ 法,展开方针目标可以用系统图法、矩阵图法和矩阵数据分析法,安排时间进度可以用 PDPC 法和矢线图法。

工程质量管理的实践使得工程质量管理的观点不断更新,管理方法和技术也在不断创新。可以预言,管理科学、数理统计、技术科学在今后的工程质量管理中将结合得更为紧密,质量管理和社会学、心理学、经济学、法学等社会科学的结合也将被得到重视,这将使工程质量管理的内容更丰富,管理更完善。

6.3 铁道电气化工程质量事故分析与处理

6.3.1 铁道电气化工程质量事故的特点

工程质量事故是指发生了工程的质量不符合规定的质量标准或设计要求的情况。铁路工程产品的生产不同于一般的工业产品,铁道电气化工程的质量事故更具有特别的严重性、复杂性、可变性和多发性的特点。

1)严重性

铁路是国民经济的运输大动脉,铁道电气化工程是铁路的基础设施,将来日夜承载繁重的列车运行,自然要求铁道电气化工程的建设必须贯彻"百年大计、质量第一"的方针。一旦发生工程质量事故,轻则返工,拖延工期,增加工程费用;重则留下工程隐患,影响工程建筑物的安全和使用功能,甚至发生桥梁、隧道、路基等的垮塌,造成生命财产的重大损失。工程质量事故的严重性使得对工程质量事故的处理必须严谨、严肃,认真对待。

2)复杂性

产生一个工程质量事故的因素可能有多种,同一种性质的两个工程质量事故可能是由截然不同的原因引起的。工程质量事故所呈现的复杂性,要求人们在分析处理工程质量事故时,不能简单从事,应从工程的实际情况出发,客观地进行分析,找出事故发生的主要原因,有针对性地予以处理。

3)可变性

工程质量事故在许多情况下会随时间的推移发生变化。例如,如果一个涵洞的基础处理不当,随着地基沉降的发生和发展,涵洞将逐渐地发生开裂、变形,直至无法正常使用。对于许多小的工程质量事故,若不分清原因,消除隐患,及时处理,则有可能从细微的量变发展到质变,酿成重大工程质量事故。

4)多发性

有许多工程质量事故是经常发生的通病,如路基不均匀沉陷、挡土墙坍塌、屋面漏水、混凝土模板跑模等,还有一些工程质量事故往往反复发生。因此,对于工程质量的常见病、多发病应当认真总结经验,汲取教训,预防其发生。

在分析处理工程质量事故时应当充分考虑工程质量事故的特点,采取恰当的措施,妥善处理。

6.3.2 铁道电气化工程质量事故分析处理程序

工程质量事故的分析和处理是指这样一个过程:针对已发生的工程质量事故进行调查研究,找出产生事故的原因和对策,制定处理事故的方案,实施对事故的处理,并对工程质量事故的性质和处理结果给出一个明确的结论。

工程质量事故的分析处理的程序如图 6-9 所示。

　　工程质量事故的分析处理的目的是消除工程隐患,保证建筑物安全可靠,保证施工顺利进行。因此,对于工程质量事故的分析处理的基本要求就是:安全可靠,不留隐患,满足工程产品的功能和使用要求,技术先进可行,经济合理,施工方便。

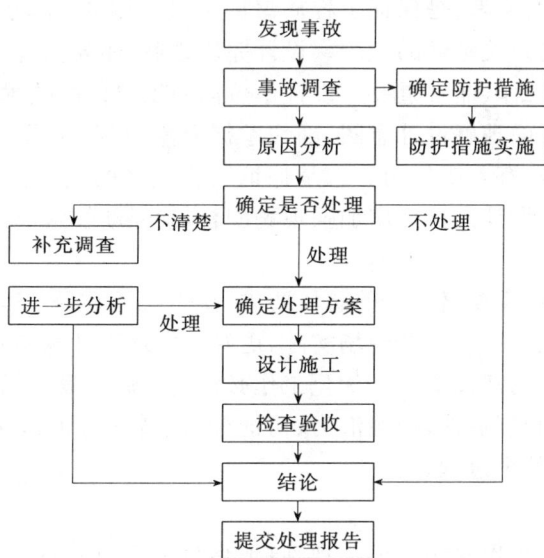

图 6-9　工程质量事故的分析处理程序

6.4　铁道电气化工程质量控制措施

　　铁道电气化工程项目的质量管理工作,是铁道电气化工程项目管理的核心,是决定工程建设成败的关键。没有工程质量,就没有投资效益,也没有工程进度,也就没有社会效益。因此,工程建设质量管理是铁道电气化工程项目管理的重点。铁道电气化工程项目的质量管理工作,通过内部自控、外部监理、业主检查、政府监督的办法进行,必须有行之有效的管理措施,才能落实到具体工作中去。为此本节将目前我国铁道电气化工程项目管理中的一些具体作法,按项目实施的阶段,划分为事前控制措施、事中控制措施和事后控制措施三部分,分别叙述如下。事实上这种划分只是相对的,有些措施可能在全过程中或其他阶段也起作用,例如,质量教育等,不再一一赘述。

6.4.1　事前控制措施

1)抓教育

　　工程质量,首先要提高人的质量意识。加强"质量第一"、"预防为主"的思想教育,就是要使质量意识深入人心,并落实到日常工作中去。在铁路建设过程中,领导者的素质、人的道德观念、理论技术水平、人的生理和心理状况等等,都会影响工程质量。为了避免人的失误,调动人的主观能动性,就要加强政治思想教育、质量技术教育、劳动纪律教育、职业道德教育并加强人力资源管理。

2)抓设计

设计是工程建设的灵魂,是保证工程质量的关键。因此,下功夫抓好设计,是抓好工程质量的第一步,也是关键性的一步。设计完成之后,还要向有关单位主要是向施工单位交底。技术交底工作,非常重要。设计单位向施工单位的技术交底、施工单位分阶段的内部交底,对于正确理解设计意图、确切掌握测量数据、掌握工程内容、工程特点、技术标准、施工方案等,有重要作用。这是保证工程质量的重要措施。新技术项目,更应组织现场技术交底,设计人员更应加强现场配合,确保新技术应用的工程质量。

3)抓优化

优化设计是为了落实铁路建设的总体要求,确保工程质量、工期目标、投资控制的实现,使工程设计和施工更加符合现场实际,更好地实现设计意图和改善工程项目的使用功能,更为合理地使用建设资金。优化工作必须充分调动设计、施工、监理、建设单位及参建人员的积极性和创造性,挖掘潜力、协同配合、科学合理地做好设计工作。优化工作要贯穿项目建设的全过程。

4)抓规划

在开工之前,参建单位要制定创优规划,根据全面质量管理的要求,建立质量管理体系,组织 QC 小组活动,明确项目的质量目标,围绕着创国优、部优的要求,制定切实的措施,包括必要的作业过程,并明确必要的条件、参建单位、部门和岗位职责。相邻或相互交叉作业的标段,为保证工程的整体质量,必要时,还需要制定联合创优规划,共创优质工程。

6.4.2 事中控制措施

1)抓开工

项目在开工之前,必须作好充分准备,切忌匆忙上阵。

2)抓培训

提高参建人员的素质,加强技术培训,也是抓好质量工作的重要环节。开办各类人员的培训班,是提高技术人员水平的重要手段。

3)抓样板

样板工程是建设项目中好的典型,特别是在工程质量方面。这就是抓样板引路,以科学管理、精心施工所取得的工程质量的事实,推广先进的施工方法和科学的管理经验,从而在整体上推动全线工程质量的提高。

4)抓难点

难点工程是质量存在问题多的单项工程,应作为重点抓,而且要抓住不放。要提高质量意识,改善必要条件,认真加以整改。一旦出现质量缺陷工程甚至发生质量事故,

要认真分析原因,研究制定处理方案,按规定程序报批,然后认真处理,经鉴定验收后做出确切结论。

5)抓设备

工欲善其事,必先利其器。施工过程中,施工机械及设备的选择及状况,对施工质量及进度的影响很大。施工机械设备是实现施工机械化的重要物质基础,是现代化工程建设中必不可少的设施,对工程项目的施工进度和质量均有直接影响。从保证工程质量角度出发,应着重从机械设备的选型、机械设备的主要性能参数和机械设备的使用操作要求等方面予以控制。至于生产机械设备,主要是要控制设备的选型和配套,做好设备的购置、检查验收,抓好安装质量和试车运转配套使用。

6)抓材料

铁道电气化项目施工使用的材料,包括砂石、水泥、道砟等原材料以及成品、半成品、构配件等,是工程施工的物质条件,必须符合有关规定的要求,材料质量是工程质量的基础,材料质量不符合要求,工程质量也不可能符合要求。因此,加强材料质量的控制和检查,是提高工程质量的重要保证。

7)抓工法

工法是以工程为对象,以工艺为核心,运用系统工程的原理,把先进技术和科学管理结合起来,经过工程实践形成的综合配套技术应用方法。科学合理的施工方法,是许多施工经验和科学实验的结晶。推广国家、部级工法并推进新工法的开发,是铁道电气化工程项目管理工作的重要内容,它对于保证工程质量、降低施工成本、提高工作效率、加速科技成果向现实生产力转化有重要意义。

8)抓环境

建设环境,是保证工程质量的外部条件。争取地方的支持配合是铁路建设的重要条件。其他影响工程质量的环境因素还很多,如工程地质、地物、地貌、水文、气象等工程技术环境;劳动工具、工作面情况等劳动环境;质量保证体系、质量管理制度等工程管理环境;上一道工序为下一道工序创造的施工环境等等。这些环境是千变万化的,例如气象条件的变化,温度、湿度、风暴、雨雪、高温等对工程质量就有直接影响。因此有必要根据工程特点对影响环境的各种因素严加控制,必须作出针对性很强的质量、安全措施,以免工程质量受到危害。抓好文明施工,也是创造良好的施工环境的重要工作,在项目管理工作中必需高度重视。

9)抓特点

铁路通过不同的地区,有些不同的特点。例如通过沙漠地区、岩溶地区、矿产采空区、软土地区、煤炭瓦斯地区、泥石流地区等等。针对这些特殊问题制定工程技术管理办法,是一项切实可行的质量管理措施。在地质条件特别复杂的关键性工程地区,提前进行勘探设计工作,增加勘测设计的子阶段,摸清重点工程的地质条件,做出切合实际的设计方案,是保证工程质量的有力措施。

10) 抓整治

质量事故及缺陷发生之后,就要抓紧整治。首先是分析原因,根据质量问题的处理程序,在停工之后组织事故调查,明确事故范围、缺陷程度、性质、影响和原因,为事故的处理提供依据。然后在调查的基础上进行原因分析,这是事故处理的基础。研究制定处理的方案,必要时组织专家论证,务使处理工程安全可靠、不留遗患,满足使用功能和要求,技术可行、经济合理。在事故处理以后,要组织严格检查、鉴定和验收,并向上级报告处理结果。

11) 抓通病

铁道电气化工程质量上的通病,是指那些经常被人忽视、忽略的质量缺陷,常为参建人员视而不见、习以为常的质量不足,是铁路工程施工中的常见病、多发病。治通病的关键是提高认识,不可忽视"小事"以为不影响大局、不影响使用就不加重视。特别是工程质量有普遍提高的时候,注意"内实外美",克服质量通病,更为必要。

12) 抓科研

在科学技术日新月异的时代,应当大力提倡工程技术的创新。铁路工程项目中,采用和发展新技术的项目日益增多。采用科学技术研究的新成果,保证铁路工程质量的进步,是发展的必然趋势。因此,抓新技术、新工艺、新设备、新材料的推广应用,是铁路项目管理的重要环节,也是提高工程质量的重要措施。

13) 抓工期

百年大计,质量第一。工期要服从质量,不应盲目地为保工期而无视质量后果。这件事道理易懂,做起来难。因为工期常被认为是"硬指标",而质量的优劣,一时还难以察觉,但事后一旦败露,造成严重后果又悔之不及。此类劳民伤财的事并不鲜见,教训深刻。

14) 抓投资

投资也要服从质量,由于先入为主的"限额",常使该花的投资没有保障。这个问题也是道理易懂,做起来也难。因为投资的节省是看得见的成绩,而质量的优劣也是一时难以分辨,当事故发生后,往往要花数倍的投资去整治。这种得不偿失、事与愿违的事,也不是个别现象。倘若修改设计是经济合理、切实可行的,那么实施这一设计所需资金就是必须的。那种一味以原设计为"标准"去衡量投资增减、效益高低的观念,不符合实际,也不符合实践是检验真理的唯一标准的原则。

15) 抓变更

铁道电气化工程项目的施工,大都在大自然的环境下进行。具体的单项工程开挖之后,可能出现与原设计基础资料不相符的情况。所谓"十桥九变"就是如此。铁路设计资料的收集,大都是局部勘探、调查测绘得到的,有的是钻孔资料,"一孔之见",收集的信息不可能全面清晰。从理论上讲,这是"抽样",资料不全就难以避免。因此,根据现场工地施工开挖之后,地质情况比较全面清晰了,就必须根据变化了的实际情况修正

设计,做出符合实际的变更。这是人们认识大自然,促进自己的预设想的方案,更加符合实际的提高设计质量的过程,无可厚非;还有就是施工技术的进步、新产品设备更新换代、技术标准的提高等,都要求对原设计进行变更,这也不可避免。当然,也存在资料上弄虚作假、设计违法违规的情况,那就要追究责任,不可姑息。

16)抓检查

建设单位定期和不定期的组织工程质量大检查,是促进工程质量提高的一种方法。检查中,对于优质工程要奖励,有质量缺陷的工程要限期改正。结合创优规划对照工程实况,进行评比竞赛,相互观摩,交流经验,共同提高,收到实效。

17)抓监测

工程质量的监测工作,就是要用数据说话,这是客观公正地作出质量评定的科学方法。监测用的仪器设备都应保持完好,注意更新换代和日常维修,保持良好状态,以便准确测量有关工程质量的数据,反映出质量方面存在的问题,及时加以改正。

18)抓监理

监理工作对工程质量的保证至关重要。质量监理的工作主要包括:材料检查与批准,设备与工艺的审批,旁站监理,缺陷工程处理,成品验收,竣工验收等。因此,抓好监理这一质量管理的综合性环节,是质量控制的一个关键性措施。

6.4.3 事后控制措施

1)抓验交

铁道电气化工程项目的竣工验交,要对工程质量进行现场检查,对工程项目质量进行综合评价。一般情况下,这是对工程质量的全面审查,非常重要。首先,施工单位要通过自检自验严格要求,采取措施纠正施工中存在问题。在正式交验中肯定成绩的同时,还要发现不足,限期整改、补强、修改、整治,直到符合验收标准。这是抓好工程质量的最后一环,一定要高度重视,善始善终,实现全面创优的目标。

2)抓临管

工程初验以后,对铁路工程建设项目要实行一年的工程临管运营,正式验交以后有时要实行一年运营临管。这一段时间,类似新建工厂的试车、机械设备的试运行磨合阶段。在这段时间全面检验工程质量,通过试运行,发现问题,特别是结合部和设备能力配套问题等,要及时补强,对相关问题进行整合处理,使设备质量水平上新台阶。

以上这些措施,是我国铁路建设中工程质量控制方面多年创造和积累的经验。结合现代项目管理的理论和实践,要进一步总结提高,从系统工程的角度,制定出更加完善的质量控制体系,把铁路建设的质量管理提升到新的水平。

上述措施可形象地以铁路工程质量螺旋推进图表示,如图 6-10 所示。

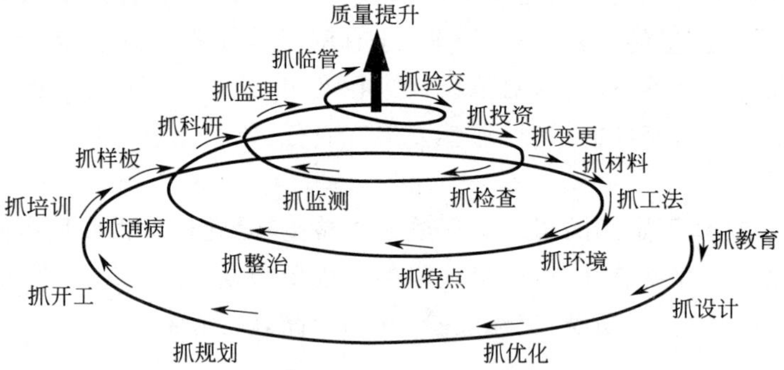

图 6-10 铁路工程质量螺旋推进图

复习思考题

1. 简述工程质量管理的原理。
2. 简述工程质量管理的内容和措施。
3. 简述工程质量事故的分析处理程序。
4. 简述铁道电气化工程质量的控制措施。

7 铁道电气化工程施工组织设计

目前铁道电气化工程施工,特别是近年来随着新技术和新设备的引进、开发、应用,以及在运输繁忙干线和新线一次电化的发展,其施工生产活动十分复杂,要求解决和处理的矛盾更为繁多。如施工与运输、空间与时间,设计与施工、技改与电化、工艺与设备、技术与经济、供应与工期、专业与协作、环境与安全、效益与消耗等,都必须事先作出预见和计划,做好施工的组织工作,才能避免施工中产生盲目性和混乱现象,实现缩短工期、安全优质、降低成本、提高效益。

编制施工组织设计的基本任务就是通过调查与分析、运筹与决策、综合与平衡、控制与协调、组织与指挥,超前预想达到这个目的与要求。为了确定一个比较合理的工程周期和投资规模,在不同的设计阶段都必须设计一个与其设计阶段相对应的施工组织。

铁道电气化工程建设管理单位所编制的指导性施工组织设计与工程的技术设计文件中的由设计单位编制的施工组织设计、施工单位编制的施工组织设计,其侧重点和作用是有所不同的。

一般情况下,新建铁路工程的建设管理单位是在技术设计或扩大初步设计及其概算或修正概算已经有关部门批准之后,开始进行建设管理的;由建设管理单位制订的指导性施工组织设计,是在技术设计的施工组织设计的基础上,结合当时的实际情况,根据鉴定批准的工期和投资规模,进行必要的调整,作为工程建设管理的一份指导性文件。在工程建设过程中将根据客观情况的变化,有时还要依照上级主管部门的要求,对施工组织设计进行调整。

建设管理单位的指导性施工组织设计,从招标开始直到竣工,用于控制工程质量、工期和投资。因此,应概括工程的全部内容;使关键线路满足总工期的要求;对于控制工期的工程,应选择多个可行方案,进行技术经济比较和优化;对于不控制工期的工程,按照投资的优化进行安排。

7.1 施工组织设计的作用和任务

7.1.1 施工组织设计在施工管理中的作用

施工组织设计是根据铁道电气化工程建设的实践经验,结合拟建工程具体条件和要求,安排、指导、组织工程从施工准备到竣工验收全过程的一个综合性的技术经济文件,是沟通设计与施工的桥梁。

施工组织设计应具备指导性、实用性和规范性,既要体现工程的设计和使用要求,又要符合施工的客观规律,对施工各过程起到组织、部署或安排的作用,是施工准备(现场准备、技术准备、物质准备、机械准备、组织准备等)工作的主要依据和重要保证。

施工组织设计在施工过程中是实行科学管理的重要手段,是施工管理的重要组成部分。

对于招标工程,施工组织设计是投标书的重要组成部分,是建设单位了解投标企业资质、施工指导方案、人力物力资源的说明书,因此,施工组织设计有为中标创造条件的作用。

施工组织设计是以工程为对象编制完成各项经济技术指标的具体运筹方案。是完成施工计划指标的具体方法和措施,在编制年、季、月计划时它又是提供编制内容的依据。

施工组织设计通过计算安排施工进度,对施工中所需的人力、物力、财力、封闭点等方面提出需要量和需要时间,给供应工作提供数据。

综上所述,施工组织设计为文明施工提供条件,对于协调各施工单位之间、各专业工种之间、各种资源之间以及平面布置与工期安排之间的关系;对于保证施工连续、均衡、有节奏地顺利进行,按期按质按量完成施工任务、取得较好的施工经济效益等,必将起到重要、积极的作用。

7.1.2 施工组织设计的任务

电气化铁路工程施工组织设计的基本任务是贯彻党和国家的各项方针、政策,实施设计的方案和建设单位的目的与要求,按铁道部颁布的《铁路基本建设工程施工组织设计编制办法》,认真执行有关标准、规程及规范,选择经济合理的施工方案,实现最优的经济效果,达到工期、质量、安全、效益的综合目的。

施工组织设计应体现并具有计划性、技术性、经济性、科学性、先进性、严密性和严肃性。施工组织设计应依据工程招标书、承包合同或指令性要求。结合工程特点和施工条件,进行人力和物力、时间和空间、技术和组织、前方和后方、天时和地利、供应和消耗的科学组织与安排,全面而合理地安排施工程序、施引顶序、施工工序,从而确定工程工期。

针对各专业的施工特点和工序衔接,做好前期迁改、施工及行车等干扰不利因素转化的具体措施。

说明采用的工法,确定并选择施工工艺、施工方案、施工方法和施工机具。

对施工现场的总平面和空间进行综合安排,统筹利用,合理布置材料、设备的囤放和轨行车辆的分布,分解物资的需求日期,部署施工队伍。协调路内外关系,制定科学的施工安全技术措施和创优规划。提高计划性,克服盲目性;加强主动性,避免被动性,增加工作的条理性,杜绝施工混乱现象。

确定各专业开工必须完成的各项准备工作,提出切实可行的施工技术组织措施和需要上级主管、建设、设计及其他施工单位支持、解决、协助和配合的有关问题。

7.2 施工组织设计的分类和内容

7.2.1 施工组织设计的分类

电气化工程按其应用和要求,一般应编制四类施工组织设计。

1)投标工程施工组织设计

该阶段是向建设单位显示企业素质的手段,又是中标后施工指导方案,最重要的是它是编制投标报价的依据。在编制时,必须以招标文件规定的竣工日期为起点,逆排施工工序,计算人力、物力的需用量。尽量采用机械化、专业化施工。施工组织应反映出采用的新技术、新结构、新材料、新设备、新动向,表现出为建设单位创建优质工程、降低造价的举措,显示出本企业综合素质和优势,为中标创造条件。

2)指导性施工组织设计

该阶段是由工程局承揽的综合建设项目或局控工程项目施工的总体部署,是指导所属工程处编制综合性施工组织设计的依据,也是编制全局年、季度施工生产计划的依据。

3)综合性施工组织设计

该阶段是工程处编制本单位管辖工程较为综合性的施工组织设计。它应保证局颁指导性施工组织设计的实现,同时又是工程处所属工程段编制单位工程实施性施工组织设计及年、季、月度施工生产计划的依据。

4)单位(专业)工程实施性施工组织设计

该阶段是工程处所属工程段编制具体组织施工的技术、经济文件,它是施工技术交底和月作业计划的依据。对于同时承担几个施工项目,工程量较小时(如无特殊要求),可以合编一个施工组织设计,以有利于综合考虑人力、物力的投入和使用。对于单项施工项目,如工期较短且无系统要求或配合时,也可以采取"技术交底书"的形式,简化编制程序和内容。

对于跨年度的建设工程项目,因投资或施工环境及所需人力、物力的变化,为适应建设单位和施工生产的需要,有时还应编制年度施工组织设计。年度施工组织设计应结合上一年度施工情况和新的一年部署要求进行编制。

7.2.2 施工组织设计的内容

编制施工组织设计的目的,就是为了有序有效地指导并加强对施工的管理。不论哪一类施工组织设计,内容上应体现两个方面:一是施工的必要准备,研究施工所必须具备的物质方面和组织管理方面的客观条件,具体指导施工准备工作的实施;二是设计施工活动,研究施工方案、施工工序,为完成施工任务的有关施工技术、安全技术、施工组织等措施。两方面的内容应有机结合,以利于对施工准备和组织施工实行系统的科学管理。

施工组织设计内容的深度,应视工程的性质、规模的大小、复杂的程度、工期要求、施工地区的自然条件而有所不同。铁道电气化(含四电)工程的施工组织设计通常应包括的基本内容有:

1)编制的依据。

2)线路及电气化工程的概况。工程概况是对拟建的铁路工程项目的一个简单扼要的说明,一般包括建设项目的内容、建设地区的特征、技术标准、施工条件及其他内容。

(1)该新建铁路的地理位置,与既有线的接轨点,设计起点和终点,沿线的主要城镇、山脉、河流、地形地貌、水文、地质、气象、地震区划、大型水利设施、文物古迹、环保特征等。

(2)线路主要技术标准,包括线路等级、正线数目、限制坡度、最小曲线半径、机车类型、牵引种类、牵引定数、到发线有效长和闭塞类型。

(3)施工条件,包括征地拆迁、施工人员装备进场、道路、水电供应、材料场设置、物资供应、地材资源、铺架基地的预选方案等。

(4)工程重点、难点与特点。

3)工程任务(或标段)的划分。

(1)各标段主要工程数量,重点及难点工程描述。

(2)分年度工程形象进度及投资安排。

(3)控制工程、铺架工程及全线工程施工进度计划安排。

4)技术措施与主要施工工艺。

5)工程监理。

6)与既有铁路接轨的工程配合与实施方案。

7)施工总进度计划,施工顺序和工序。

8)各专业(分段、站、区间)单位工程施工进度图。

9)施工队伍及安装列车、轨道车、作业车分布示意图。

10)各专业(分段、站、区间)主要工程数量、主要材料、主要设备、劳力配备表及技术经济指标计划。

11)施工机械和机车、车辆配备表。

12)主要设备、材料的分囤和年、季、月度需用计划表。

13)前期工程或既有线改建工程施工进度及完工日期计划。

14)临时设施(房屋、通信、便道、水电供应、工地材料等)的安排。

15)各专业工程采用的新技术、新工艺、工法及各项技术措施。

16)干扰、拆迁工程数量表及施工进度计划。

17）安全、质量、环保工程工期及特殊工种操作的保证措施。

18）各专业间的配合、技术要求及实施措施、季节施工措施等。

19）有关施工组织设计的说明，需建设单位、协作配合单位解决的事项。

20）对参加投标用的施工组织设计应按招标书的规定和要求，补充相关的内容。

7.3 施工组织设计的编制

7.3.1 施工组织设计的编制依据

1）国家、铁道部颁发的该新建铁路工程项目的有关文件。

2）铁道部转发的国家计委对该新建铁路工程项目的可行性报告的批复文件。

3）设计文件。

4）鉴定审查意见及有关业主的审批文件。

5）招标文件。

6）设计规范，施工规范，质量检验评定标准，安全技术规程，验收规范，工程监察、监理条例、办法。

7）部颁定额及定额外设计指标，技术规范，以及现有机械设备能力和配件加工能力。

8）新技术、新工艺、新材料、新设备的试验成果，科研报告及其专项的鉴定、审查、论证报告，以及以上这些成果、报告的上级主管部门的批准文件。

9）当地政治、经济、生活、文化、商业及市场供应情况。

10）施工队伍编制、施工组织方式、专业化程度、综合施工能力。

7.3.2 施工组织设计的编制原则

1）认真贯彻国家对基本建设的各项方针和政策，严格执行施工程序，实行严格的责任制。

2）严格遵守国家、铁道部、建设单位和合同规定的工程竣工及交付使用期限。

3）合理地安排各专业工程项目的施工程序和顺序，尽可能避免干扰和不必要的重复工作，充分利用施工封闭点，加快施工进度，缩短工期。

4）贯彻施工技术标准、规程规范，尽量采用国内外先进施工技术，科学地确定施工方案，提高劳动生产率、改善工程质量、努力降低工程成本。应结合工程特点和现场条件、队伍素质，使技术的先进适用性和经济合理性相结合，防止单纯追求先进而忽视经济效益、抢工期而忽视安全和质量的做法。

5）在编制施工进度计划时，应从实际和科学的角度出发，广泛应用流水作业法、循环作业法、专业化施工法、滚动计划法等先进的施工方法组织均衡施工，提高劳动生产率，以保证施工连续、均衡、有节奏地进行，合理使用人力、物力和财力，做好综合平衡，安全、优质地完成施工任务。

6)合理布置施工平面图,应尽量利用正式、原有就近设施,减少各种临时设施;要充分利用当地资源,合理安排运输、装卸与储存作业,减少运输量,避免多次搬运。

7)要重视开工前和施工过程中的各项施工准备工作,加强与前期工程、配套工程及车、机、工、电等单位的配合。尽可能地搭接,平行或交叉施工,提倡工序分段流水作业,提高预配化、机械化、专业化的施工程度。

8)努力提高机械设备的利用率,制订材料节约措施,尽量降低工程成本,提高经济效益。

9)要贯彻"安全第一"、"质量第一"和预防为主的方针,建立健全各项安全、质量管理制度,从各方面制订保证措施,预防和控制影响施工安全与工程质量的各种因素发生,创建安全线和优质工程。

7.3.3 施工组织设计的编制准备

施工组织设计编制的准备工作主要有:

1)熟悉和全面掌握上述编制依据的 10 项文件,重点是设计文件,必要时还应了解初步设计的有关资料。

2)了解设计文件中有关施工组织设计及与之相应的鉴定意见。尤其是当进入施工阶段与设计的年代相隔久远时,必须清楚地知道各方面的主要变化情况。

现场踏勘,收集关于施工组织设计内容的各项资料。必要时,应走访地方政府各相关主管部门、气象站、水文站、土地管理部门、水利部门、电管部门、文物和环保部门等。

7.3.4 编制施工组织设计

编制施工组织设计,是指对其各组成部分形成的先后顺序及相互间制约关系的处理。依据电气化工程的施工实践和编制经验,综合性及单位工程施工组织设计的编制程序为:

1)一般应选择重点工程的施工方案,编制单项施工组织设计,具体可按下述步骤进行:

(1)确定施工方案

新建铁路工程的工期控制线是接触网线,因此首先要确定接触网的施工方案,包括确定接触网施工方式是单向或双向、机械或人工辅助、支柱位置、装备场地安排;接轨点、恒张力放线等设备,以及这些设备的生产能力。经过经济技术比较,结合承包施工单位既有设备的实际情况,将上述各项确定以后,便可以绘出接触网控制线,或制定出工期网络图中的接触网施工关键线路——时标网络图。

(2)编制单项施工组织设计

由接触网线所确定的各单项工程的最迟完工时间,倒排各项重点工程的施工周期,确定其最迟开工时间。然后,将那些控制工期的工程列为重点控制工程,要与施工承包

（投标)单位共同确定其施工方案,包括主要施工机械设备的数量和能力、主要工艺流程、流水作业和平行作业的具体安排,编制各个单项工程的施工组织设计,以确保总体安排的实施。

2)统筹安排施工准备阶段的重点工程和工作

为了保证各项工程最迟开工时间的实现,对于施工准备阶段的几项重点工程和工作,如征地拆迁、电力供应、临时道路、物资储备场地、工程通信等,需做出统筹安排。

3)均衡安排非控制的重点工程和一般工程

在保证重点控制工程工期、合理安排其施工顺序的前提下,根据分年度工程投资资金供应的实际可能,将其他重点工程和一般工程项目均衡地进行安排,用最少的人力和设备组织流水作业,优化投资和资源。优秀的施工组织设计应该在保证工期按目标实现的前提下,使得那些在投资和资源消耗方面占有很大比例的一般工程和不控制工期的重点工程都得到最合理、最经济的安排。

4)施工组织设计的技术经济比较

对于一项规模宏大的新建铁路工程,其施工组织设计往往要经过两次或三次,其中局部地段或个别单项工程往往需要经过多次的施工组织方案的比选。除了熟悉设计文件外,有的还须要现场踏勘比选,使其尽可能地接近客观实际。在比选中,首先要依据可行的技术方案和成熟的工艺流程,在此基础上进行经济比较。

为了促进科学技术的进步,一般地,在整个工程项目中总会选择一、两项或多项单项工程,采用新技术、新工艺、新材料、新设备等。在施工组织设计中,对于这些特殊设计的单项工程,主要依据设计、科研单位提供的有关指标,按照设计的和个别试验的工艺流程进行安排,往往在工期上要留有余地,以确保总体安排的顺利实施,甚至还应有必要的备用方案。

7.3.5 熟悉、审查设计文件,进行调查研究

设计文件(施工图纸)是确定施工范围、编制施工组织设计、进行施工的根本依据,对施工正常进行、保证施工质量、竣工交接、投入使用具有重要的作用。

施工单位的主管部门在取得设计文件后,首先应组织施工技术部门和专业主管工程师深入细致地了解并熟悉、审查设计意图和设计内容,结合现场实际情况进行核对,以便及时发现设计中存在的问题,并与设计单位研究解决,避免造成返工和浪费。设计文件未经审查核对,不应正式开工。

1)审查步骤

设计文件的熟悉、审查的步骤一般应包括学习、初审、会审、综合会审四个阶段。

(1)学习阶段。接到设计文件后,必须认真学习、熟悉工程概况,抓住关键部位、按照审查要点,将学习和审查有机地结合起来。了解设计意图,明确施工规模,掌握技术标准并考虑施工部署与方法。

（2）初审阶段。项目经理部、专业工程师在学习、熟悉设计文件的基础上，核对本专业工程的细节，考虑与其他相关专业的关系。

（3）会审阶段。由工程处总工程师（或项目经理部经理）组织各有关工程段（作业队）进行专业的施工设计文件审查。

（4）在初审的基础上，专业之间审查图纸，清除差错，协商联合定测和施工配合事宜，确定施工平面布置和主要施工顺序。

（5）综合会审阶段。在上述各阶段的基础上，由该工程的主管领导，组织有关人员与有关协作、配套工程施工单位之间对施工设计文件进行问题研究，核对施工范围及配合事宜，确定相互提供方便的条件和施工顺序与方法，做出全面合理的安排。

2）审查重点

在审查设计文件过程中，施工技术部门和专业技术人员应依据设计说明书，按照有关规程、规范的标准，结合施工经验和工艺技术要求，从总体上要审核设计文件的完整性、配套性、正确性、可靠性、可行性与合理性。电气化各专业工程应重视审核：

（1）设计文件的组成与内容是否符合铁路基本建设工程设计文件的编制规定，是否符合初步设计及其鉴定意见，是否符合国家有关标准和技术规范，是否符合经济合理、美观适用的原则。

（2）设计文件是否符合现场实际，通用图是否适应本工程，采用的设备、材料、构件的采购有无问题，规格、性能、质量能否满足安装要求，特殊要求能否实现。

（3）图纸及说明是否完整、齐全、清楚，图中的尺寸、标高是否准确，图纸之间有无矛盾，设计方案能否实现，工程数量表是否与图纸一致。

（4）上部与下部、土建与安装、结构与施工之间是否有矛盾，对行车是否有较大影响，设计条件对施工安全有无影响，质量上能否实现，是否符合施工规范和运行要求，在施工技术上有无困难。

（5）影响施工的征地、供电协议、路内外（电力、通信）迁改。

（6）协议是否落实，新设备和非标设备是否附有图纸及安装、检查、试验、验收的技术标准，是否有生产厂家。

（7）对国外招标的设备和器材，应将设计文件与标书结合起来进行审核，并注意接口部分有无结合问题。

（8）对设计文件审查中发现的"错、缺、漏、遗"现象和难以（或不能）实现的问题及疑点，应汇总后编成书面意见，根据需要可提报给设计或建设单位，并及时与设计或建设单位进行确认、研究和洽商变更。审查汇总的资料也可作为修改建议，在设计交底会上提出并落实解决。

（9）施工单位应建立审查记录并履行会审签字制度，并以此作为审查及备案的依据。对于设计问题，在未得到设计书面签字或设计变更通知时，不得擅自改变设计方案和标准。

3)调查研究

在熟悉设计文件的基础上进行深入细致的施工调查研究,是编制施工组织设计,确定施工部署,进行技术交底的重要依据,也是合理组织施工的先决条件。

(1)调查形式

综合性施工调查。对工程项目内同时承担几个专业施工任务或与先期工程密切相关,且施工条件困难,技术较复杂的施工调查,应由主管施工该工程项目负责人组织所属施工专业段和有关业务部门,对工程项目进行全面系统的综合性施工调查,为正确布置施工做好各项准备工作。

在进行施工调查前,各部门应首先拟定并提出调查内容提纲,以便确定调查方案和调查范围。调查结束后应写出调查报告,报告除叙述调查内容外,还应提出初步施工安排及施工组织原则的建议,并对存在主要问题提出解决的意见,以供研究施工部署用。

(2)调查的主要内容

实地核对设计文件内容。对前期工程和既有线改建中的路基、桥梁、隧道、通信站、信号楼、牵引变电所(亭)、配电所、供电段、电力机务段的房屋(主要是生产房屋)或位置,以及跨越铁路的路内、外电力、通信、广播线路迁改工程等的形象进度和完工日期进行落实。调查沿线各省、市(县),铁路局的分界,列车运行的行车对数及编组站、区段站的行车密度。可开"天窗"时间和施工技术作业的条件等情况。调查并落实沿线各站货运及装卸能力,公路运输条件及大型设备运输就位的条件等。了解各站股道的配置情况及囤料场地情况,选择安列、轨道作业车的存放车站和电杆到站存放位置。调查沿线可利用的房屋和既有设施情况。落实材料厂、屯料场地和生产生活房屋的临时租设地点。调查临时便道、临时通信情况。调查当地及沿线市政、生活供应服务设施情况,如供水、电、粮、油生活必需品及医疗卫生等为施工的服务能力。调查沿线的地形、地质、气象,冬、雨及风沙季期限,降雨量、降雪量、相对湿度及冻层深度等有关自然情况,有无地质特殊不良地段及需要采用特殊施工方法的问题。了解地区先期施工和协作单位施工配合的条件以及当地可使用的临时劳动力情况。

7.3.6 施工部署与施工方案

施工部署与施工方案是施工组织设计的核心,主要内容包括:施工任务的组织分工及程序安排,主要项目的施工方案,主要专业工程的施工方法等。

施工任务组织划分及程序安排主要包括:明确机构体制;建立工程指挥系统;确定综合的或单一专业的施工组织;划分各施工单位的任务项目和施工区段;明确主体施工项目和配套施工的项目;确定工期;对施工任务做出程序安排。

应强调的是,在施工任务组织划分及程序安排中要保证工程施工要求的工期,充分考虑各专业分界面的合理性、衔接性和技术要求,切合实际地安排各专业施工顺序,以有利于加强施工现场管理。

(1)接触网工程一般以每个工程段承担 100～150 正线公里,每个工程队承担 30～50 正线公里为宜。

(2)通信工程应安排在接触网、牵引变电所工程前完工,并开通运营;必须满足供电系统、远动装置调试和电气化开通的需要,施工队伍配备以每个工程段负责一条线,每个工程队负责 60～100 km 为宜。

(3)信号工程施工的安排原则上在电化开通前,应提前完成车站电气集中和区间自动闭塞单项工程,并投入运营,施工队伍的配备以每个工程段承担一条线,每个工程队承担 60～100 km 为宜。

(4)自闭贯通电力工程的施工组织应保证通信、信号工程开通供电的需要。施工队伍配备以每个工程队承担 80～120 km 为宜。

(5)站场照明应在接触网送电开通前投入使用,施工队伍配备以一个工程队负责一条线或由自闭电力工程队、变电工班交叉施工。

(6)牵引变电所工程应安排在接触网工程竣工前达到受电、送电的程度,施工队伍配备以每个变电所一个工班为宜。

(7)机务段、供电段工程安排,在电化开通前最少应满足电力机车的整备、日常维修检查和小型设备临修的需要,施工队伍配备以每个工班负责一个项目为宜。

(8)土建工程施工安排应满足信号、通信、电力、变电、机务供电等专业施工的需要,以一个工程队承担 3 个工号或一个地区的土建工程为宜。

(9)临时房屋、临时通信、工地材料厂、临时便道、杆塔基础、电缆沟等应满足正式开工和工程进度要求,并应考虑季节性因素安排施工。

(10)为便于统一指挥、协调、平衡施工力量,宜设全线工地指挥部或工程项目经理部。

7.3.7　主要项目的施工方案

主要项目施工方案的拟订,就是针对工程建设项目或各个专业的施工顺序以及施工工艺流程,按照施工网络计划提出原则性的意见。如接触网与贯通线同杆合架的施工方案、变电所的专业化施工方案、夜间施工方案、新线推进式施工方案等,对于成型的施工方案或已颁布的工艺、工法,在编制施工组织设计时,仅将方案或工艺、工法的名称纳入即可,具体的施工方案应在编制单位实施性施工组织设计时确定。

主要专业工程是指工程量大、施工工期长、对工程质量起关键作用的工程。因施工组织设计的分类,其主要专业工程的确定也不尽相同,但在确定施工方法时,都应结合工程的特点、专业施工的习惯,尽可能采用先进合理可行的工厂化、机械化施工方法。

7.3.8　计算工程量

工程量是以规定的计量单位表示的工程数量。它是编制施工组织设计过程中的重

要步骤,是编制预算的主要依据,同时,它又是编制施工作业计划,合理安排施工进度,组织劳动力、物资供应以及统计完成工作量的基础,也是财务管理与会计核算的重要指标。计算工程量的依据和注意事项如下:

1)设计图及技术资料。

2)设计规范和施工规范。

3)有关施工组织设计和现场情况。

4)预算定额。

5)设备安装有关资料。

6)有关文件、规定和协议等。

7)计算前应熟悉设计图纸和设计说明,对其中的错漏、不符及不清等问题必须及时解决。

8)熟悉定额的内容及使用方法。工程量的计算单位应与定额中相应项目的计量单位一致,并写出定额编号。

9)计算工程量时,应注意与所采用的施工方法一致,以便与施工实际相符合。

10)当工程项目与定额项目不同或有出入时,则应根据实际情况加以修改、调整或重新计算。

11)图纸没有提出,但有关规定明确要求的项目应计算在内。

12)定额或概预算编制办法中没有而又发生的项目,应编制补充资料并列入相应章节。

7.3.9　施工总进度计划

电气化工程的施工总进度计划是以工程交付使用时间为目标,根据施工部署及先期工程的进度因素确定的控制性施工进度计划。它是控制施工工期及各单位专业工程施工期限、开竣工时间以及各施工工序衔接关系的依据,并依此而确定劳动力及各项物质资源的需要量、临时设施计划和各项准备工作计划,编制安全、质量技术措施。

1)施工总进度计划编制的原则

(1)合理安排各专业施工顺序,保证在劳动力、资金以及资金消耗量较少的情况下,按规定工期完成施工任务。

(2)采用科学的施工组织方法和施工方案,使施工保持连续、均衡、有节奏地进行。

(3)在安排年度施工任务时,应尽可能按季度均匀分配建安价值。

2)施工总进度计划的内容

施工总进度计划的内容一般包括:合并工程量、确定各专业施工项目的综合指标,确定各单位工程的施工期限,确定各单位工程开竣工时间和相互衔接关系以及施工进度计划表的编制。

3)施工总进度计划的编制步骤和方法

（1）根据各专业计算的工程量进行汇总。

（2）确定各专业施工项目的综合指标。

（3）确定单位工程的施工期限。影响单位工程施工期限的因素很多，如工程规模、结构特点、施工方法、施工技术和施工管理水平、劳动力和物资供应、先期工程和施工配合、施工与季节、封闭点等情况以及地质、地形条件等。因此，各单位工程的工期应根据总工期的先后顺序，综合考虑上述影响因素，切合实际地予以确定。

（4）确定各单位开竣工时间和相互衔接关系。在确定了各单位工程的施工期限之后，应进一步安排各单位工程的衔接施工时间和次序。在确定这一关系时，一方面要根据施工部署中的控制工期及施工条件；另一方面要尽量使主体工程基本上连续，均衡地施工。

（5）对施工难度较大、施工工期较长及需要先期配套投入使用或影响其他工程施工的项目，应尽量先安排施工。

（6）同一单位工程开工项目不宜过多，尽量避免人力、物力的高峰和组织管理的高度分散。

（7）要充分估计设计供图时间和材料、设备的到货情况。

（8）在施工顺序的安排上，一般应先安排通信、电力专业的电缆施工、拆迁施工和生产房屋的施工，同时要考虑季节和黄金周、春运的影响。

（9）编制施工总进度计划。

7.3.10　各项资源需要量计划

各项资源需要量计划是做好劳动力、施工机械、物资及临时设施的调度、平衡、供应、落实的依据，其内容一般包括如下几个方面：

1）劳动力需要量计划。

2）主要设备、材料需要量计划。

3）主要配件、预制加工品需要量计划。

4）主要施工机具、设备需要量计划。

5）临时设施计划。

6）施工准备工作计划。

7）施工总平面图。在施工总平面图上，除需根据线路平面示意图标明地貌、桥隧和拟建专业项目外，应使用醒目的标记绘出施工用的主要临时设施、施工队伍及专列、轨道车、材料厂、囤料点的分布等，并尽量注明这些设施的坐标位置。当施工专业项目较多，施工队伍较分散时，可将施工总平面图分成电气化工程平面示意图和施工队伍及安装列车、轨道车分布示意图两部分。

8）计算技术经济指标。计算技术经济指标，是施工组织设计的一项重要工作，同时也是对施工方案或者施工进度计划效果进行比较的依据。计算施工组织设计的技术经

济指标很多,但归纳起来主要反映在工期、技术、质量安全、效益、有效性五个方面,对于不同的工程或不同的要求,其占有不同的比重。

7.4 施工组织设计的实施与管理

施工组织设计是对拟建工程、复杂多变的施工生产过程进行预先的计划组织与管理,是指导工程建设的重要文件和施工单位生产活动的纲领,各职能部门和各级施工组织,必须认真贯彻执行。

由于在编制施工组织设计时,不可能预见到施工全过程的发展和变化,因此,遇有障碍和困难时,应积极地采取措施去排除和克服,根据施工实际情况,结合它的发展和变化,不断地进行修正和平衡,才能保证施工的顺利进行。

施工组织设计的实施与管理,应作为施工技术管理的一项主要内容,从开始编制直至工程结束,必须进行计划、组织、控制、协调和监督。

7.4.1 指定编制负责人

1)为保证编制质量和效率的要求,应明确编制负责人,尽可能挑选具有工程技术、管理技术和一定经济知识、了解设计技术和具有较丰富施工经验的施工技术人员来担任。

2)应根据工程规模大小及工程技术的复杂程度,结合各级、各部门的职责范围和岗位责任制,组织有关科(股)室、配合协作单位及施工基层共同参加编制工作。

3)在选择施工方案、确定施工总平面图和施工进度计划时,要坚持集思广益,多方面征求意见,让具体参加施工的基层技术人员和管理人员参加讨论,了解意图,以利于贯彻实施。

4)施工组织设计的编制负责人,应是其贯彻实施的负责人。

7.4.2 严格审批制度

1)施工组织设计编制后,应按规定经过逐级审批,通过审批后才能生效。

2)审批意见要形成文件,作为施工组织设计附件下达施工基层。

3)在施工过程中,如因工期、技改、先期工程或施工任务等特殊原因,需将施工组织设计进行修正时,应报上级和建设单位审批后方可实施。

7.4.3 交底制度

1)施工组织设计经批准后要实行分级交底,哪一级主持编制的施工组织设计,应由哪一级组织施工技术负责人向执行者交底。

2)交底要有文字记录,作为工程档案资料。

3)贯彻交底制度,是为了加强对施工组织设计的贯彻与执行的管理,应避免在贯彻中流于形式,并要明确修改和调整的权限。

4)各单位工程年、季、月度施工计划是分期分批实施施工组织设计的具体行动计划。编制施工计划时,应以施工组织设计为依据。

7.4.4 检查制度

施工组织设计在贯彻执行过程中,应进行严格的督促和检查,以有利于加强控制的作用。过程检查,是检查施工组织设计实施的主要方法,要结合检查施工生产,检查施工组织设计的执行情况,发现问题要及时修正和平衡。对于无法执行的方案或不能按期完成的项目,必须在征得编制负责人、施工及技术领导同意,按变更申请审批程序,由原编制单位以书面调整变更方案,下达有关施工单位。

施工组织设计在实施过程中,施工技术部门及专业工程师要经常深入实际,检查、检验、协调并及时处理实施过程中出现的问题。具体的检查内容有:

1)施工布置、施工方案等与施工组织设计是否相符。

2)各项措施(安全、质量工期、技术、成本等)是否具体,对指导施工发生的作用。

3)施工组织设计规定的施工方法和施工工艺执行情况。

4)施工组织和进度计划的情况。

5)前期工程和各专业工程间的配合与协调情况。

7.4.5 总结工作

在施工过程中,不但要经常检查、督促施工组织设计的贯彻情况,更应重视完工后的经验教训总结,以有利于改进和提高施工技术管理水平,为今后的工程施工组织设计积累资料。每项工程完成后,应由项目负责人组织施工技术、物资、计划、机械等有关部门进行总结。总结的重点如下:

1)施工方案选择、预定目标与实际情况的差异,今后如何改进。

2)推行的施工工艺及拟定的各项技术组织措施对指导施工的作用、效果、经验和教训。

3)在编制、贯彻、检查施工组织设计中遇到的问题,采取的措施及今后改进的方法。

4)总结提高编制质量与效率的具体办法,和施工组织设计的组织领导、控制以及管理制度办法等。

复习思考题

1. 施工组织设计的作用和任务是什么?

2. 施工组织设计的分类和内容是什么?

3. 施工组织设计编制的依据和原则是什么?

4. 施工组织设计的实施与管理方法是什么?

8 铁道电气化工程施工管理

8.1 施工管理的任务及内容

铁路电气化工程建设速度的快慢、质量的好坏、造价的高低以及人力、物力、能源的耗费程度等,在排除外部因素直接影响的原因外,都与施工活动有直接的关系。针对同一工程项目,采用不同的施工方法和施工组织,可以得出不同的效果,这是施工管理者的共识。

由于电气化工程的施工管理与一般建筑工程的施工管理之间存在着很大差异,管理方法也不尽相同,因此我们必须要了解电气化工程的以下特点,才可能进一步做好施工管理工作。

8.1.1 铁路电气化工程施工特点

1)电气化工程是在一定地域和空间范围内进行施工的项目,每一条线路及每一区段的施工都需要按具体的工程对象、施工环境和条件来确定施工方法,因此没有一种通用的固定模式。

2)电气化施工完全沿线路进行,施工点多、线长、人员分散的问题较突出、而参与施工的人员和设备又始终处于流动状态,因而对施工安排和组织管理工作影响较大。

3)大部分施工项目需要全部占用或部分占用线路才能够进行施工,如接触网、电力、信号、通信等专业的作业,因而受行车干扰的因素较严重,同时既影响铁路运输也增加了行车和施工中的不安全因素。

4)电气化工程整体结构复杂,设备和物资品种繁杂,准备周期长、施工时间跨度大,而且所需工种、人员多,管理工作必须深入细致,否则一步不到位将影响全局。

5)露天作业和高空作业所占比重较大,受气候和地质条件的限制因素较多,这些客观因素不但制约了施工作业的顺利展开,而且往往打乱全局的施工程序和计划,影响工程的整个工期。

6)系统工程中各专业工程在施工中相互干扰的机会和几率相当高,在施工组织与协调过程中一旦出现疏漏,则将影响相关专业施工的正常进行。

7)由于各专业工程开通时间的不一致性,导致电气化工程的施工周期必须服从于电力、通信和信号工程的施工周期,而且在工程收尾阶段还要承受"四电"开通的制约,加强对带电设备和线路的防范,如"二合一"配电所部分和双线合架的自闭贯通电力线部分等。因此,保证综合协调各专业按期完成施工任务,是施工管理的首要任务,同时也是为电气化工程一次送电开通创造条件的有利手段。

综上所述不难看出,电气化工程的施工管理不但有别于一般建筑工程的施工管理,而且其所涉及的各方面而又相互影响、相互制约,致使管理工作的难度大、责任重,这对施工企业如何充分利用人力和物力合理组织施工,确保按期优质地完成施工主产任务提出了一个需要加以解决的问题,也即如何组织好电气化工程多工种协调作业、安全优质、高效低耗、按期交付使用的问题。

8.1.2　电气化工程施工管理的内容

在工程施工中,施工管理工作自始至终贯穿于施工的全过程,只是在不同阶段管理的重点和内容不同而已,其实质是对施工生产进行合理的计划、组织、协调、控制和指挥。电气化工程施工管理的内容主要包括:

1)施工准备工作

在工程开工之前,以成立工程指挥机构为核心,完成技术准备、施工现场准备、物资准备、施工队伍准备和后勤保障准备;工程开工之后,随工程进展完成各分部、分项工程的施工准备,为加快施工进度、提高工程质量创造条件。

2)施工过程管理

以安全、优质、高效为前提,在整个施工生产过程中,均衡地组织施工,落实好施工组织设计和综合性施工进度计划,并对施工进度、质量、节约、安全、协作配合等进行协调、控制和指挥,按期完成工程的施工内容,及时投产交付使用。

3)施工调度管理

施工调度工作重点是掌握施工计划的落实情况,及时解决、处理施工中存在的问题,促进综合性计划的实现。作为施工管理工作的一个环节,调度部门要坚持汇报制度,作好上报下达工作,协助施工生产的组织者和领导者,及时掌握现场的情况和发生的问题,以便作出新的决策,确保施工顺利进行。

4)施工生产组织

施工生产组织是利用统筹法编制的综合性的工程施工安排计划,它的实现依赖于各单位工程及分部、分项工程施工生产组织的设计或计划安排,以及生产组织所采用的施工方法和生产形式。根据电气化工程的特点,为确保工程总体计划按期完成,应采用多种生产方式,如流水作业法、循环作业法、平行作业法等,解决综合性施工相互干扰、相互影响的问题,理顺各专业施工生产间的关系,为顺利建成开通打下基础。

8.2　施工准备工作

施工准备工作是确保建筑安装工程顺利进行施工生产的重要环节,认真细致地作

好施工准备工作,对充分发挥人的积极作用,合理组织人力物力,加快施工进度,提高工程质量,降低工程成本,都有着一定的积极作用。

对于电气化工程施工企业来讲,由于受施工环境、条件、方法的限制,施工准备工作不但量大、项目多,而且涉及内部及外部的影响因素也多,因此更要认真细致地全面做好准备工作,为顺利开工打下基础。

8.2.1　技术准备

1)审查施工图纸,掌握有关技术资料

(1)学习施工图纸和有关资料,审查图纸存在问题。

(2)了解工程设计规模、结构形式及技术条件,掌握各专业工程数量。

(3)了解工程建设周期,掌握各专业工程分期分批建成开通的要求。

(4)根据工程的规模、特点及要求,确定施工方案及采用的技术标准。

2)工程施工调查及资料收集

(1)调查新建或既有线技术改造的铁路线路的现状及其稳定状况是否达到电气化工程施工的条件,需要进行室内设备安装的房屋建筑是否可进驻开工等。

(2)了解施工区段列车运行图及各编组站、区段站的行车和调车密度,掌握线路上作业的技术条件。

(3)掌握牵引变电所、电力配电所土建工程的进展情况,了解需要进行施工配合的问题。

(4)调查施工区段地质构造、土壤情况,了解地区或线路永久水准点的设点位置及其绝对标高。

(5)了解当地近年的气象资料,如:年平均气温、冬季和夏季期限、冻土层厚度以及雨季的最大降水量和落雷情况等。

(6)铁路沿线可供利用的地方材料、交通运输工具、加工厂等及其质量、价格和供应、加工能力。

(7)当地能为施工期间供水、供电、供燃料的能力,以及铁路及地方可供使用的通信设施等。

(8)工地附近可供租借使用的场地及房屋数量,租借期限及价格等。

(9)当地可提供的文化娱乐、生活供应、医疗卫生、消防治安等方面的条件以及可支援的临时工数量及工费。

(10)影响施工的拆迁改建数量及施工用地需青苗赔偿的数量。

3)编制施工组织设计

(1)介绍工程建设项目的规模、特点、建设期限及各专业工程的主体工程数量。

(2)根据各专业工程的施工特点及竣工开通的时间要求,确定各专业施工顺序、施工队伍部署及施工任务的划分等。

（3）主要工程项目采用的施工方法、施工工艺及安全技术措施。

（4）确定各专业主要分部、分项工程的开工及完工时间，制定施工总进度计划及相关专业的施工协调与配合。

（5）主要施工机械设备的配备及部署，主要设备、材料的供应办法及运输路线等。

4）编制施工图预算和施工预算

8.2.2　施工现场准备

1）临建工程准备

施工用各种生活设施、公用设施、仓库和加工车间等临时建筑工程应在工程开工之前准备就绪，要因地制宜，降低造价，本着能租就不新建，能重复拆迁就不就地建设的原则，合理使用资金。

2）水、电、通信、能源准备

解决施工及生活用水问题。充分利用地方电源解决施工及生活用电问题，必要时可考虑自配发电机，以保证施工需要。优先考虑采用铁路通信系统，没有条件时则优先考虑建立内部无线通信系统，尽量不要采用外部通信，以便联络。燃煤、燃油宜就近采购，并在存放地点建立安全防护措施。

3）施工场地准备

各专业根据工程特点熟悉线路或场地情况，确定物资的运输、存放方法及地点。接触网和电力工程进行交桩测量，调查、解决施工干扰及拆迁问题。变电所、配电所工程引入永久性经纬坐标桩及水平基准桩，并复测施工场地总平面尺寸和相关建筑物位置，进行施工测量。铺设施工用交通便道，变电所、配电所及通信、信号专业同时解决好汽车运输通道，防止停工待料影响施工。

8.2.3　物资准备

根据施工图纸及所采用的施工方法编制各专业的设备、材料申请计划及机具购置计划，及时上报企业物资管理部门和计划部门。物资管理部门按申请计划的要求落实货源并签订订货合同。计划部门按施工要求分年度安排购置计划，并确定资金来源。编制预制件及铁配件加工计划，绘制加工图纸。组织设备和材料运到现场后检查验收的准备工作，熟悉订货合同的有关条款，掌握验收标准。

8.2.4　施工队伍准备

1）建立现场施工指挥机构

根据工程规模、特点成立现场工程指挥部或项目经理部，组建施工、安全、政教等管理机构，与企业签订施工承包合同。各专业成立工程指挥部，组建相应的管理机构，与现场工程指挥部或项目经理部签订专业工程分包合同。建立企业与现场工程指挥部、

现场工程指挥部与专业工程指挥部之间的各项归口管理办法,确定相互的职责范围和隶属关系。

2)集结专业施工队伍

各专业根据所承担的实物工作量及计划用工统计,结合工程特点,合理选配施工人员,均衡队伍的整体水平,确保顺利展开施工。集结施工队伍,确定施工人员及施工任务的划分,组织技术交底、技术培训等项活动,作好岗前准备工作。组织施工队伍进驻施工现场,作好开工前的"三通一平"及施工机械设备的维修保养工作,创造提前开工的条件。

3)培养专业技术骨干

8.2.5　后勤保障准备

1)施工队伍进场之前

首先解决煤、水、电问题,作到"一备三通"。安排好吃、住、行等工作,解决施工现场买粮难、买菜难的问题。做好防疫及医疗保健的准备工作,建立工地巡回防疫、保健制度。

2)施工队伍进场之后

保证职工吃、住方便,环境卫生。作好夏季防暑降温、冬季取暖供热的安排,有条件时应考虑解决职工的洗浴问题。定期进行防疫工作,加强对居住区的安全防范,杜绝发生失窃现象。

8.3　施工过程管理

施工过程管理主要指从施工准备结束至工程竣工验收之前,施工过程中的全部管理工作。

8.3.1　贯彻开工报告制度

根据《铁路基本建设工程承发包合同制实施办法》的规定,施工企业在确认具备开工条件和要求,准备正式开工之前,应向建设单位提出开工报告,并经建设单位同意、上级主管部门批准后,方可正式开工。

1)工程开工应具备的条件

(1)设计文件、施工图纸经会审通过,已满足施工要求。

(2)实施性施工组织设计和施工图预算已经上级主管部门批准。

(3)各专业工程的分段承发包合同已全部签订。

(4)施工队伍、施工机械设备、施工材料等已满足开工需要。

(5)施工复测、定测工作已满足开工要求,达到连续作业的条件。施工现场的安全技术措施符合要求。

2)开工报告上报程序

(1)开工报告采取逐级上报、最后由总承包单位向建设单位提交的程序完成。各专业如不同期开工,则由总承包单位分期向建设单位提交开工报告。

(2)除大中型建设项目由局级承包单位提前一个月向铁道部和建设单位提交开工报告外,建设项目中重点工程和小型建设项目均由处级承包单位分别提前一天和五天向局提交开工报告,局按有关规定办理审批和上报手续。

8.3.2 落实综合性施工进度计划安排

综合性施工进度计划是根据电气化工程的总体计划,结合设计图纸、工艺流程、施工能力及设备、材料等供应情况而确定的。由于施工过程是一个不断发展和变化的过程,因此要根据现场的实际情况,不断地对综合性施工进度计划进行合理的平衡,以调整月或旬的施工计划为手段,保证施工的顺利进行。

根据工程结构、施工程序选用先进、合理的施工方法,确保各工序的产品质量优良、标准统一。以先地下后地上、先构件安装后设备安装为原则,安排好各工种、各专业间的穿插作业及相互配合。通过调度日报了解、掌握施工进度及现场存在或发生的问题,采用以流水作业为主的操作方式,控制关键分部、分项工程的相互衔接;以交叉作业和平行作业解决工期紧、任务量大的矛盾,确保月、旬计划的实现。对施工计划执行情况定期进行检查、考核、调整,重点解决物资供应、专业间施工配合等方面的问题,确保工程施工进度。

8.3.3 开展专业业务分析活动

现场的施工管理要深入开展对工程质量、材料消耗、成本费用、安全施工等问题的业务分析活动,加强对施工进度、安全质量、建安产值、利润指标等方面的考核工作,通过专题分析和数据核算,实现对现场的全面管理。

1)工程质量分析

根据对工程质量定期检查和抽查的结果,定期召开质量分析会。分析影响工程质量的原因,找出症结所在,提出改善和提高质量的技术措施。通过质量分析,树立样板工程或样板项目,推广先进的施工方法和质量保证措施,提高工程的整体质量水平。

2)材料消耗分析

以物资申请计划和供应计划、物资消耗定额等为依据,定期进行分发料统计,掌握定额的执行情况。考核限额领料的执行情况,以施工图纸和材料实耗量进行对比,解决材料发放中存在的问题。根据施工工艺操作过程和技术水平的改进和提高,对已不适应生产需要的相关的物资消耗定额及时做出修订,保持定额的合理性,发挥其在物资供

应中的指导作用。

3）成本费用分析

（1）人工费分析

人工费的上升与下降主要受工日数和平均日工资变动两个因素的影响，分析时重点对工日利用和劳动效率方面进行考核，并根据工程项目的需要调整工资等级组成部分的超前投入，挖掘施工潜力，使人工投入量与预算人工费基本持平。

（2）材料费分析

材料费主要受用量和价格变动的影响发生变化，同时也要考虑受运杂费实际支出影响的因素。分析时对用量的变化要掌握是实需还是浪费，对价格的变化要计算出是购入价变化还是运杂费变化，找出产生问题的原因，再确定解决问题的对策。

（3）运杂费分析

运杂费的变化主要受运距、运费、装卸费变化的影响，由于此三项费用在不间地域的差价较大，而且无法预测，故在分析时主要审查有无浪费现象，差额较大且属正常费用发生时，可向建设单位提出必要的索赔。

（4）机械使用费分析

影响此项费用变化的关键是台班数的变化，根据流动性施工的特点，分析时重点是查找引发轻载、放空等低效高耗的原因，研究解决办法，从提高利用率方面入手，降低空载损耗。

（5）管理费分析

管理费变化主要受建筑安装工程工作量变化引起的管理费收入变化的影响，分析的重点是计算出费率变化的影响，然后以实际管理费收入与实际管理费支出进行比较，分析管理费的节超原因，从而采取措施降低管理费支出，保证管理费成本沿着计划可靠运行。

4）安全施工情况分析

根据定期和季节性安全检查结果，以及通过看、听、问、查等手段掌握的情况，定期组织各专业召开安全施工情况分析会，针对现场实际情况，查隐患、查缺陷，加强人身安全与设备安全防范工作。分析施工过程中的不安全因素，检查施工方法或操作程序中存在的问题，对症下药，制定可靠的安全技术措施，消除隐患。根据施工计划安排，对待建项目的施工生产活动提出安全施工要求，落实各级安全施工责任制和安全管理责任制，提前做好安全技术交底工作，建立良好的安全生产秩序。

8.3.4 协调施工作业配合

施工企业在现场施工管理工作中要解决的施工作业配合问题，主要是协调各专业、各工序、各工种间的施工配合，并以调控时间、空间、地点及人员、机械的配备为手段，利用科学的管理方法，以及先进合理的施工组织，对重点工程项目和主要控制工序进行排列组合,解决相互干扰、相互衔接、相互配合的技术问题,为现场顺利展开施工扫清障碍。

1)工种与工序间的施工作业配合

(1)为前道工序服务的施工配合

受施工现场条件限制,调整流水作业中后道工序的工作量,改为为前道工序服务,以保证前道工序的施工质量及进度。如变电所对接电杆和设备支架杆顶钢板调整好后的点焊固定。

(2)为后道工序服务的施工配合

为了配合后道工序的顺利进行,减少机械台班和劳力的浪费,提高生产效率,将前道工序的某个关键操作步骤改在后道工序完成之后进行,如大型机加工设备安装就位后,再预埋设备基础上的地脚螺栓。

2)施工机械使用的作业配合

(1)为提高使用效率的作业配合

在同一作业地点采用同一机械设备可完成多项作业时,可采用时间、工序排列法,优化作业程序,最大限度的提高机械设备效率,如变电所和电力机务段的设备安装。

(2)为提高"天窗"利用率的作业配合

根据"天窗"计划和相关专业在同一区段内的施工安排,应为轨行车联机作业创造条件,减少同一区段内行车数量,充分利用"天窗"时间和轨行车负载的裕量提高时间和机械使用的效率。如接触网与电力专业在同一封闭区段作业,且行车方向相同,作业地点接近,操作互不干扰,则多采用联机作业,同时解决不同专业车辆重载与轻载的不平衡,充分发挥车辆潜力。

3)专业间的施工作业配合

(1)关键工序的配合

在总工期确定的前提下,重点考虑专业间工序步骤的相互衔接,即保证互不干扰,又要保证各专业间的任务得以完成。如接触网与电力线的合架项目,支柱装配、放线、紧线等工序都存在配合问题。

(2)关键项目的配合

含有"四电"项目的电气化工程,"四电"项目都要先于电气化提前开通,因此在施工周期、任务的安排上,要为"四电"提前开通创造条件,确保与"四电"有关的作业项目提前竣工。如"二合一"变电所的 10 kV 配电所及有关的共用部分,双线合架的接触网区段,通信、信号、电气集中的供电线路等。

总之,电气化工程施工的作业配合问题是制约工程进度的一个主要环节,协调施工是管理工作的一个重要步骤,要想更深一层搞好协调配合工作,除加强施工准备和协调管理外,应深入现场进行实际调查,取得第一手资料后再做出统筹安排。

8.4 施工调度管理

施工企业的调度工作,主要是按照施工组织设计、施工计划的要求,以及上级主管部门和企业领导的指示精神,对工程施工活动的全过程进行指挥和控制,促进施工中各专业、各环节、各主要工种之间的协调配合与动态平衡,解决施工中工作出现的问题与矛盾,确保施工生产任务圆满完成。

8.4.1 施工调度的日常工作

上报下达施工信息,掌握现场施工情况。指挥协调施工活动。根据施工计划、物资供应、工程进展情况,督促、检查、指导现场的施工活动。根据现场反映的情况,协调解决与有关专业或业务部门之间存在的问题,为现场消除施工障碍。根据下级调度部门的报告,请示领导在条件允许的范围内,适当进行人力、物力、资金的调配,确保施工进度。积累资料存储归档。

8.4.2 施工调度的工作制度

1)调度值班制度

各级施工调度均应实行昼夜值班制度。

值班调度每日应作好调度报表的填写、上报、分发工作,并在调度日志中记录当班期间有关的施工活动情况、发生的问题、已处理情况及需接班调度继续办理的事项,交接班调度签认并向上级调度部门汇报。

各级调度每日的调度汇报应按统一规定时间办理。

2)调度会议制度

定期召开各级调度交班会,由调度部门汇报各线及各专业工程的施工进度、工程质量、安全生产情况,以及施工中存在的问题及解决办法或将要采取的措施。

汇报上一次交班会所布置任务的完成情况,结合现场实际,提出下一步施工计划安排提案。

调度会议要做到事事有记录,件件有交代,要重点突出,讲求实效,以体现调度会议的权威性,使会议决议得以实现。

3)调度报告、调度通知、调度命令制度

调度报告是下级调度向上级调度反映并要求急需解决重大施工问题的报告形式。一般情况下,调度报告应由专业施工负责人或有关领导签认,通过调度部门编号发送。

调度通知是上级调度向下级调度发布举办有关重大施工活动或召集有关施工会议的通知形式。调度通知应由有关领导或调度负责人签发,由调度部门编号发出。

调度命令是上级向下级发布有关重大问题的决策、决定的命令形式。调度命令由企业主要领导签发,经调度部门编号发出。由于调度命令是企业施工指挥的最高指令,期限严格,受令单位必须无条件执行,故下级调度部门抄录核对无误后,应立即交受令单位领导签收,并在限令期间内迅速以调度报告的形式向发令调度部门汇报执行情况和执行结果。

4)调度报表制度

(1)调度日报是各级调度部门根据各专业、各生产单位日报的工程进度、工地情况、存在问题等情况汇总编制而成。调度日报的内容一般应包括:主要完成实物工作量、工程形象进度、日建安产值、现场当日发生的问题、需要上级及时解决的问题等。

(2)调度月报是每月末由下级向上级调度部门汇报本月工程进度、工日利用、计划完成情况的汇总报表。调度月报的内容一般应包括:本月完成主要工作量、工程进度情况、建安产值和利润指标、用工及工日利用率情况、施工计划完成情况或未完成计划的原因等。

8.5 施工生产组织

电气化工程属于结构庞大、工艺技术复杂、需要多工种连续性施工生产的建筑安装工程。为了使工程施工达到连续性和均衡性,实现高效、低耗、优质的目的,就必须根据工程的特点,按照科学、合理的施工程序,择优选取先进的施工生产组织形式和施工作业方法,加快施工进度,确保计划目标的实现。

8.5.1 流水作业法

在建筑工程及安装工程施工中,流水作业法是一种被普遍采用的组织施工的科学方法。其在分工协作和连续性施工的基础上,将同一作业区段划分为若干个施工段,使工艺程序具有工序交叉性又使各工种的施工具有均衡性,既满足了流水作业需要一定工作量的要求,又使多工种在一定的区段内实现同时施工的目的。

组织施工流水作业的要点包括:

1)首先把某一施工区段或施工过程分解为若干个施工段或工序,组织不同工种按照工序的先后顺序,在不同工作面上投入施工,形成若干条流水线。例如:把接触网工程某一区间或站场按分部、分项工程组成基坑开挖、支柱就位、支柱整止、支柱装配等若干条流水线,将这几条流水线适当地连接起来就形成了一个工作面(此时的工作面是虚的),待第一条流水线提供一个工作面后,既基坑开挖到一定数量后,第二条流水线即可插入平行作业,也即开始吊装支柱就位,如此循环,形成在不同作业面上同时施工。

2)要根据作业面的大小,合理地配备各条流水线的人力和施工机械,确保各工序作业的顺利进行。例如:接触网工程的基坑采用人力开挖,要配合机械立杆的速度,第一条流水线必须加大劳力投入,否则影响立杆进度;同理,若要放慢立杆速度,则影响整个

工序的开展,同时降低机械效率,造成浪费。

3)根据实践确定每个流水段的作业时间和两个流水段间的间隔时间,组织各工种按一定的工艺过程合理搭配,即可连续地由一个施工段进入下一个施工段,形成连续流水作业。例如:接触网施工进入支柱装配阶段后,可根据劳力、物资供应情况,在支柱装配流水线和承力索放线流水线之间加入支柱接地线安装工序,在时空上形成立体交叉施工。

8.5.2 专业化作业法

专业化作业法是流水作业法的一个分支,属于大流水,受外界限制的因素相对少一些,但作业内容专一,适用于技术密集型或劳力相对集中的施工项目。其特点是专业性强、人员稳定、流动性大,特别适于从事重点项目的施工,有利于专门人才的培养。

组织专业化作业的要点包括:

1)整体工程项目中必须含有数个或数十个相同的施工项目,且作业地点相对集中,与之配合的前道施工项目已完成或能按计划适时衔接。如变电所工程中主要电气设备的运输、安装、调整项目,需要相对集中的劳力、机械设备、技术水平和施工经验,而对某一变电所来讲,条件确实有限。采用专业化施工法,上述问题极易解决,而且工程质量有保证,并可取得较好的效益。

2)要善于总结经验,推广先进技术和操作方法,加快施工进度。如变电所设备支架组立后的杆顶高度差历来均采用补焊钢圈的办法来解决,既不美观又影响质量。推行专业化作业法,结合试验总结出了调整基础杯底标高的解决办法,经不断完善,已成为立杆作业中不可缺少的一道工序,不但提高了施工质量,还为修改施工规范提供了理论依据。

3)根据实践不断修改、完善现有的施工工艺和技术标准,增加企业的技术积累,提高专业化作业的技术水平。

专业化作业法是从事重复性施工的生产活动,现行的部分工艺方法或操作程序也不适应专业化作业的需要,因此要注重实践中新的施工方法的收集、整理、推广工作。例如:多年来一直被采用的主变压器滚动法运输,不但投入劳力多,而且劳动强度大,尤其在进行就位时,不安全因素一直困扰着施工人员。自从推广自锚滑行工艺后,重体力劳动减轻了,不安全因素消除了,同时新工艺也取代了旧工艺的位置。

8.5.3 循环作业法

在小区域施工范围内,由于受工程数量的限制,不得不减少劳力投入,以避免造成工时浪费。但对工程数量较小的施工项目而言,其施工内容或作业程序并不简单,而且往往由于投入劳力减少,施工人员还要成为多面手,以满足作业需要。

循环作业法的特点是不需要大量劳力投入,由于阶段性作业内容单一,容易保证施工质量的一致性,且出现问题易于及时发现解决,不会发生大量返工损失。

组织循环作业施工应注意以下问题:

1)人员组成应考虑工种的配备。

2)每道工序完成都要达到质量要求。

3)出现问题及时解决,不要留隐患。

施工实践证明,任何一种作业方法在不同时间、不同地点都不会一成不变,因此在组织施工时应根据客观条件选择作业方法,这样才能满足施工生产的需要,也才能取得好的效果。

8.6 施工技术管理

铁路电气化工程施工企业的技术管理工作,主要是针对工程施工中各类技术活动和技术工作,有计划地进行组织、指挥、协调和控制,也即对施工生产中各种复杂的技术因素进行合理安排,把科学有效的管理方法和行政手段相结合,使技术管理工作始终贯穿于工程施工的全过程,以保证施工生产的顺利完成。

由于施工企业的一切生产活动都是在一定的技术标准的控制之内完成的,因此要确保工程建设项目达到规定的标准要求,施工企业就必须作好施工技术的组织和管理工作。

8.6.1 施工技术管理的基本制度

1)施工图纸的学习和会审

施工图纸是施工的依据。建立施工图纸的学习和会审制度的目的,是为了使工程技术人员了解并熟悉图纸的内容、特点和要求,审查图纸存在的问题及是否符合现有施工能力的水平和现场的实际条件,解决设计与实际、土建与安装、供电与配电等各专业、各工序、各工种之间的矛盾,以便于顺利展开施工。

施工图纸的学习和会审工作一般包括学习、初审、会审和综合会审阶段。

2)施工技术交底

施工技术交底是施工前施工人员了解、掌握工程设计和施工质量技术要求,以便采用先进的施工手段,按合理的施工工序和工艺,科学地组织施工的重要制度。施工技术交底通常由设计单位向施工企业交底和施工企业内部分专业向施工人员交底两部分组成,其特点是前者注重于向施工的管理者和工程技术人员进行交底,而后者则倾向于按专业和单位、分部、分项工程划分向施工技术人员和施工人员进行交底。

施工技术交底的内容根据不同层次的需求而有所不同,主要包括施工图纸、施工组织设计、技术组织措施、施工工艺和施工工法、标准规范、操作规程、质量标准等。根据施工技术管理的要求,各单位工程的主要分部工程和重点分项工程在技术交底后,应填

写施工技术交底记录,作为工程技术档案。

关于施工技术交底的方式、交底的范围,以及交底的目的和要解决的问题等,由于交底的对象不同应区别对待。

3)材料检验制度

施工企业建立并健全材料检验制度是确保工程施工质量的一个重要步骤,也是保证施工顺利进行的有效手段。在铁路电气化工程中,材料所指的范围较为广泛,品种也较多,不但包括设备、器材、原材料,而且还包括各类成品、半成品的金属或混凝土构件等,因而技术管理部门必须要把好材料检验关,规范检验手段和检验程序,严格检验制度,发现问题及时处理解决,杜绝不合格产品应用于工程中的现象发生。

材料检验工作一般应由技术、安质、物资等部门的有关业务人员和施工技术人员共同进行,主要完成设备安装前的开箱检验和材料使用前的材质检验,以及由施工技术人员在设备和材料安装使用过程中进行的检验。

4)工程质量检验制度

工程质量检验制度是为确保提高工程质量而制订的一系列对施工质量进行检查和验收的工作制度,其特点是采取包括班组自检和互检、工序或工种间的交接检查,以及各质检机构组织的定期检查或抽查的形式,分阶段对各分项、分部或单位工程按施工验收规范和质量评定标准的规定进行检验,以便及时发现施工中存在的问题并予以纠正。

工程质量检验制度的确立,是促进企业技术进步的有效措施之一。一般在工程质量检验过程中所发现的问题,不但是施工技术方面的薄弱环节,同时也是施工管理方面的薄弱环节。以往的经验证明,经质检发现后纠正的问题,大多受到施工人员和技术管理人员的重视,并能从中吸取教训、总结经验、制定措施,从而杜绝了再次发生的可能性,提高了施工水平。

5)工程技术档案制度

建立工程技术档案制度,关键是为了系统地积累施工技术资料,以保证各项工程投入运行后,为今后的维护、改造、扩建提供依据。同时,技术资料也是施工企业进行技术工作、科研开发、生产组织的重要依据,它不但是企业生产经营活动的技术标准,而且能系统地反映出一个企业长期生产实践所取得的技术工作成果。

为了完整地保存和科学地管理施工技术档案,充分发挥其在生产建设中的作用,凡是被列入技术档案的文件和资料,都必须如实反映情况,不得擅自修改、伪造或事后补作。

工程技术档案的内容一般应包括:

(1)施工全过程中的主要技术资料档案

①建筑安装工程投标或议标的标书、协议及与建设单位签订的工程建设承发包合同。

②施工设计图纸、设计说明书、图纸会审记录及会议纪要、设计变更通知单等。

③工程施工开工及竣工时向建设单位及上级主管部门发送的开、竣工报告。

④设备、器材、材料等运到现场后的开箱检查记录,以及产品的出厂合格证、试验报告、安装使用说明书、图纸等技术文件。

⑤施工日志、施工安装技术记录、隐蔽工程验收记录及施工安装中所进行的各类产品或材料的试验记录。

⑥施工中采用新技术、新材料、新工艺等项目的有关记录、报告及鉴定文件。

⑦工程质量事故、安全事故的调查报告和处理记录。

(2)企业技术积累资料档案

①大、中型工程项目的施工组织设计及与其配套实施的各种管理办法或细则。

②施工图预算、补充单价分析及工程索赔等的资料。

③采用新技术、新材料的试验研究资料及采用新工艺的专题经验总结和签订文件。

④重点科技、技术革新项目的试验记录和采用或改进报告。

⑤质量事故、安全事故的情况报告、原因分析和补救措施建议的记录。

⑥工长日志及各种车辆和机械设备的运行记录。

⑦专题技术总结和施工技术总结。

(3)工程临时设施资料档案

①租用地方土地、房屋等设施的协议及与其相关的拆迁、青苗赔偿协议。

②施工生产用电、用水协议及租用邮电通信或铁路电话的协议。

③临时设施的总平面布置图。

④临时设施的分年度预算等。

8.6.2 施工技术管理的基本内容

为使施工生产活动达到规定的技术标准要求,施工企业开展的技术管理工作一般分为三个阶段来进行,管理内容在每一阶段都有一定的侧重面,以实现对施工生产的有效控制。

1)施工准备阶段

参加由施工企业总工程师或工程技术负责人组织的施工图纸审查,顺便考虑以下问题:

施工设计采用的新设备、新技术项目,企业的技术水平能否胜任,标准规范是否与其配套,存在哪些问题及解决办法等。

施工设计采用的新材料、新工艺的推广使用是否现实,企业现有的技术装备和人员素质能否达到设计要求,施工质量是否有保障等。

接触网、变电所金属构件的加工要求是否现实,企业的加工能力存在哪些问题,外委加工的经济性如何等。

施工现场是否能满足大型电气设备的运输、起吊要求,能否保证安全,有几种施工

方案可供选比、采用等。

与路内外有关部门和单位协议达成的迁改工程,其方案及措施是否可行,迁改工期能否满足与电气化工程的施工配合等。

根据会审后的施工图纸,统计实物工作量,编制各类物资申请计划,确定采用及执行的标准规范、操作细则、施工工艺等。

结合工程特点,研究施工技术,确定科研项目,制定工程项目技术管理实施细则。

由于电气化工程和"四电"工程在各条线或地区的不同,以及采用设备和器材的不同,再加上工程投资资金来源的不同,其设计规模、结构、形式存在相当大的差异,因此从技术管理方面必须结合工程特点,作好以下几项工作:

根据线路长度、地理位置和施工队伍的素质及状态,划分作业区段,力争最佳组合。

根据新设备、新技术采用情况做好精兵强将上前线的准备。

根据工程技术条件和施工人员的技术素质,制订施工技术学习和培训计划,确定培训项目及考核标准。

根据现有可供选用的工艺标准,确定各专业分部、分项工程强制实行的工艺项目;制订现有工艺标准的修订及新工艺的编制计划,做到责任到人,限期完成。

根据路内外有关部门和单位提供的技术资料,研究制订穿越地下管线及跨越高、低压架空线路和通信线路等的施工方案及作业防护方法。

编制各单位工程施工程序网络计划和系统工程施工进度计划,在确保按期完工的前提下,重点解决好接触网与电力自闭贯通线的合架、通信和信号电缆与电力电缆同沟、接触网供电线与变电所馈线连接及电力系统线路与变电所进线构架挂线等的工期配合问题。

结合工程关键部位的技术难点,制订新技术开发计划。

综合施工准备阶段的全部工作,结合各专业的施工对象、工序流程、操作方法和工期要求及施工组织设计等,制订工程项目技术管理实施细则,从技术上采取各种有效措施,以达到提高工程质量、降低工程成本、加快施工进度、改善劳动条件、保证施工安全,实现各种技术方案的有效实施和全面完成施工生产任务的目的。

由企业总工程师主持,向主要工程技术人员进行工程安排交底。

2)施工阶段

深入施工现场,按设计文件、标准规范、施工工艺和操作规程等对工程施工项目进行检查、监督,确保施工质量达到验收标准。

以施工图纸为依据,检查各类建筑、安装工程的安装位置、结构尺寸、带电安全距离、距线路中心最小限界等是否符合设计要求。

监督、检查国家、行业和企业标准的贯彻执行情况。其中各类国产成套设备、电气设备的安装、调试及试验应符合国家或行业标准的有关规定;进口设备应符合标书及合同规定的标准;各类国产非标或试制设备应符合产品的技术规定。

检查各有关分部或分项工程是否按规定采用的施工工艺或操作规程组织施工,调查采用效果及存在问题,验证工艺标准的可靠性和准确性,解决存在的不足,并组织修订。

定期检查各类施工原始记录是否正确、完整、翔实,配合监理工程师共同作好工程质量检查工作。

落实新技术开发及科技攻关、技术革新计划,解决推行试点工作中的技术难题,促进企业施工技术水平的提高。

3)施工收尾阶段

分专业组织工程质量大检查,收集各单位工程竣工资料和技术文件,解决各专业工程之间的技术配合问题。

编制竣工文件及各专业工程开通方案,配合工程验收委员会办理竣工验收交接,确保建设项目按期交付运营。

复习思考题

1. 铁道电气化工程施工管理内容是什么?
2. 铁道电气化工程施工准备的内容是什么?
3. 铁道电气化工程施工过程管理的内容是什么?
4. 铁道电气化工程施工生产组织的内容是什么?

9 铁道电气化工程人力资源管理

人力资源一词从 20 世纪 70 年代才开始广泛使用,其中"资源"二字反映了把人力当作财富的价值观。人力资源管理是随着企业管理理论的发展而逐步形成的,它形成于 20 世纪初科学管理在美国兴起时期,迄今已有几十年历史,它是企业职工福利工作的传统做法与泰勒科学管理方法相结合的产物。本章主要介绍工程人力资源管理的内容,着重介绍其中的三项,即工程组织规划、工程团队的组建和工程团队建设。

9.1 工程人力资源管理概述

9.1.1 人力资源管理

1)人力资源管理的内容

人力资源管理包括对组织人力资源的内在和外在因素的管理。外在因素主要指数量方面。对外在因素进行管理,就是根据人力和物力及其变化,进行适当的调配,满足组织对人力资源的实际需要,做到不多也不少。内在因素指心理和行为等质的方面。就员工个人而言,主观能动性是积极性和创造性的基础,而人的思想、心理活动和行为都是主观能动性的表现。就组织内的团体以及组织整体而言,员工个人的主观能动性,并不一定都能形成组织所希望的力量。"一个和尚挑水吃,两个和尚抬水吃,三个和尚没水吃"反映的就是这种情况。只有组织成员都认同组织目标,思想认识一致,感情融洽,行动协调,努力方向相同,才能形成符合组织目标的合力。

目前,国内外管理界关于人力资源管理的文献已经堆积如山,主要涉及如下一些问题:

①领导艺术、沟通、解决问题办事能力、组织的影响;

②对人的信任、委托、激励、教导、监督;

③班子建设、对话、冲突及其解决同团体有关的问题;

④业绩评估、人员招收、聘任、劳资关系、健康和安全法规以及其他与人力资源管理有关的问题。人力资源管理几乎涉及了上述所有方面必须了解其中有关的基本理论和方法。

2)人力资源管理的模式

人力资源管理模式是在人力资源管理活动不断发展和调整中工程管理人员适应不同的组织战略与组织结构形态中形成的。对人力资源管理以及员工和组织绩效有主要影响的因素可组成一个模型,该模型就称为人力资源管理模式,一般包括图 9-1 所示的 4 个部分。

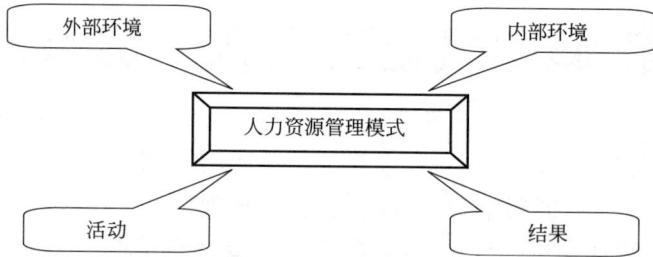

图 9-1　人力资源管理模式

(1)人力资源管理的外部环境

影响人力资源管理活动进展和效果的外部因素主要有:政治、经济、劳动力市场、科学技术及社会文化。

(2)人力资源管理的内部环境

人力资源管理内部环境包含两个层次:一是组织整体战略与组织结构,二是具体的人力资源管理活动的主体和因素。人力资源管理面对的组织内部因素主要有 6 个方面:工作性质、工作团体、领导者与监督者、员工、人事政策和组织文化。总之,在组织战略指导下,以组织结构为基础的组织内部环境是进行人力资源管理活动的基础。工作性质、工作团体、领导者、员工、人事政策、组织文化等各个因素构成的组织综合环境,在人力资源的需求决策和人力资源管理工作中起着关键作用。

(3)人力资源管理活动

人力资源管理活动包括一系列的过程和方面:人力资源规划、工作分析、个体差异分析、招聘与选拔、培训与开发、绩效评价、保持与激励、工资与福利、沟通与交往等。

(4)人力资源管理的结果

人力资源管理的结果可以从两个方面来衡量:一是员工绩效,二是组织绩效。员工绩效方面侧重工作满足感,组织绩效涉及组织生产率和效益的变化。人力资源管理活动的最终目的是提高员工和组织的工作绩效和效益,在实现组织目标的基础上,努力实现员工的个人目标,使组织与员工实现共同发展。

9.1.2　工程人力资源管理

1)工程人力资源与工程人力资源管理

对工程项目而言,人力资源就是所有同工程有关的人的能力。工程人力资源包括发起方、业主、建成投产后的经营管理者、工程产品的用户或服务的接受者、资金投入者、咨询设计公司、承建商、供应商、工程所在地及其周围地区受工程影响的民众、工程管理班子

成员等的能力。工程管理班子成员属于内部人力资源,而其他则为外部人力资源。

工程人力资源管理同工程范围、时间、费用、质量、采购、沟通等方面的管理一样,同为项目经理和工程管理班子必不可少的管理职能。工程人力资源管理并非人事管理,它属于项目经理的职责。当然,项目经理在进行本工程人力资源管理时,必须同人事部门紧密配合。工程人力资源与一般组织的人力资源不同之处在于工程周期各阶段任务变化大,人员变化也大。简单说来,工程人力资源管理就是根据工程的目标、工程活动进展情况和外部环境的变化,采用科学的方法,对工程班子成员的思想、心理和行为进行有效的管理,充分发挥他们的主观能动性,最大限度地挖掘其潜能,实现工程的目标。

工程人力资源管理也包括对工程班子成员内在和外在因素的管理。首先,要根据工程活动的变化调配班子成员,满足工程对人力资源的实际需要,做到不多也不少。要做到这种程度,就要同工程管理的其他方面,例如工程时间管理紧密配合起来。工程人力资源内在因素的管理要做到工程班子成员和其他有关方面人尽其才、事得其人、人事相宜,使工程的人力资源得到最好的使用。同时,让他们在工作中感到身心愉快,对工作过程和结果感到满意。在实现工程目标的同时也能实现个人的目的和目标。更重要的是,要让所有成员在工程管理过程中受到锻炼,在各方面迅速成长起来。

2)工程人力资源管理活动

工程人力资源管理的活动非常繁杂,包括:人力资源规划、工作分析、个体差异分析、招聘与选拔、培训与开发、绩效考核、激励与报酬、沟通与交往等。其中有三个相互联系的主要方面,即组织规划、组建工程班子和进行班子建设。

(1)组织规划

就是确定工程管理需要哪些角色、各角色应承担的责任,以及诸角色之间的从属关系。确定之后,将责任分配给各角色,同时还要写出书面文件,记载确定下来的各种事项。

(2)招收人员,组建工程团队

从各种来源物色工程班子成员,同有关负责人谈判,将合乎要求的编入工程班子,把组织规划阶段确定的角色连同责任和权力分派给各个成员,明确各成员之间的配合、汇报和从属关系。

(3)工程团队建设

工程班子建立起来,一般不能马上形成工程管理能力,需要培养、改进和提高班子成员以及班子整体的工作和能力,使工程班子成为一个特别能战斗的集体。在工程管理过程中要不断提高管理能力,改善管理业绩。

9.2　工程组织规划

工程组织规划是指根据工程的目标和任务,确定相应的组织结构,以及如何划分和确定组织结构中的各个部门,这些部门又如何有机地相互联系和相互协调,共同为实现工程目标而各司其职又相互协作。

组织规划包括识别、记录并分派工程职务、责任和上下级报告关系,即应该明确谁去做什么,谁要对何种结果负责;并且在各部门及个人之间有非常明确的任务分工和管理职能分工,以消除由于分工含糊不清造成执行中的障碍。简言之,组织规划就是把工程组织的目标任务分解为角色和责任,再将其分派给个人或团队,他们可以属于工程实施组织内部——常属于某个具体的职能部门,也可属于外部的个人或组织。

在大多数情况下,组织规划主要作为工程最初阶段的一部分,但项目经理仍应在工程全过程中经常性地对组织规划进行审查,看看其中有哪些部分不再适应工程管理的当前状况,若有不适应之处,应立即予以修改,以保证它的持续适用性。另外,组织规划总是和工程的沟通规划有着紧密的联系,工程的组织结构在很大程度上影响着工程沟通的形式和效果。

9.2.1　工程组织规划的编制原则

组织规划的关键问题是怎样的组织结构才能够最有效地保证其既定目标的实现,怎样的分工与协作能够保证组织的高效率运转,如何增强团队成员的"认同感",并为实现工程组织目标而发挥其潜能。要解决这些问题,在编制工程组织规划时就需要遵循如下的原则:

1)目标性原则

工程组织规划的编制是为实现工程管理的总目标而进行的,因此工程组织结构设置应按如下规划编制的程序进行:首先明确工程总体目标,据此进行工作划分,然后依工作划分确定各工作岗位和职责,再以岗位和职责确定人员及其权责以及制定相应的制度。

2)经济性原则

工程组织的人员配备应以能完成工程的工作任务为原则,尽量简化组织结构以提高工程管理效率。

3)层次性原则

当工程组织规模达到一定限度时就必然带来管理上的困难,因此需要分层次管理。按照工程角色任务、职责和权限的不同,我们可将工程组织人员从最上层领导到最下层成员划分为若干层次,每一成员都应知道自己在工程组织中所处的位置,明确自己的职责和权限以及上、下级关系;另外还要知道工作程序和沟通渠道,如从何处取得情报和信息,从何处取得需要的决策和指示等。组织规划一定要遵守层次性原则,它是工程工作能够运转的基础。

4)管理幅度原则

管理幅度指一个项目经理直接管理的下属人员人数,即管理跨度。管理跨度和管

理层次是密切相关的。一般地,由于过分增加管理层次会降低信息传递的效率,因此可以适当地扩展管理跨度,以使机构"扁平化"。当然,在具体的工程中,由于工程的大小以及项目经理和团队成员的能力、素质不尽相同,合适的管理跨度和层次也会是不同的。

5)责权利一致原则

有了工作划分,就可以明确岗位和职责,而承担职责,就应当授予必要的权力,并应获得相应的利益,这就是责、权、利一致原则。组织规划的编制应遵循这一原则,力求做到所设定的岗位职责明确,授予的权力恰当,所获利益合理。

6)业务系统化原则

由于工程是一个由各个子系统组成的大系统,而各子系统之间,子系统内部各单位之间,不同专业、工序之间往往存在着大量的结合部,这就要求在编制工程组织规划时要以业务工作系统化原则为指导,充分考虑层间关系、层次与幅度关系、部门划分、授权范围、人员配备及信息沟通等多方面的关系,防止在职能分工、权限划分和信息沟通上相互矛盾或重叠。

7)时限性原则

工程的阶段性和一次性必然带来工程管理时间和地点的变化,带来资源配置种类和数量变化。这就要求组织规划随之调整,以适应工程活动内容的变化。

8)工程组织与母体组织一体化原则

工程组织是母体组织的组成部分,工程组织成员大多来自母体组织,工程组织解体后,其人员仍将回到母体组织中。因此,在编制工程组织规划时应遵循工程组织与母体组织一体化的原则。

9.2.2 工程组织规划的编制依据

组织规划的编制要从工程的具体情况出发,综合考虑多方面的因素,这些因素即构成编制组织规划的依据。

1)工程同环境的联系

工程总是处于一定的环境之中,因此,必然要同环境发生各种联系。从工程管理的角度,可以将这些联系分为三大类:

①组织联系。各工程利益相关者的组织联系,包括各工程参与单位之间的组织联系、工程组织与母体组织结构的组织联系、工程管理与工程实施单位之间的组织联系。工程管理人员可以在工程规划阶段,对这种组织联系进行模式设计,以保障工程实施中组织协调工作顺利和有效。

②技术联系。指不同专业技术之间的通报关系。技术联系可能发生在工程阶段之内,也可能发生在工程各阶段之间。

③个人之间的联系。在工程中工作的不同个人之间正式的职责关系和非正式的私

人关系。私人关系很重要,对工程管理的成功与否影响很大,组织规划时应予以重视。在工程管理中,这三类联系往往是同时存在的。

2)人员需求

人员需求界定了在什么样的时间范围内,对什么样的个人和团体,要求具备什么样的技能和数量,人员需求是在资源规划过程中决定的整体资源需求中的一部分。

3)制约因素

组织规划的编制工作将受到各种制约因素的限制,其中比较常见的有:

①母体组织的组织结构。母体组织的组织结构常常决定工程组织所能够具有的权限的大小。若母体组织的层次多,各部门之间相互牵制,则办事时遇到的困难较多;反之,工程组织获得较大权限的可能性就会大得多,能够发挥的作用也就比较大。

②集体协商条款。与其他雇员组织达成的合同条款可能会要求特定的任务或报告关系。

③工程团队成员的工作习惯。工程团队成员来自不同部门,有不同的经历和工作习惯,这有可能限制组织规划方案的选择。比如工程管理小组如果在过去运用某些特定的组织结构取得过成功,他们就可能在将来提倡使用类似的结构。

④预期的人员分配。工程的组织规划常会受到专业人员的技术和能力的影响。

9.2.3 组织规划的工具和方法

进行工程组织规划除了有理论指导之外,还有一些工具和方法可以利用。

1)样板法

虽然每个工程都是彼此互不相同的,但大多数工程会在某种程度上与其他工程类似。因此,工程的组织规划就可以借鉴以前的类似成功工程的组织规划成果,这样做能有助于加快组织规划程序的运行,不必从头做起。

2)人力资源管理经验

许多组织有各种政策指导和程序,在组织规划的各方面为工程组织提供帮助。如果不知道如何确定项目经理、工程师的职责,就可参考本组织过去编写的资料,逐渐明确工程人员各自的任务和职责。

3)组织理论

组织理论是组织规划的理论基础。有大量的书面规定阐述了组织能够而且应当如何构建。虽然这些书面规定中仅有一小部分是以工程组织为专门目标的,但工程组织仍应从总体上熟悉组织理论的主旨,以便更好地满足工程的需要。

4)工程干系人需求分析

各个工程干系人的需求应得到仔细的分析,以保证在组织规划中满足他们的要求。

9.2.4 组织规划的工作成果

工程组织规划需要交付形成文字的成果作为实施工程人力资源管理的根据。组织规划的成果主要有：

1)组织结构图

工程组织结构是工程的各组成部分及其相互之间关系的框架。工程组织结构的构建可按如下的程序进行：

①根据工程建议书或者合同书草稿最终确定工程组织结构构建目标。

②分析工程的组成以及各组成部分的联系。通过工程分解结构把工程分解成可以管理和控制的较小的工作单元，同时确定工作内容和工作流程。该分解过程实质上也是工程目标和资源的分解过程。

③指派工作。将工作分解为可管理的要素之后，我们可更进一步地将工程划分成一些具体的任务，由不同的组织单元来完成，并将工作与组织结构相联系，形成责任分配矩阵。对于小型的工程来说，最好还是将工程分解结构中的每一项工作指派给个人，而对于大型的工程来说，将具体的工作指派给部门或团队将更有效。

2)角色和职责分配结果

工程的角色和职责必须分配到合适的人员，一般都是分配给实际担当工程工作的内部人员，即工程团队成员。工程的角色和职责要与工程范围的确定紧密结合起来，其分配结果通常可以由责任分配矩阵 RAM 来表示，这种 RAM 将显示出工程干系人是否对工程负责或者只是工程的参与者，或者是工程输入的提供者，或是工程阶段任务的批准者或审查者。这个简单的工具方便项目经理掌握重要工程干系人在工程中的作用并了解他们的期望。角色和职责可能会随时间而改变。项目经理的任务和职责在多数工程中通常是一致的，但在不同的应用领域会有明显改变。

3)人员配置管理计划

人员配置管理计划描述了工程组织在何时以何种方式增加和减少人员，即需要具体地描述出在工程各阶段所需人员的类型和数量。人员配置管理计划是整体工程计划中的辅助因素，可以是正式的，也可以是非正式的，其详细的程度取决于工程的类型。人员配置管理计划通常包括资源直方图（随着时间分配给工程的资源数量的柱状图）。在做人员配置管理计划时应特别注意。当工程组成员（个人或团队）的本职工作已经完成，不再为本工程所需要时，应将他们调离该工程组并安排到别处去发挥作用。工程组成员若调配得恰当及时，可大大降低管理成本。

4)文字说明

组织规划涉及的问题和有关的事项，若无法在组织结构图、责任分配矩阵、人员配备计划中表示，则应以文字说明。组织规划的文字说明随应用领域和工程规模的不同而不同。通常作为文字说明而提供的内容主要包括：组织规划实施时将对工程母体组织产生何种影响；工程组成员在担任某职责时所需的知识、技能、经验、责任、权限、物质环境以及其他与该职务有关的素质；在工程组成员不具备必要的知识和技能时应怎样进行培训等。

9.3 工程团队组建

组织规划编制工作完成后，工程所需的人员就确定下来了，工程人力资源管理的下一步就是获取所需的人员并建立工程团队。

9.3.1 工程团队组建步骤

工程团队的组建步骤如图 9-2 所示。

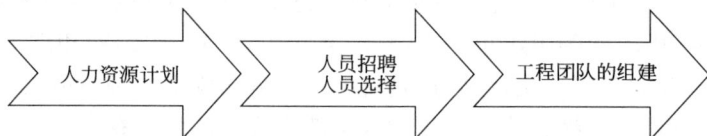

图 9-2 工程团队的组建步骤

1）人力资源计划

人员的招聘通常由人力资源部经理负责，项目经理应当与人力资源部经理合作来解决获取合适人员的问题。能做好人员获取的工程组织一般都有完善的人力资源计划，人力资源计划是指使工程的人力资源供给与工程对人力资源的需求保持一致的过程，由人力资源需求预测与人力资源供给预测两部分内容组成。人力资源需求预测包括预测所需人员的类型和数量，将来需要什么样的人员，这些人员需要具备哪些技术和经验，什么时候在什么部门需要这些人员。人力资源供给预测包括内部资源供给预测和外部资源供给预测，主要是解决通过何种途径从哪里获得所需人员。

人力资源计划是人力资源管理的第一步，其目的是确保工程在合适的时间把合适的人员安置在合适的职位上。人力资源计划中很重要的一步就是列出一个完整和准确的员工技能清单，如果出现员工的技术和组织的需求不相符合，那么项目经理就要和高级管理层、人力资源部经理以及组织中其他的人员就如何解决人员分配和培训问题进行商讨。

2）人员招聘与选择

工程团队人员的获取可采用招聘和选择的方法。招聘的目的在于迅速地、合法地和有效地找到一群合适的工程成员候选人；选择则是利用各种挑选技术和方法在候选人当中做出评估并挑选出合适的人员。招聘和选择人员遵循的一个基本原则是有利于实现组织目标。招聘和选择人员的具体方法有：专业考评、面谈、心理测试、能力测试和

成就测试等。

人员招聘可以从工程母体组织内部或外部招聘,首先考虑内部。对于工程团队成员的人选需考虑以下几点:以前的经验,即他们以前从事过类似的或相关的工作吗?他们对待工作的态度和成绩如何;个人对本工程的工作有无兴趣和热情;个人的性格和爱好如何,能不能与他人很好共事;能不能从现在的岗位调到本工程上来等等。一个很有影响力并富有谈判技巧的项目经理往往能很顺利地让内部员工参与到他的工程中来。当然,必须确保分配到工程工作的员工是最适合组织需要,同时也是最能发挥其技术特长的。如果内部无法满足需要,则可以考虑外部来源,从外部来源招收团队成员可有多种方式:兼职、借调、咨询、承包等。

人员选择即依据申请人的个人特征信息对他们的未来工作绩效做出评估,录用符合职位要求的人选,淘汰不符合职位要求的人选。掌握准确的信息是使选择工作有成效的关键。选择决策有如下几种结果:如果根据申请人个人特征信息预测某个申请人不错,录用后证实其绩效不错则属于正确的决策,但是,如果录用后证实绩效并不理想,则发生接受错误,这将会明显增加工程成本,包括员工的培训费用、因绩效差所产生的成本、辞退费用以及再招聘费用等;如果预测某个申请人绩效不理想而不予录用,一般来说也是一种正确的决策,但有可能会发生因预测有误而导致的拒用错误,即可能拒绝了日后表现良好的人员,这同样会增加工程的成本,因为必须再挑选更多的申请人。因此,人员选择必须慎重,使接受错误和拒用错误的发生减至最低,增加正确决策的可能性。

3)工程团队组建

得到所需的工程人力资源后,就可将其分配到工程中工作。在多数工程中,人员分配必须与负有相应职责的部门经理或执行组织中的其他工程管理小组协商进行,目的是保证在必要的时间限度内为工程分配到具有适当技能的工作人员。只有当工程组织规划所要求的工程组成员全部到任并投入工作之后,工程团队才算组建完毕。这时要编制一份准确、详细的工程成员名单,在其上罗列所有的工程组成员和其他关键工程相关人员的办公地点、电话等,以便在需要时能马上找到他们。

9.3.2 项目经理的选聘与权责

任何一个建设主体都应有科学的领导体制和精干的领导班子。国内外实践证明,项目经理负责制是符合现代工程管理的工程领导体制;项目经理对工程管理成败的关系重大,其素质的高低具有决定性的影响。

1)项目经理的选聘与素质要求

项目经理大多数是从公司内部选择,有一些是从公司外部招聘。从公司内部选择的优点是:

①熟悉公司组织、制度、流程和合同关键人物,有助于更好地完成任务。

②人事纪录比较完整,可用最大程度地授予工程管理责任和权力。

③具有良好纪录的项目经理及其班子易受顾客欢迎。从公司外部招聘项目经理也有许多优点,由于从外部招聘来的新经理与公司各部门的非正式联系较少,因此更能公平对待工程。

我国施工项目经理的选择一般有以下三种方式:

①竞争招聘制。招聘范围可以面向公司内外,其程序是:个人自荐,组织审查,答辩讲演,择优选聘。这种方式既可择优,又可增强竞争意识和责任心。

②领导委任制。委任的范围一般会限于公司内部,经公司领导提名,人事部门考察,党政决定。这种方式要求公司组织和人事部门严格考核,知人善用。

③基层推荐,内部协调制。这种方式一般是由公司各基层推荐若干人选,然后有人事部门集中意见,经严格考核后,提出拟聘人选,公司管理层决定录用与否。

一个好的项目经理应该具有这样的形象:能够并且宜于适应各种环境,具有进取心、创造力、号召力,有敏锐的眼光,博学多智,沉着果断,是卓越的组织者,是令人信服的管理者、激励者,而且还是一个善于集思广益的好听众,具体参阅图 9-3。

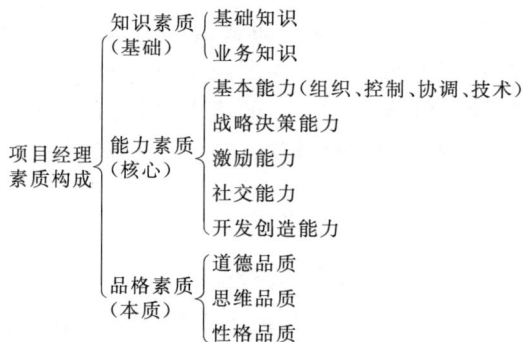

图 9-3　项目经理的素质构成

2)项目经理的任务和职责

不同建设主体的项目经理,因其代表的利益不同,承担的工作范围不同,其任务和职责不可能完全相同,但它们都有统一的目标体系,应当有同向的行为取向。因此无论哪一个建设主体的项目经理其基本任务和职责是有共性的。

(1)确保工程目标的实现——基本任务和职责

业主自管式的项目经理班子作为业主的自派人员,其责任关系比较明确。实行监理制的工程,作为业主代表的监理项目经理一般不具体组织设计和施工工作。监理者与设计单位、施工单位、材料及设备供应商没有直接的经济合同关系。因此监理者只能对工程的投资、进度和质量加以控制,而不能包死投资、进度。一旦投资突破,工期延长,质量不符合要求,则应分析原因是具体情况处理。

设计单位和施工单位的项目经理的职责范围是局部或阶段性质的。要确保工程目标的实现,业主方项目经理和承包方项目经理要建立良好的合作关系,相互沟通,尤其

是加强与业主的沟通,确认业主的实际目标,注意业主需求信息的变化,及时将进展情况及存在问题通报业主,从反馈中体会业主要求,并依次进行必要的调整。

（2）指定工程阶段性目标和工程总体控制计划

工程总目标一经确定,项目经理就要进行目标分解,逐级分解出各子目标及阶段性目标,并且在此基础上划分工作范围、工作内容和工作量,定出工程关键控制点。项目经理应亲自主持并制定工程总体控制计划,该计划应与工程目标和工程合同相协调。

（3）组织工程管理班子——组织保证

组织工程管理班子包括工程组织设置、选配管理班子成员和建立沟通关系等。工程组织设置即确定工程组织机构合适的管理跨度和管理层次、明确划分执行任务的各个基本单元。管理班子成员选配时,要注意考察其知识结构、地区经验、工作业绩、组织能力,以及合作意识、适应能力、身体状况等。

（4）正确的决策

工程建设是一次性任务,费用巨大,工作环节环环相扣,一旦决策失误,损失是巨大的,难以挽回。项目经理是工程实施中的主要决策者,及时而正确的决策是顺利实现工程目标的重要前提。

（5）严格履行合同

工程实施中,各方都要信守合同,履行合同义务。项目经理必须严格按照合同,对工程行使监督、控制职能,确保合同顺利执行,对合同的实施承担责任。同时要做好全过程的合同跟踪,及时处理合同变更、合同条款的修正和工程索赔等事宜。

（6）实施工程控制

项目经理要始终掌握工程的进展情况,把主要精力集中在确保工程目标实现的工程控制上,制定各项控制基准并保证各种工作符合基准要求。工程控制的着眼点在于资源控制,核心是质量、进度、费用三大控制,落脚点是现场控制。

（7）验收管理

工程竣工时,及时向建设单位提交竣工报告,做好验收准备工作,督促建设单位及时进行竣工验收。

（8）进行工程评价

对工程的执行情况,包括已做的和现在正在进行的工作进行评价,以便改进将来的工作。

3）项目经理的工作权限

项目经理应具有的职能权限包括：

①足够的决策权。除了少数重大决策外,大部分问题项目经理可自行决策,项目经理拥有足够的决策权,对工程关系人的要求做出直接的、负责的答复,包括必要的承诺。

②足够的财务权。拥有财务权使项目经理的个人利益与工程盈亏联系在一起,以使其能较周全地、负责地照顾自己行动的后果。

③用人权。用人权包括工程管理人员的招聘、岗位的指派、工作指挥和调动、业绩考核和奖惩,以及人员解雇等权限。

④工程班子经营运作权。在工程执行中,项目经理无需时时、事事向他的上司请示、汇报,但前提是要有必要的约束。

9.3.3 项目经理责任制与建造师执业资格制度

1)项目经济承包制——项目经理负责制——项目经理责任制

20世纪80年代,在我国企业普遍推行承包制的背景下,项目经理部实行的是项目经济承包制。这种模式实质上是生产经营单位厂长(经理)负责制的一种延伸,它强调项目的经营自主权,项目经理是作为项目施工的承包人出现的。其基本特征是包死基数、确保上交、超收多留、欠收自补。这种模式曾在转型期发挥过作用,但具有包赢不包亏等弊端。20世纪90年代初期,国有企业改革强调转换企业经营机制,项目经理负责制开始取代项目经济承包制,但这种模式仍然偏重于单纯的扩权让利,从而出现放权过度、内部人员失控现象。为了突出项目经理的责任,项目经理责任制又取代了项目经理负责制。在这种模式下,项目经理按责任制考核,引入了优胜劣汰的竞争机制、功过分明的激励约束机制。

《建设工程项目管理规范》和建设部关于《建设单位项目管理试行办法》(建设[2004]200号)中明确规定企业推行工程项目管理必须实行项目经理责任制。项目经理责任制是指以项目经理为责任主体的建筑工程项目管理目标责任制度,是项目管理目标实现的具体保障和基本制度,用以确定项目经理部与企业、职工三者之间的责、权、利关系。

实行项目经理负责制有利于明确职责,形成合理的责、权、利体系;有利于从行政指令式的管理方式向经济合同制的管理方式转变;有利于优化组织结构,采用弹性矩阵式的组织形式;有利于强化工程意识,树立工程的权威性,统一思想,提高效率,保证工程目标的实现。实行项目经理负责制必然造就一个专家化、专业化的项目经理职业阶层。

2)建造师执业资格制度

2002年12月5日,人事部、建设部联合下发了《建造师执业资格制度暂行规定》。文件的下发,标志着我国建立建造师执业资格制度的工作正式启动。

建造师执业资格制度起源于英国,迄今已有150余年历史,目前,国际建造师协会已有11个国家协会会员。

随着政府职能转变及建造师执业资格注册制度的建立,国家逐渐取消了政府建设主管部门对建筑施工企业项目经理资质核准的行政审批。2003年,建设部印发了《关于建筑业企业项目经理资质管理制度向建造师执业资格制度过渡有关问题的通知》(建设[2003]86号),通知明确指出"过渡期满后,大、中型工程项目施工的项目经理必须由取得建造师注册证书的人员担任;但取得建造师注册证书的人员是否担任工程项目经

理,由企业自主决定"。这表明取得建造师注册证书的人员是担任项目经理的必要条件,而不是充分条件,项目经理应当有本岗位的职业标准。

我国建造师执业资格制度建立以来,建设部已先后印发了《关于建筑业企业项目经理资质管理制度向建造师执业资格制度过渡有关问题的通知》(建市[2003]86号);制定了《中华人民共和国建造师专业分类标准》,依据建设工程项的特点对建造师划分了14个专业;与人事部联合印发了《建造师执业资格考试实施办法》及《建造师执业资格考核认定办法》(国人部发[2004]16号);制定了《建造师执业资格考核认定实施细则》(建市函[2004]56号)、《建设工程项目经理职业资格管理规则(试行)》(建协[2004]27号)、《建设工程项目经理岗位职业资格管理导则》(建协[2005]10号)。由此可见,我国的建造师执业资格制度已初具规模。

2006年初,中建协经营管理委员会《建筑企业职业经理人资质认证制度和建筑企业资质管理研究》课题启动,掀起了建筑行业职业经理人建设的又一高潮。对于建筑企业职业经理人的定位应包括三个方面:首先,职业经理人是职业人。他要在企业中全面负责经营管理,承担法人财产保值和增值的责任。任职期间,以其诚信的职业道德完成本职工作;第二是市场人。职业经理人对于企业和出资人而言,是可以选择和流动的,这正是职业经理人制度与传统体制的不同及其生命力所在。建筑企业职业经理人市场价值的高低,取决于他所就职企业的规模、他的业绩和职业生涯的诚信记录;第三是专业人。建筑企业职业经理人赖以生存的基础,是自己管理运作某一建筑企业的专业技能,而不是资本。

9.4　工程团队建设

工程团队不仅是指被分配到某个工程中共同工作的一组人员,而且是指由这一组人相互依赖、齐心协力为成功实现工程目标而奋斗的集体。工程能否按着工程有关各方的希望完成,不仅取决于项目经理的能力、工作作风,也取决于工程团队的建设。

工程团队建设就是项目经理根据人力资源管理的思想、原则和做法,努力克服团队有效工作的障碍,将工程团队变成一个强有力的整体,创造一种开放和自信的气氛;使成员有统一感和强烈希望为实现一程目标作出贡献、完成工程的各项任务的愿望;使团队满足工程各有关方面的希望和要求。

工程团队建设不仅应提高工程团队作为一个集体发挥作用的能力,还应提高成员个人为工程作出贡献的能力,个人能力的培养是工程团队能力培养的基础。工程团队建设要根据工程计划、人员配备计划、进展报告和外部对工程团队表现的反馈来进行。工程团队建设的手段和技术主要有:开展团队建设活动,沟通良好的人际关系,建立合理的奖励和表彰制度,掌握一定的人员安排技巧,进行定期培训及开展绩效评估等。

9.4.1　工程团队的建设任务

任何一个工程团队从组建到工程终止,通常会经过五个阶段:即形成阶段、磨合阶段、规范阶段、正规阶段和解体阶段。每一个阶段都有自己的独特之处,项目经理应采取合适的领导方式来满足各个阶段中团队成员的需要。

1)形成阶段

形成阶段是团队发展进程中的起始步骤,成员从原来不同的组织集中到一起,相互认识了解,每个成员都试图了解工程目标和他们在团队中的合适角色。当成员了解并认识到有关工程的目标时,就为自己找到了一个有用的角色,并且有了自己作为团队不可缺少的一部分的意识,有某种从属感觉。当团队成员感到他们已归属于工程时,他们就会承担起团队中的任务,并确定自己在完成这一任务中的参与程度。

在形成阶段,项目经理要进行团队的构建和指导工作。团队构建工作包括确立团队工作的初始操作规程,规范诸如沟通渠道、审批及文件记录工作,这类工作规程会在未来的阶段发展中提高。项目经理对团队的指导工作包括向团队说明工程目标、工程团队的组成、选择团队成员的原因、他们的互补能力和专门知识,以及成员个人为协助完成工程目标所充当的角色;探讨对工程团队成员工作及行为的管理方式和期望,并使团队着手一些起始工作。

2)磨合阶段

这一阶段目标较明确,各成员开始进入角色并运用技能着手执行分配到的任务,工作开始缓慢推进。随着工程的进行会产生一些矛盾,例如,每个成员根据其他成员的情况,对自己的角色、职责及权力大小产生疑问;对操作规程的实用性和必要性产生怀疑等。在磨合阶段,成员情绪上很不稳定,会产生冲突,人际关系紧张,常会发生一些无谓的争吵和争论,有些成员甚至产生退缩的念头,对工程失去兴趣,此时也许需要进一步调整人员角色。只有当成员再次认识到自己真正的任务,并在工作问题上达成一致时,才能全力投入工程任务。

在磨合阶段,项目经理仍然要进行一些指导工作,他要进一步明确团队每个成员的职责及相互间的行为并做出恰当的分类,使每个成员明白无误。为便于给团队授权,有必要使团队参与一道解决问题,共同做出决策。对于团队成员的任何不满,项目经理要有接受及容忍的思想准备,允许成员表达他们所关注的问题,以便于项目经理创造一个理解和支持的工作环境。项目经理要致力于解决矛盾,决不能希望通过压制来使其消失,因为如果不能及时地解决成员的不满,它将会不断地集聚并导致团队功能失效,不利于工程的成功。

3)规范阶段

经历了磨合阶段,工程团队即进入了规范阶段,团队目标变得更加清楚,此时,团队关心的是如何完成工程任务,以及采取何种具体行动和规范来保证工程目标的实现。

也就是说,团队需要解决工作方法、成员行为规范、责任划分及资源配置等问题。在此阶段,团队成员彼此有了充分的了解,并确立好了团队成员之间、团队与项目经理之间的关系,绝大部分个人矛盾得到解决,工作开始全面展开。随着个人期望与现实的逐步统一,成员的不满情绪也相应减少,凝聚力开始形成,每个人都有了团队的感觉,认为自己是团队的一员,同时他们也接受其他的成员。成员之间开始相互信任,可以进行大量的信息、观点和感情方面的沟通,自由地表达他们的情绪及发表建设性的评论意见,合作意识增强。规范阶段,项目经理应支持每个成员的积极参与,每个成员都必须在行为标准和实践方面达成一致。

4)正规阶段

团队经过前一阶段规范了行为标准和工作方式以后,即进入正规阶段。此阶段,主要解决任务和工程实施的控制等问题。正规阶段团队成员积极努力工作,共同为实现目标而奋斗,工作绩效很高。在这一阶段,团队根据实际需要以团队、个人或临时小组方式进行工作,团队相互依赖度高,他们经常合作,互帮互助。这一阶段,项目经理的工作重点是帮助团队执行工程计划;主动赋予团队领导权力(如果出现问题就由一些适当的团队成员组成临时小组来解决,并决定如何实施方案);集中注意关于预算、进度计划、工作范围及计划方面的工程业绩;对团队和团队成员的工作进程和为工程所作的贡献及取得的成绩给予表扬,并做好团队成员的培养工作。由此使团队在工程的实施过程中获得一种满足感,同时使团队成员获得职业上的发展。

5)解体阶段

解体阶段,团队开始涣散,有时仿佛又回到了形成阶段,这时项目经理应告诉各成员还有哪些工作需要做完,否则,工程就不能圆满完成。解体阶段团队成员开始考虑自身今后的发展并做离开的准备。此时,作为项目经理,其任务主要是采取相应的措施以收拢人心,稳住队伍,让大家"站好最后一班岗"。具体应采用以下方法:组织和指导团队成员的工作,使每个人都对具体活动负起责任,在解释每个人的任务时激发其责任感;支持切实可行的工作标准和行为,向成员解释应当做哪些工作,通过反馈激发成员的行为动机;公开肯定和赞扬优秀表现,激励其他成员;将工作和相应的权限交给成员,放手让成员自主完成项目任务,通过有效的制度和尊敬与信任的方法来激发成员。同时,也要考虑成员以后的工作如何安排。

9.4.2　工程团队的有效性

工程团队在工作过程中不可避免地会遇到一些障碍,使团队工作难以实现高效率,下面即是一些常见的障碍和相应的克服办法,具体见表9-1。

有效的工程团队建设体现为工程绩效的提高。一个有效的工程团队具有以下几个方面的特点:

1)明确的工程目的、目标

一个有效的工程团队，其成员应具有共同的使命感，并且会参与制定工程计划，清楚地知道工程的工作范围、质量标准、财务预算和进度计划，明确自己在工程中的角色、权利、任务和职责。

2)明确各成员之间的相互关系

一个工程活动是一个有机的整体，每个成员的行动都会影响到其他人的行动。因此，一个有成效的工程团队，其成员都需要了解为实现预定目标所必须做的工作之间的关系。

3)合作互助、坦诚沟通

一个有成效的工程团队，项目经理及团队成员之间会坦诚、及时地沟通，信息资源在团队内畅通，成员之间愿意交流信息、想法和感情，相互之间尊重和重视彼此的知识和技能，协同工作，相互促进，共同遏止不利因素。

4)相互信任的工作关系

一个有成效的工程团队应该建立一种公开信任的工作关系，承认团队中的每位成员都是工程成功的重要因素，每位成员所做的事情都会按预期标准完成，成员之间相互依赖，相互关心，在行为上相互作用，彼此影响，尊重不同意见的提出，以积极的态度解决产生的冲突问题，创造一个彼此信任、尊敬和理解的环境，从而建立对完成工程目标所具有的共同信心。

表 9-1　工程团队有效工作的障碍表

障碍表现	解决途径、办法
目标不明确	项目经理在工程开始时就应该详细说明工程目标以及工程工作范围、质量标准、预算以及进度计划，并且在以后的工作中不断地提及和讨论，使工程团队的每位成员真正能够理解工程目标
角色和职责不清	在团队制定工程计划时，利用诸如工程分解结构(PBS)、责任分配矩阵(RAM)等工具，明确划分每个成员的任务和职责，并把相关文件分发给每个成员，使他们不仅知道自己的任务，还能了解其他成员的任务以及这些任务之间的有机联系
缺乏工作热情	对每个成员的激励因素，创造出一个充满激情的工作环境，对每个成员的工作给予鼓励，对取得的成绩给予表扬和奖励
缺乏沟通	定期举行工程工作情况总结会议，要求所有工程团队成员对他们的情况进行简要总结，对存在的问题加以讨论，不断更新所有的工程文件和报告材料，并及时分发给全休团队成员
领导工作不力	项目经理首先要创造一个良好的工程、工作环境，鼓励成员提出建议，并积极诚恳地采纳合理建议
团队成员的频繁流动	人员选聘时即要尽量选择能为工程长期工作的有多方面才能的人
成员中有敌对等不良行为	项目经理须及时加以制止，并对成员进行教育

9.4.3　冲突管理

传统观念认为冲突(Conflict)都具有负面影响，但现代工程管理认为，冲突是不可

避免的,同时,冲突也具有正面影响,一旦顺利地解决了冲突,反而会促进工程团队的建设和工程绩效的提高。

1)冲突的来源

工程生命周期的不同阶段,其冲突各不相同。其中冲突最多的工程阶段为概念阶段(Conceptual Phase),其次是收尾阶段(Close-out Phase)。在工程的不同阶段,冲突的来源也不尽相同。

在各种工程组织结构中,最容易产生冲突的应该是矩阵型组织结构。因为这种组织中的工程团队成员隶属于项目经理、职能经理两个上司,项目经理和职能经理的职责重叠、权限不清是导致冲突的原因,他们之间也会为争抢资源而产生冲突。

工程中的冲突经常源于工作中的高压环境,不够明晰的角色职责,项目经理、职能经理和界面人员的职责可能相互交叉与重叠,技术创新导致不确定性的增加,多重上司的影响等。经常表现为进度计划(Schedules)、工程优先级(Project Priorities)、人力资源(Personnel Resources)、技术问题(Technical Issues)、管理程序(Administrative Procedures),成本(Cost)和个性(Personalities)等方面的冲突和矛盾,其中前四项是冲突的主要来源。

2)冲突的解决

冲突对工程及其组织的影响究竟是正面的还是负面的,很大程度上取决于项目经理解决冲突的方式、方法及结果。解决冲突的五种基本方法分别是:

(1)解决问题/面对(Problem Solving/Confrontation)

项目经理以解决问题的方式来对待冲突,要求当事双方一起来界定问题,收集信息,进行分析,进而提出解决方案。这种方式能够使冲突得到彻底解决,是一种双赢(Win-Win)的方式,是解决冲突时最优先选择的方式。

(2)妥协(Compromise)

冲突双方进行商讨,试图寻找在一定程度上满意的解决方案,冲突双方都不是赢家,但他们的要求都可以得到一定程度上地满足。在解决冲突时,这种方式是第二优先选择的方式。

(3)调和(Smoothing)

淡化冲突双方的分歧,强调他们在争议问题上的共同之处,即求同存异。调和的方式能够保持一种友善的气氛,但不能从根本上解决冲突。

(4)退让(Withdrawal)

冲突的一方或双方从冲突中撤出。采用这种方式时,虽然冲突依然存在,但它确实使事态得到缓解。

(5)强制(Forcing)

项目经理利用其职权解决问题,这将导致"赢家——输家"的局面。强制解决冲突是冲突解决的最次方式,因为这种解决方式会导致额外的冲突。

除了上述五种解决冲突的基本方法以外,项目经理还会经常使用"任务——员工相结合"的理论。用这种理论解决冲突时有两个关注点,其一是关注工作目标和工作任务,其二是关注人际关系,关注员工的个人需要。

3)减少冲突不良后果的措施

在工程中,冲突是不可避免的。冲突如果解决不好,常常会给工程带来不良的后果。因此,在冲突管理的过程中,应注意减少冲突带来的不良后果。

实践证明,高度的信任和开放而有效的沟通是减少冲突不良后果的有效措施。对工程团队人员的高度信任会使他们得到极大的满足,进而提高他们的积极性和创造性。开放而有效的沟通既可以减少冲突,同时又可以消除冲突带来的不良影响,提高团队的凝聚力。

除此之外,工程管理人员尤其是项目经理应正确使用权力,个人影响力在工程管理中有着重要的作用。在正规组织中,有三种途径可以提高个人的影响力:利用职权即正式职位的权力提高说服力;利用专家权力和潜示权力提高控制力;利用奖励权力和惩罚权力提高凝聚力。在工程管理过程中应注意尽量避免使用惩罚权力。奖励权力和专家权力是最好的权力组合方式,因为这两种权力能够创造良好氛围,也能够更好地影响他人的行为。正式权力应尽可能与专家权力和奖励权力结合使用。

复习思考题

1. 人力资源管理的内容及冲突管理的方法是什么?
2. 工程组织规划的内容及编制原则是什么?
3. 简述工程团队的组建过程。
4. 工程团队的建设任务及有效性是什么?

10　铁道电气化工程物资和技术管理

铁道电气化工程实施过程中要对各种要素进行计划、供应、使用、控制、检查、分析和改进等一系列管理工作。所有要素构成了工程的资源条件,包括人力资源、材料、设备、技术、资金等。

10.1　材料管理

10.1.1　材料分类

对材料进行分类是材料管理的一项基础工作。材料的分类可以有许多种,如图10-1所示,各种分类各有依据,各有特点,各有作用。以建筑工程为例,其所需的材料数量大、品种多、供应范围广。

主要材料指构成工程实体的各种材料,如钢材、支柱、线材、五金、等,结构件包括金属、木质、钢筋混凝土等预制的结构物和构件,如硬横跨、腕臂、混凝土支柱等。周转材料指具有工具性的脚手架、模板等。机械配件包括设备备用的零配件,如曲轴、活塞、轴承等。其他材料指不构成工程实体但工程施工或附属企业生产必需的材料,如燃料、油料、氧气、砂纸、绑线、扎头等。这种划分便于制定材料消耗定额,对成本控制有利。

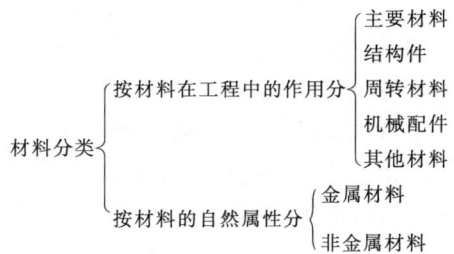

材料分类
按材料在工程中的作用分——主要材料、结构件、周转材料、机械配件、其他材料
按材料的自然属性分——金属材料、非金属材料

图 10-1　材料的分类

金属材料包括钢筋、型钢,接触网线,承力索、钢柱等。非金属材料包括绝缘器,橡胶、塑料和陶瓷制品等。这种方法便于根据材料的物理、化学性能分别储存保管。

10.1.2　材料管理的特点

材料管理是对材料的流通过程进行计划、供应、保管和合理使用的总称。它对企业顺利完成施工生产任务、开展增产节约活动有着重要意义。

电气化铁路工程涉及通信、信号、电力、变电、接触网等多种专业,物资设备及材料需求量大,品种、规格、型号繁多,其中任何一种如不能在计划的时间内保证供应,就可能导致工生产中断,停工待料,直接影响施工生产计划的完成。其施工生产过程本身就是材料消耗的过程,材料供应是保证施工生产的前提条件,是完成任务的物质基础。铁道电气化工程所具有的技术经济特点给施工企业生产带来了有别于其他工业企业生产的特点,这些特点也给材料管理工作带来了一定的复杂性。主要体现在以下几方面:

第一,施工企业需用的材料品种数量多,规格型号复杂。据统计,电气化施工材料有 23 大类,180 多个品种、25 000 多个规格。特别是当前设计水平越来越高,产品更新换代速度加快,新材料、新工艺、新设备更是层出不穷。

第二,施工企业流动性大,生产周期长,多数是跨年度工程,且为多工种配合施工、互相制约又互为基础,如果材料供应有问题就会影响整个工程的施工进程。材料运输量之大要求在制订材料储备和运输方案时,应注意计划要周密,管理工作要科学。

第三,施工企业由于产品受客观条件的限制,很难组织均衡施工,任务有多有少。因此,材料供应就应特别加强平衡和调度工作,同有关单位建立良好的协作关系。

基于以上原因,施工企业的材料管理工作是随着不同的工程在管理内容上和形式上要有变化,不能一劳永逸。

10.1.3　材料管理的内容

材料管理工作的目标有 5 个方面:第一,保障供应,即根据工程生产的要求,按质按量按时供应材料,既不短缺导致停工待料,也不超储积压造成浪费和资金周转失灵。第二,监督材料的合理、节约使用,降低材料损耗。第三,在保证生产的前提下,尽可能减少材料的储备量,以加速资金周转、降低资金占用、提高资金利用率。第四,促进技术进步,材料管理部门是材料生产厂家和使用单位之间的桥梁,它可以传递供需间的信息,促进新工艺、新材料、新技术的发展。第五,降低材料供应成本,对材料的采购、订货、运输、保管、加工、供应、使用、回收等全过程加强组织规划,选择合理方案,降低各项费用支出。

建筑工程材料管理作为施工企业管理的重要环节之一,主要包括编制材料计划、采购订货、组织运输、库存保管、合理供应、材料领发、回收等工作内容,此处将着重介绍材料供应计划的编制、材料领发、仓库管理以及库存管理与控制的方法。

1)材料供应计划

(1)材料定额

材料定额是编制材料供应计划的依据。根据用途不同,材料定额可分为两大类,即材料消耗定额和材料储备定额,详细分类如图 10-2 所示。

材料消耗定额是指在一定的生产技术组织条件下,生产单位产品或单位工作量消耗材料的标准。按照定额详尽程度和适用阶段的不同,主要有施工定额、预算定额和概算指标三类。

材料储备定额是指在一定生产条件下为保证生产正常进行而储备的材料标准量,材料储备定额按定额指标的计量单位、综合程度的不同又可以进一步分类。其中,时间

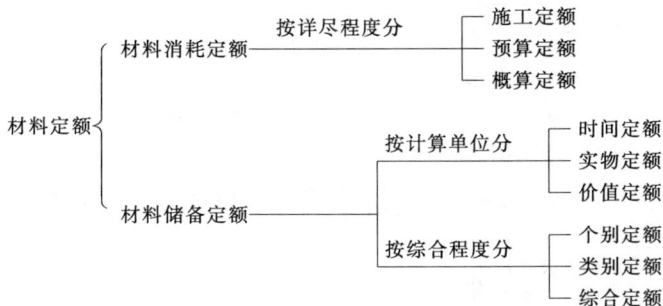

图 10-2　材料定额的种类

定额主要反映材料储备天数和周转速度；实物定额主要用于编制计划；价值定额主要用于材料资金的管理。个别定额以材料的具体品种规格确定，类别定额按材质的类别确定，类别定额进一步扩大即为综合定额，三者分别用于控制材料储备量、编制储备计划、确定仓库面积和制定储备资金等方面。

一般来说，材料储备定额按作用不同分为经常储备和保险储备两部分。经常储备也称周转储备，是企业为保护正常生产而建立的材料储备量。保险储备是为预防材料运达误期、品种规格不符合需要等原因影响企业正常生产而建立的材料储备。

$$经常储备量＝每日平均消耗量×供应间隔日数 \qquad (10\text{-}1)$$
$$保险储备＝平均日消耗量×材料保险日数 \qquad (10\text{-}2)$$

其中，保险日数可根据过去的经验资料或者按重新取得材料的日数来确定。对于随时能取得补充或已建立季节性储备的材料，可以不建立保险储备。

（2）材料供应计划的编制

材料供应计划是企业生产技术、财务计划的重要组成部分。编制材料计划是材料管理的首要环节，是后续进行订货、采购、储存、使用材料的依据。

材料供应计划的类型可分为：

①年度材料计划，是材料的控制性计划，是对上申请、对外订货的依据，因此要特别注意平衡。

②季度材料计划，是根据季度施工计划编制的，实施性较强。

③月度材料计划，是直接供应材料的依据，因计划期短，要求计划全面、及时、准确。

④旬材料计划，是月度材料计划的补充与调整性计划，是直接送料的依据，因而对基层施工单位的指导性作用更大。

⑤单位工程材料预算，是单位工程一次性申请计划，是编制季、月、旬材料计划的依据。

材料供应计划的编制大致可分为三个步骤，编制程序和计算方法如图 10-3 所示。

```
┌─────────────────────────┐
│      计算材料需用量       │
└─────────────────────────┘
```

直接计算法：

材料需用量 ＝ 计划工程量×材料消耗定额

间接计算法：

材料需用量 ＝ $\dfrac{上期实际消耗量}{上期实际完工量}$×计划工程量×材料消耗定额

```
┌─────────────────────────┐
│     确定材料期末储备量     │
└─────────────────────────┘
```

根据以下公式进行综合平衡：

材料储备量 ＝ 以天数表示储备量×平均日消耗量

最高储备量 ＝ 经常储备量＋保险储备

最小储备量 ＝ 经常储备

```
┌─────────────────────────┐
│    编制材料申请供应计划    │
└─────────────────────────┘
```

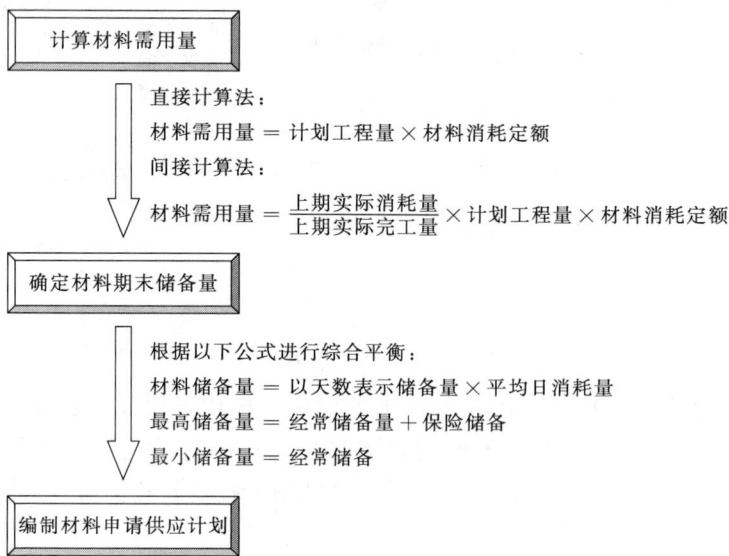

图 10-3 材料供应计划的编制方法

材料申请量的最终计算公式为：

材料申请量＝材料需用量＋计划期末储备量－计划期内可利用量－

代用及技术措施降低量   （10-3）

其中：

计划期内可利用量＝上期末库存量－计划期内不可用数量   （10-4）

2）材料的订购

（1）材料的订购方式

材料的订购方式一般有定量订购和定期订购两种，大致区别见表 10-1。

定量订购方式也称订货点方式，这种方式要求货源充足、随订随有，同时因需随时了解库存量是否达到订购点，故要求掌握各种材料的瞬时库存量，从而加大了日常材料台账的工作量。但由于每次订购时不需检查盘点实际库存及订购量，因而管理工作量相对较少。而定期订购方式，因其可以事先与供货单位约好供应时间，有计划地安排供需衔接，故对供需双方都有利，但管理工作量相对较大。

定量订购方式中，订购点的计算公式为：

订购点库存量＝订购时间×平均日耗用量＋保险储备量

＝订购批量＋保险储备量   （10-5）

其中，订购时间是指从开始办理材料采购到入库后并做必要的整理和加工准备可供使用为止的全部时间。订购批量和保险储备量应根据当时生产状况而定。

（2）材料的经济订购批量

材料的经济订购批量简称经济批量，是指在一定期限内能使材料订购费用与保管

费用之和(总费用)最低的每批订购数量。

材料订购总费用包括以下几项,具体见表 10-1。

表 10-1　材料订购方式对比

	定量订购方式	定期订购方式
概念解释	当材料库存量降到保险储备量之前的某一库存量及定购点时,按一定批量订购补充库存	按事先确定的定购周期办理材料订购,并且每次预测需求量,结合实际库存、在途材料量等情况确定订购量
特点	定量不定期,以订购次数的多少来满足库存储备量的需要,可适当降低保险储备	定期不定量,以订购量的多少来满足库存储备的需要,应适当放大保险储备
适用情况	适用于需求量较稳定、较均衡、耗用量少、价值较低而品种却很多的材料,要求耗用量变动较为规则	适用于企业品种少、耗用量大或较贵重的以及需用量变动不规则的材料

其一,订购费用,即为获得该批材料所发生的费用,包括发出订购单,签订订购合同,订购的追踪、验收、进仓以及差旅、行政管理等费用。此项费用与订购批量大小一般没有直接关系,而与订购次数多少成正比。

其二,保管费用,即材料在入库存放保管过程中所发生的费用,包括仓库和储存设备折旧费、管理费、材料的自然损耗和贬值等。若仓库为租借性质,保管费用主要是租金。保管费用与订购次数多少一般没有直接关系,而与订购批量大小成正比。

其三,材料单价,指包括运费在内的采购价格。一般情况下,采购价格不随订购批量多少而变动,故对经济订购量的决策没有影响;然而,若当采购价格随批量的增大而折价,或者批量和质量均相同但不同供货单位的采购价格不同,就应在订购决策时考虑材料单价。

其四,缺货费用,即因材料供应不及时,造成停工待料、窝工损失和采取紧急措施供应材料而增加的费用。此项费用与订购次数一般无直接关系,而与订购批量成反比关系,即库存储备越大,缺货费用越少。

现在假定采购单价处于简单情况下,即单价固定,也不考虑缺货费用,此时经济批量只需考虑订购费用和保管费用。由前可知,订购费用随订购次数的增加而增加。为降低材料成本,需要减少订购次数;但订购次数减少,必将增大订购批量;而增大订购批量又引起保管费用的增大。为节约保管费用,则要求降低订购批量,增加订购次数。经济批量的确定即要找到使总费用最低的这个点。

3)材料验收与领发

材料验收应以购买合同为依据,检验到达货物的名称、规格、数量、日期、质量、价格。验收后在卖方发货凭据上签证,并分类登账、立卡,将有关复印件转交统计、财务部门。验收时若发现数量不足必须核实补齐,质量不合格要及时退货,由此而产生的费用应由卖方承担。若无法如期补退,应一方面采取补救措施,一方面交涉索赔事宜。

现场领发料要有一定的手续。确定发料对象和发料标准后,材料管理部门要授权专职材料定额人员,根据施工队或专业班组承担的工程量,按规定的标准算出材料需要量,签发限额用料单,作为领料凭证。每次领发料均需在用料单上登记数量、日期,同时由仓库办理出账记录、出库卡。材料一经发出,手续也随时结清。与用料单相对应的工程量完成后,材料定额人员要督促使用单位及时退料,要做好废料的回收和修旧利废的工作。工程完成后,要及时清理现场,做到工完场清。

4)清仓核资与多余材料的处理

清仓核资即清理仓库物资、核定资金占用量,是为了挖掘物资使用潜力、防止物资积压、加强经济核算而采取的措施。清仓核资由仓库管理人员协同企业的财务部门定期进行。通过清仓核资可能发现某些多余材料。

严格说来,超过最高仓库储备量的材料就是多余材料。造成多余材料还有两种情况,一种是废料,另一种是过时的旧料。鉴别多余物资有多种方法:可以通过观察来确定,也可以定一个期限,期限过了还未被使用则作为多余物资处理;也可以根据过去一年内该种材料的使用比例,即库存量与出库量之比,对计划期使用该种材料的机会作出判断,当使用的可能性较少而保管费用又较高的情况下,就断定该种材料为多余材料。

多余材料可以在企业内部调剂使用,可以重新加工改制,也可以向外部有偿调拨或者出售。及时处理多余材料,可以减少仓库费用,腾出库容,加速资金周转。

5)库存管理与控制

材料库存一般包括经常库存和安全库存两部分。经常库存是指在正常情况下,在前后两批材料到达的供应间隔内,为满足施工生产的连续性而建立起来的库存。它一般具有周期性变化,在一批材料入库之后达到最高额,然后随着施工过程的消耗逐渐减少,到下一批材料入库之前降低到最低额。安全库存则是为了预防某些不确定因素的发生而建立的库存。它在正常情况下一经确定就是固定不变的库存量。

库存量的确定对材料的管理具有关键的意义,必须经济合理,不宜过多也不宜过少。如果库存材料的数量过少,则会影响到施工的正常进行,造成损失,如果库存量过多,则势必造成资源的闲置,增加各种各样的额外开支。因此,有必要对库存量进行严格管理。

(1)ABC 分类法

对于工程上的各种材料,由于它在施工中所占的比重各不相同,而且彼此的价值也有差异,在材料管理的过程中不可能面面俱到,因此在进行材料管理时可以采用 ABC 分类法实行重点控制,"抓大放小"。

ABC 分类法中,一般将那些品种数约占 15%,资金约占 75% 的库存物资称为 A 类物资;将品种数约占 30%,资金约占 20% 的称为 B 类物资;而品种数约占 55%,资金只占大约 5% 的称为 C 类物资。对这些不同的分类物资可以采取不同的控制方法。例如,A 类物资应该是重点管理的材料,要进行严格的控制,确定经济的库存量,并对库存量随时进行盘点;对 B 类物资进行一般控制,适当管理;C 类物资则可稍加控制或不加控制,简化其管理方法。

对于 ABC 的分析还可以从不同的角度进行。如果需要同时考虑多个因素,则可分别按不同的因素对各种物资进行评分,并对不同因素的重要程度进行加权,最后按加权

和来划分 ABC 三类,分类进行控制。

(2)供应商管理库存(VMI)

VMI 能够突破传统的条块分割的库存管理模式,以系统的、集成的管理思想进行库存管理,使供需方之间能够获得同步化的运作。VMI 是一种用户和供应商之间的合作性策略,以对双方来说都是最低的成本优化产品的可获性,在一个相互同意的目标框架下由供应商管理库存。

例如,砂石料是建筑行业的 6 大主材之一,一般由建设工程所在地砂石料供应商供应。若采取一般库存管理办法,则物资部门要随时关注工程的材料库存,并根据工程的进度计划和材料需求计划,核对材料库存。当发现库存不能满足生产进度计划需要时,就向采购部门发出采购请求,然后由采购部门与砂石料的供应商进行联系,有时可能还要与供应商反复磋商或重新交易,最后供应商才能将砂石料送至工程现场的材料库。采用这种传统模式具有采购提前期长、交易成本高、生产柔性差、人员配置多、工作流程复杂等缺陷。

而若采用 VMI 模式,首先通过供应商选择程序对砂石料供应商进行选择,只选择少数几个实力较强的供应商并与之建立一个互相同意的目标框架,该框架包括建立战略性合作伙伴关系、在平等互利的原则上订立优惠条件、库存管理的目标和相应的惩罚措施等。根据框架协议,工程部将自己的材料使用计划与供应商共享。工程建设施工过程中,工程部物资部门主要编制砂石料使用计划,供应商则依据使用计划安排生产和运输,保证工程砂石料的正常投入。由此可见,VMI 模式具有以下几个优点:

①减少了工程人员。既减少了物资部门和采购部门的业务量和人员配置,也不再需要众多的仓库管理人员。

②降低了工程成本。既减少了冗余人员开支,还避免了砂石料的采购成本。

③提高了服务水平。VMI 的目标框架约束下,供应商与采购部门间旨在建立战略合作关系,供应商必然要保持较高的库存服务水平。

④剔除了非核心业务。砂石料属于当地供应的材料,材料供应商要比采购人员更熟悉当地条件、运输路线等。将砂石料库存交给供应商管理,可以使工程部集中精力在其核心业务上。

10.2 设 备 管 理

设备是企业或项目生产必不可少的物质技术基础,包括各种生产性机械设备、动力设备、传导设备、交通运输设备和仪器仪表等。随着科学技术的迅猛发展,设备逐渐转向专业化和多元化,一机多用、大功率、大重量施工设备的出现,液压技术和电子技术在生产上的应用,彻底改变了单纯机械式生产的局面。

设备管理就是对设备运动全过程的管理,即从设备的选择、使用、维修、维护、检查,直至报废退出生产领域为止的综合管理。设备管理的目标是实现设备寿命周期费用最经济、综合效能最高。

10.2.1　设备的选择

设备运行过程中存在两种状态——物质运动状态和价值运动状态,前者对应设备的使用业务管理,后者对应设备的经济管理。在选择工程设备的同时,也应综合考虑设备本身的技术条件、经济条件以及对工程生产的适用性。设备选择的具体要求如图10-4所示。

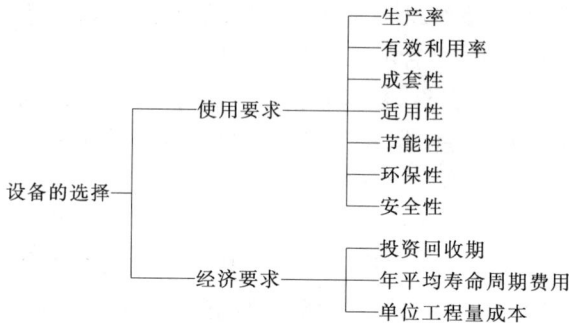

图 10-4　设备选择的要求

1)设备选择的使用要求

(1)生产率。设备的生产率指设备单位时间内的输出,一般以单位时间内的产量来表示。它应该与企业的长期计划任务相适应,既要避免购买很快就要超负荷的设备,又要防止购买有过剩能力的设备。

(2)有效利用率。设备有效利用率是衡量设备有效利用程度的指标,要提高设备的有效利用率,就要提高设备的可靠性与维修性。

$$有效利用率=\frac{可工作时间}{可工作时间+不可工作时间}\times100\% \tag{10-6}$$

(3)成套性。成套性要求设备在种类、数量与生产能力上都要配套。个别设备的生产率特别高,并不会使整个生产系统的生产率大幅度提高;但个别设备的生产率特别低,就会使整个生产系统的生产率降低。

(4)适应性。适应性指设备能适应不同的工作对象、工作条件和环境。随着科学技术的发展,产品更新换代加快,要求机器设备能够适应品种的变化,以减少设备投资。

(5)节能性。指设备节省能源消耗的能力。节能性一般用机器设备单位运转时间的能源消耗来表示,如每小时的耗电量、每小时的耗油量,也可以用单位产品的能源消耗量来表示。

(6)环保性。指设备的环境保护的性能,如噪声或排放有害物质对环境的污染程度等。

(7)安全性。指生产对安全的保证程度。

2)设备选择经济上的要求

在满足了使用要求的前提下,选择设备时还要进行经济评价,选择经济上最合算的设备。可以利用以下几种经济评价方法来进行设备经济评价。

(1)投资回收期法。即通过计算不同方案在实施后每年所获得的收益来补偿投资所需要的时间来比较不同方案的优劣,从中选择投资回收期较短的设备。

(2)年平均寿命周期费用法。在不同设备的年平均寿命周期输出相同的情况下,可以通过比较各个设备的年平均寿命周期费用,选择年平均寿命周期费用最小的设备。

(3)单位工程量成本法,设备在使用过程中发生的费用可以分为两类:一类是固定费用,即按一定施工期限分摊的费用,如折旧费、大修理费、机械管理费、投资应付利息、固定资产占用费等;另一类是可变费用,随着设备的工作时间而变化,如设备消耗的能源、操作人员的工资等。可以用这两类费用分别计算各设备的"单位工程量成本",然后比较其结果,作为选择设备的依据。

10.2.2 设备的使用管理

设备的使用管理是设备管理的基本环节。只有正确、合理地使用,才能减轻磨损,保持设备的良好工作性能,充分发挥其效率,延长其使用寿命,提高经济效益。

1)设备的损耗与补偿

首先要了解设备的损耗与补偿。任何机械设备在长期使用过程中都会逐渐损耗,从而降低其使用效能和价值,这就是设备的损耗,设备损耗包括有形损耗(使用损耗和自然损耗)和无形损耗两大类。针对不同的损耗形式,应采取不同的措施加以补偿,如图 10-5 所示。

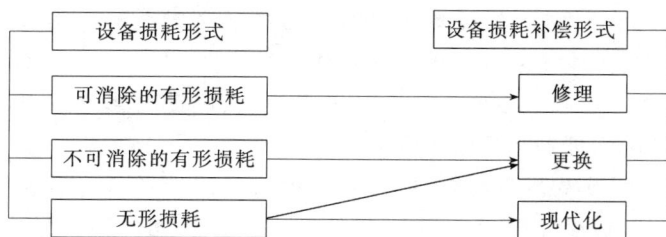

图 10-5 设备的损耗与补偿

合理使用设备要做好以下几方面的工作:

(1)人机固定,实行设备的责任制,将设备的使用效益与个人经济利益联系起来。

(2)实行操作证制度,专机有专门的操作人员,必须经过培训和企业统一考试,确认合格后发给操作证。

(3)操作人员必须坚持搞好设备的例行维护。

(4)遵守合理的使用规定,以延长设备的使用寿命和修理周期。

（5）实行单机或机组核算，根据考核的成绩进行奖惩。

（6）建立设备管理档案。

（7）合理组织设备施工，做好施工的计划工作，合理调配设备的使用。

（8）培养机务队伍，通过各种形式的后续培训，有计划、有步骤地提高机务人员的工作能力。

（9）搞好设备的综合利用。主要是指现场安装的施工机械尽量做到一机多用，尤其是垂直运输机械，必须综合利用，充分发挥其效率。

（10）努力组织好设备的流水施工。当施工的推进主要靠设备而不是人力的时候，划分施工工段的大小必须考虑设备的服务能力，把设备作为分段的决定因素。一个施工工程有多个单位工程时，应使设备在单位工程之间流水，减少进出场地的时间和装卸费用。

2）设备的维修

设备在使用过程中如果由于磨损或其他原因而不能正常运转，就需要修复或更换损坏的部位和零件，使其重新恢复正常。一般来说，凡是故障发生之前采取的维修活动都称为预防性维修，凡是故障发生之后采取的维修活动都称为事后维修。前者是根据目标有计划地工作，而后者往往是无计划的。计划修理又可以分为标准修理、定期修理、检查后修理三种方式。

设备维修的目标是使设备停机的损失与维修费用之和达到最小。设备停机损失即在设备待修、修理或进行预防维修时停机造成的生产损失，停机时间越长，停机损失就越大。有计划的预防性维修可以减少停机损失，但预防性维修也要支出一定的维修费用，而且随着预防性维修次数的增多而上升。因此，设备维修要在停机损失和维修费用两者之间找到一个平衡点，确定一个合理的预防维修次数以使总费用最低。

对于停机损失小的设备，宜采取少量的预防性维修或不采取预防性维修；反之，对于停机损失大的设备，应该采取较多的预防性维修。

设备修理过程中可以采取不同的技术组织方法，以提高修理效率，减少停机时间，保证修理质量，降低修理费用。常用的方法如下。

①部件修理法。事先准备好各种部件，修理时只需把设备上需要修理的部件拆卸更换即可，这样可以减少停机时间，但要储备一定数量的部件，它适用于关键设备或有较多同类设备的情况。

②分部修理法。对设备各个相对独立的部分，按一定顺序进行修理，每次只修理一个部分。这种方法可以利用节假日或非生产时间进行修理，从而提高设备的有效利用率。它适用于那些在结构上各部件相对独立或修理时间长、修理工作量大的设备。

③同步修理法。将那些在工艺上相互联系的设备安排在同一时间内修理，实现修理工作同步化，以减少因分散修理造成的停机时间。

3）设备的维护

维护是指对设备进行清洁、紧固、调整、防腐、检查、排除故障、更换已磨损和失效的零件,使之保持良好状态的一系列活动。

设备的维护分为例行维护和强制维护。例行维护属正常使用管理工作,它不占用设备的正常运转时间,由操作人员在机械运转过程中或停机前、后进行。强制维护是按一定周期分级进行的。维护周期根据设备的磨损规律、操作条件、操作维修水平以及经济性四个主要因素确定。

10.3　技　术　管　理

技术管理是企业管理和工程管理的重要组成部分,任何工程活动都要在一定技术要求和技术标准控制下进行。工程实施效果的好坏与技术作用能否真正发挥直接有关,而技术的发挥又与技术管理工作密切相关。技术工作的各种要素包括:技术人才、技术装备、技术情报、技术文件资料、技术档案、技术标准规程、技术责任制等,它们构成了技术管理工作的基础和必要条件。

技术管理工作的作用主要表现在:

通过技术管理,可以保证施工过程符合施工活动规律要求,使施工生产按正常程序进行。

通过技术管理,可使施工活动建立在先进合理的技术基础上,从而保证工程质量的不断提高。

通过技术管理,可以充分发挥设备潜力、材料性能和完善劳动组织,从而不断提高劳动效率,降低成本,提高经营效果。

通过技术管理,可以不断更新和开发新技术,促进技术进步,增强竞争能力。

10.3.1　技术管理工作

技术管理是对企业中各项技术活动和技术工作的各种要素进行科学管理的总称。以建筑工程为例,工程技术管理的内容主要包括:图纸会审、编制施工组织设计、技术交流、技术检验等施工技术准备工作;质量技术检查、技术核定、技术措施、技术处理、技术标准和规程的实施等施工过程中的技术工作;科学研究、技术改造、技术革新、技术培训、新技术试验等技术开发工作。

完成工程技术管理工作的同时,工程公司还要贯彻好以下技术管理的基础工作。

1)提高职工技术素质

职工的技术素质是企业技术水平的一个重要标志。许多工业发达国家建设经验证明,依靠技术创新是提高劳动生产率的主要途径。因此,只有努力提高职工技术素质,才能学习和研究国内外先进技术,使技术不断创新。

2)建立和健全技术管理组织机构和技术责任制

搞好企业的技术管理工作,必须建立集中统一的技术管理系统,从公司到施工队各级组织都必须设立技术管理的职能机构和职能人员。在总工程师领导下全面负责企业的技术工作,从事企业技术工作的各级组织和各类人员要有明确的分工,做到有职、有责、有权。

3)贯彻和完善技术标准和技术规程

技术标准和技术规程就是检验和控制工程质量的有效依据。建筑施工的技术标准主要有:建筑材料和半成品的技术标准及相应的检验标准;建筑安装工程施工及验收规范;建筑安装工程质量评定标准等。技术规程是为了执行技术标准,保证施工有秩序地进行,用以指导工作正确操作,指导设备和工具合理使用、维修等方面需要所作的规定。建筑施工的技术规程主要有:规定产品加工步骤和方法的工艺规程;规定工作人员操作方法和使用设备注意事项的操作规程;规定设备维护检修要求和方法的设备维护和检修规程;保证生产过程中人身安全和保证设备正常运行的安全技术规程。

规范和规程是一定历史阶段上的技术成果的总结,并非一成不变。随着生产的发展、施工技术水平的提高,需要不断地修订和完善。

4)建立施工技术日志

从工程开始到竣工,整个施工过程中的重要技术活动应该有连续不断的翔实记载。施工技术日志即是施工技术工作的原始记录,如设计变更或施工图修改,质量、安全、机械事故分析处理情况,采用重要技术组织措施的实施情况等。

5)做好技术情报和技术文件资料的管理

10.3.2　技术管理制度

建立和健全技术管理制度对技术管理工作具有重要意义。施工企业中常见的技术管理制度主要有技术责任制、施工图纸会审制度、技术交底制度、材料构件试验检验制度、工程质量检查和验收制度、工程技术档案制度。

1)技术责任制

施工企业的技术责任制是企业、工程技术管理的核心。我国施工企业,根据企业的具体情况实行三级或四级技术责任制,即总工程师、主任工程师、工程师(或技术队长)及单位工程技术负责人责任制,实行技术工作的统一领导和分级管理。各级技术负责人应是同级行政领导成员,对施工技术管理部门负有业务领导责任,对其职责范围内的技术问题,如施工方案、技术措施、质量事故处理等重大问题有最后的决定权。

建立各级技术责任制,必须正确划分各级技术管理权限,明确各级技术领导的职责。

2)施工图纸会审制度

施工图纸是进行施工的直接依据,所以图纸会审是一项极其严肃和重要的技术工作。图纸会审一般由建设单位组织,设计单位交底,施工单位参加。图纸会审的主要内容是:

①设计是否符合国家有关的技术政策、经济政策和有关规定；

②设计是否符合施工技术装备条件，如需要采取特殊技术措施时，技术上有无困难，能否保证安全施工；

③有无使用特殊材料（包括新材料），其品种、规格、数量能否满足需要；

④建筑、结构与设备安装之间有无重大矛盾；

⑤图纸及说明是否齐全、清楚、明确，图纸尺寸、坐标、标高及管线、道路交叉连接点是否相符。

图纸会审前，施工企业必须组织有关人员学习图纸，熟悉图纸的内容、要求和特点，以便掌握工程情况，考虑有效的施工方法和技术措施，并提出图纸本身所存在的问题，在图纸会审时提出改正意见。

图纸会审后，应由组织会审的单位将审查中提出的问题以及解决方法，详细记录，写成正式文件或会议纪要，并列入工程技术档案。

施工过程中，若发现图纸仍有差错或与实际情况不符或因施工条件、材料规格、品种、质量不能完全符合设计要求，以及职工提出合理化建议等原因需要进行施工图修改时，必须严格执行技术核定和设计变更签证制度。如果设计变更的内容对建设规模、投资等方面影响较大，必须报请原批准单位同意。所有的技术核定和设计变更资料，包括设计变更通知、修改图纸等，都要有文字记录，归入工程技术档案，并作为施工和竣工结算的依据。

3）技术交底制度

施工企业在施工前要由总工程师、主任工程师、工程师（或技术队长）、单位工程负责人逐级进行书面或口头技术交底，做好交底记录。技术交底的目的是使参与施工任务的技术人员和工人，明确所担负任务的特点、技术要求、施工工艺等，做到心中有数。

技术交底的主要内容是对施工组织设计，特别是施工工艺、质量标准、技术安全措施、规范要求，对新结构、新材料、新技术和新施工方法以及图纸会审中提出的有关问题及解决方法等作出详细的技术说明。

班组长在接受技术交底后，应组织全班组工人进行认真讨论，弄清关键部位、质量要求、安全施工及操作要点，然后分工，明确任务和互相配合关系，设立岗位责任制，制定保证措施。

4）材料构件试验检验制度

工程材料和构件的试验检验工作是合理使用资源、确保工程质量的重要措施。施工企业必须加强对材料、构件检验工作的领导，建立试验检验机构，配备试验人员，充实试验检验仪器设备，提高试验与检验工作的质量。

5）工程质量检查和验收制度

为了保证工程的施工质量，应在施工过程中根据国家规定的《建筑安装工程质量检验评定标准》逐项检查操作质量。全部建成后，应根据国家规定进行一次综合性检查验收,评定质量等级。

工程验收根据建筑安装工程的特点分级进行,分别进行隐蔽工程验收、分项工程验收和交工验收。其中,隐蔽工程验收指施工过程中对将被下一道工序所掩盖的工程进行的检查验收,如基础埋置深度、基础截面尺寸、钢筋混凝土工程检查等;分项工程验收是施工企业为保证工程施工质量自己组织的检查验收;交工验收由建设单位组织相关部门检查验收。

6)工程技术档案制度

工程技术档案来源于技术资料,但又不同于技术资料。技术资料是施工活动中为参考目的而收集和复制的技术文件材料,而技术档案则是在工程建设中直接产生和自然形成的成果,对施工起着指导和依据的作用。施工企业的工程技术档案主要有两类,如图 10-6 所示。

其中,第一类工程技术档案交建设单位保管,第二类施工组织与管理方面的技术档案由施工企业保存,供本单位今后施工参考。

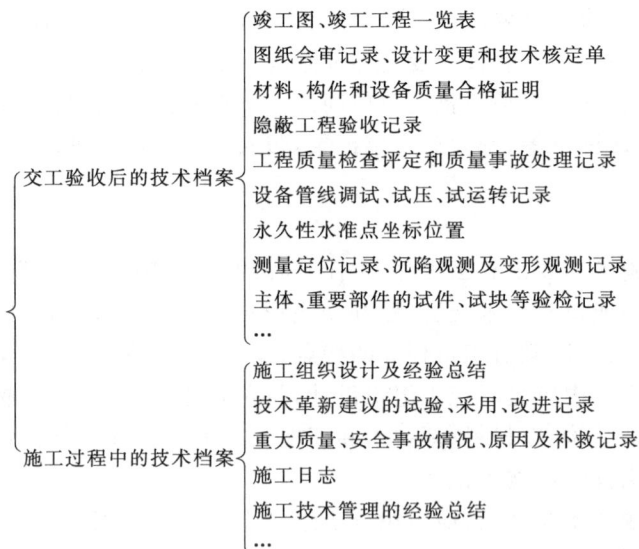

竣工图、竣工工程一览表
图纸会审记录、设计变更和技术核定单
材料、构件和设备质量合格证明
隐蔽工程验收记录
交工验收后的技术档案 工程质量检查评定和质量事故处理记录
设备管线调试、试压、试运转记录
永久性水准点坐标位置
测量定位记录、沉陷观测及变形观测记录
主体、重要部件的试件、试块等验检记录
…

施工组织设计及经验总结
技术革新建议的试验、采用、改进记录
施工过程中的技术档案 重大质量、安全事故情况、原因及补救记录
施工日志
施工技术管理的经验总结
…

图 10-6　工程技术档案的种类

复习思考题

1. 材料管理的内容及库存管理方法是什么?

2. 设备及技术管理的方法及要求是什么?

3. 工程技术档案的种类有哪些?

11　工程职业健康安全与环境管理

质量管理体系、环境管理体系和职业健康安全管理体系是我国目前作为国家推荐性标准颁布的三个体系。

11.1　职业健康、安全与环境管理体系

目前,国际上一般将健康(Health)、安全(Safety)和环境(Environment)作为一个有机的整体考虑,简称为 HSE 管理体系。HSE 管理体系是将组织实施健康、安全与环境管理的组织机构、职责、做法、程序、过程和资源等要素有机构成的整体,这些要素通过先进、科学、系统的运行模式有机地融合在一起,相互关联、相互作用,形成动态管理体系。

11.1.1　职业健康安全管理体系

安全生产是我国的一项基本国策,我国的安全生产包括了职业健康的内容。职业健康安全管理的目的是在生产活动中,通过安全生产的管理活动,以及对生产因素的具体的状态控制,使生产因素的不安全行为和状态减少或消除,并不引发事件,尤其是不引发使人受到伤害的事故,以保护生产活动中人的安全和健康。

1)职业健康安全管理体系的诞生

职业健康安全管理体系是 20 世纪 80 年代后期在国际上兴起的现代安全生产管理模式,它与 ISO 9000 和 ISO 14000 等标准化管理体系一样被称为后工业化时代的管理方法。

职业健康安全管理体系的产生有两个主要原因:其一是源于企业自身发展的需要。随着企业规模扩大和生产集约化程度的提高,对企业的质量管理和经营模式提出更高的要求,使企业不得不采用现代化的管理模式使包括安全生产管理在内的所有生产经营活动科学化、标准化、法制化。包括杜邦、菲利浦在内的一些大型公司在进行质量管理的同时,也建立了与生产管理同步的安全生产管理制度,这些制度和方法进一步形成了标准,并逐渐得到更多企业的认可。职业健康安全管理体系产生的另一个国际背景原因是在全球经济一体化潮流推动下出现的职业安全卫生标准一体化。早在 20 世纪80 年代末 90 年代初,一些跨国公司和大型的现代化联合企业为强化自己的社会关注力和控制损失的需要,开始建立自律性的职业安全卫生与环境保护的管理制度,并逐步

形成了比较完善的体系。到 90 年代中期,为了实现这种管理体系的社会公证性,引入了第三方认证的原则。随着国际社会对职业安全卫生问题的日益关注,以及 ISO 9000 和 ISO 14000 系列标准在各国得到广泛认可与成功实施,考虑到质量管理、环境管理与职业安全卫生管理的相关性,国际标准化组织(ISO)于 1996 年 8 月组织召开了国际研讨会,讨论是否制定职业安全卫生管理体系国际标准,使得职业安全卫生管理标准化问题成为继质量管理、环境管理标准化之后世界各国关注的又一个管理标准化问题。但考虑到各国法律情况不一致的因素,作出了暂时不制定统一的国际标准的决议。2001 年,我国标准化委员会也发布了《职业健康安全管理体系规范》(GB/T 28001—2001)。2002 年又发布了《职业健康安全管理体系指南》(GB/T 28002—2002)。

2)我国职业健康安全管理体系的特点和构成

我国职业健康安全管理体系主要有以下特点:建立管理体系来进行绩效控制;采用 PDCA 循环;预防为主、持续改进和动态管理;遵守法规的要求贯穿体系始终;适用于所有行业;自愿原则。

我国《职业健康安全管理体系规范》与 OHSAS 18000 的内容和结构基本相同,主要由三大部分组成:范围,即规定使用于该指导性技术文件的组织愿望和界限(限制);术语,包括 17 个术语和定义;安全及健康要素部分,即五大功能块,其中每一功能块又由若干要素组成,共 37 个要素。

职业健康安全管理体系的精髓在于实施有效的危险源辨识、风险评价和风险控制,其运行过程可以分解为如图 11-1 所示的五个步骤。

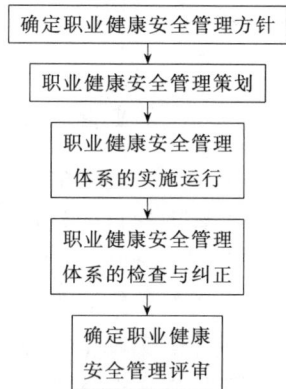

(1)建立一个经最高管理者批准的职业健康安全方针,清楚地阐明职业健康安全管理的总目标和改进职业健康安全绩效的承诺。

(2)职业健康安全管理策划的主要工作是危险源的辨识、风险评价和风险控制,这是整个管理体系的基础。除此之外,还有法规和其他要求的识别和获得,管理目标的建立和管理方案的制订等工作。

图 11-1　职业健康安全管理模式

(3)在职业健康安全管理体系的实施运行过程中,首先需要考虑的是组织的结构和职责。组织应对职业健康安全风险有影响的各类人员,确定其作用、职责和权限并进行沟通。另外,还要进行培训、协商和沟通、文件资料的控制、运行的控制以及应急准备等。

(4)在对职业健康安全管理体系的检查和纠正过程中,组织应对其职业健康安全管理绩效进行常规的测量和监视。

(5)职业健康安全管理评审即按规定时间间隔对职业健康安全管理体系进行评审,以确保体系的持续性、适宜性、充分性和有效性;管理评审应根据体系审核的结果、环境

的变化和对持续改进的承诺,指出需要修改的体系方针、目标和其他要素,并形成评审结果文件。

11.1.2 环境管理体系

ISO 14000 系列标准突出了"全面管理、预防污染、持续改进"的思想,旨在促进全球环境质量的改善。它是通过一套环境管理的框架文件来加强组织(公司、企业)的环境意识、管理能力和保障措施,从而达到改善环境质量的目的。它目前是组织(公司、企业)自愿采用的标准,是组织(公司、企业)的自觉行为。在我国是采取第三方独立认证来验证组织(公司、企业)所生产的产品是否符合要求。ISO 14000 的目标是通过建立符合各国的环境保护法律、法规要求的国际标准,在全球范围内推广 ISO 14000 系列标准,达到改善全球环境质量、促进世界贸易、消除贸易壁垒的最终目标。

ISO 14000 系列标准是国际标准化组织 ISO/TC 207 负责起草的一份国际标准。ISO 14000 是一个系列的环境管理标准,它包括了环境管理体系(EMS),环境审核(EA)、环境标志(FL)、生命周期分析(LGA)等国际环境管理领域内的许多焦点问题。国际标准化组织计划颁布 ISO 14000 系列标准一百余个,共预留 100 个标准号。该系列标准共分七个系列,其编号为 ISO 14001—14100,具体参阅表 11-1。

表 11-1　ISO 14000 系列标准号分配表

	名　称	标　准　号
SC1	环境管理体系(EMS)	14001—14009
SC2	环境审核(EA)	14010—14019
SC3	环境标志(FL)	14020—14029
SC4	环境行为评价(EPE)	14030—14039
SC5	环境周期评估(LCA)	14040—14049
SC6	术语和定义(T&D)	14050—14059
WG1	产品标准中的环境指标	14060
	备用	14061—14100

ISO 现在已着手起草的标准有 24 个,已正式发布的有 ISO 14001、ISO 14004,ISO 14010、ISO 14011、ISO 14012、ISO 14040 五个标准,其中 ISO 14001 是系列标准的核心标准,也是唯一可用于第三方认证的标准。该标准已经在全球获得了普遍的认同。

ISO 14001 的构成。作为 ISO 14000 系列标准中最重要也是最基础的一项标准,ISO 14001《环境管理体系规范及使用指南》分站在政府、社会、采购方的角度对组织的环境管理体系(环境管理制度)提出了共同的要求以有效地预防与控制污染并提高资源与能源的利用效率。ISO 14001 是组织建立与实施环境管理体系和开展认证的依据。ISO 14007 标准由环境方针、策划、实施与运行、检查和纠正、管理评审 5 个部分的 17

个要素构成,具体见表 11-2。各要素之间有机结合,紧密联系,形成 PDCA 循环的管理体系,并确保组织的环境行为持续改进。

表 11-2   ISO 14001 的要素构成

	一级要素	二级要素
要素名称	(一)环境方针	1. 环境方针
	(二)规划(策划)	2. 环境因素 3. 法律和其他要求 4. 目标和指标 5. 环境管理方案
	(三)实施和运行	6. 组织机构和责任 7. 培训、意识和能力 8. 信息交流 9. 环境管理体系文件 10. 文件控制 11. 运行控制 12. 应急准备和反应
	(四)检查和纠正措施	13. 监测和测量 14. 不一致纠正和预防措施 15. 记录 16. 环境管理体系审核
	(五)管理评审	17. 管理评审

ISO 14000 系列标准在世界各国开始了如火如荼的认证推广过程。目前,全世界已经有 11 000 余家公司或企业获得了 ISO 14001 标准认证证书,我国也有 100 余家企业获得了证书。

11.1.3 质量、环境、职业健康安全标准的异同

质量、环境、职业健康安全标准之间既有相同或相似之处,也有不同之处。相同相似之处主要有:都是推荐采用的管理标准;都是采用相同的管理模式;结构和要素等内容上有相同或相似之处;均可成为贸易准入的条件,有利于企业消除贸易壁垒,进入国际市场;都有审核的内容,但程序相似;适用范围相同,都适用于各种类型的企业组织;通过管理体系的建立、实施和改进,可对企业内的活动过程及要素进行控制和优化,达到预期的方针目标。不同之处主要有:标准的服务点不同,ISO 9000 面对产品质量,而 ISO 14000 面对外环境影响,OHSAS 18000 面对企业内部安全卫生;标准的级别不同,ISO 9000、ISO 14000 是 ISO 正式发布的国际性标准,而 OHSAS 18000 尚未由 ISO 组织统一发布,不是国际性标准;要素内容完全不同、结构不完全对应;主管部门不相同,我国的 ISO 9000 由技术监督局主管,ISO 14000 由环境保护局主管,OHSAS 18000 属国家经贸委安全生产局主管。

11.2 工程职业健康安全事故的分类和处理

11.2.1 工程职业健康安全事故的分类

职业健康安全事故分两大类型,即职业伤害事故与职业病。

1)职业伤害事故

职业伤害事故是指因生产过程及工作原因或与其相关的其他原因造成的伤亡事故。

(1)按照事故发生的原因分类

按照我国《企业伤亡事故分类》(GB 6441—1986)标准规定,职业伤害事故分为20类。

(2)按事故后果严重程度分类

轻伤事故:造成职工肢体或某些器官功能性或器质性轻度损伤,表现为劳动能力轻度或暂时丧失的伤害,一般每个受伤人员休息:1个工作日以上,105个工作日以下。

重伤事故:一般指受伤人员肢体残缺或视觉、听觉等器官受到严重损伤,能引起人体长期存在功能障碍或劳动能力有重大损失的伤害,或者造成每个受伤人损失105工作日以上的失能伤害。

死亡事故:一次事故中死亡职工1~2人的事故。

重大伤亡事故:一次事故中死亡3人以上(含3人)的事故。

特大伤亡事故:一次死亡10人以上(含10人)的事故。

急性中毒事故:指生产性毒物一次或短期内通过人的呼吸道、皮肤或消化道大量进入体内,使人体在短时间内发生病变,导致职工立即中断工作,并须进行急救或死亡的事故;急性中毒的特点是发病快,一般不超过一个工作日,有的毒物因毒性有一定的潜伏期,可在下班后数小时发病。

2)职业病

经诊断因从事接触有毒有害物质或不良环境的工作而造成急慢性疾病,属职业病。

2002年卫生部会同劳动和社会保障部发布的《职业病目录》列出的法定职业病为10大类共115种。该目录中所列的10大类职业病如:尘肺、职业性放射性疾病职业中毒、物理因素所致职业病、生物因素所致职业病、职业性皮肤病、职业性眼病、职业性耳鼻喉口腔疾病、职业性肿瘤、其他职业病:金属烟热、职业性哮喘、职业性变态反应性肺泡炎、棉尘病、煤矿井下工人滑囊炎等。

11.2.2 工程职业健康安全事故的处理

1)安全事故处理的原则(四不放过的原则)

(1)事故原因不清楚不放过。

（2）事故责任者和员工没有受到教育不放过。

（3）事故责任者没有处理不放过。

（4）没有指定防范措施不放过。

2）安全事故处理程序

（1）报告安全事故。

（2）处理安全事故，抢救伤员，排除险情，防止事故扩大，做好标识，保护好现场等。

（3）安全事故调查。

（4）对事故责任者进行处理。

（5）编写调查报告并上报。

3）安全事故统计规定

企业职工伤亡事故统计实行地区考核为主的制度。各级隶属关系的企业和企业主管单位要按当地安全生产行政主管部门规定的时间报送报表。

安全生产行政主管部门对各部门的企业职工伤亡事故情况实行分级考核。企业报送主管部门的数字要与报送当地安全生产行政主管部门的数字一致，各级主管部门应如实想同级安全生产行政主管部门报送。

省级安全生产行政主管部门和国务院各有关部门及计划单列的企业集团的职工伤亡事故统计月报表、年报表应按时报到国家安全生产行政主管部门。

4）伤亡事故处理规定

事故调查组提出的事故处理意见和防范措施建议，由发生事故的企业及其主管部门负责处理。

因忽视安全生产、违章指挥、违章作业、玩忽职守或者发现事故隐患、危害情况而不采取有效措施以致造成伤亡事故的，由企业主管部门或者企业按照国家有关规定，对企业负责人和直接责任人员给予行政处分；构成犯罪的，由司法机关依法追究刑事责任。

在伤亡事故发生后隐瞒不报、谎报、故意迟延不报、故意破坏事故现场，或者以不正当理由，拒绝接受调查以及拒绝提供有关情况和资料的，由有关部门按照国家有关规定，对有关单位负责人和直接责任人员给予行政处分；构成犯罪的，由司法机关依法追究刑事责任。

伤亡事故处理工作应当在 90 日内结案，特殊情况不得超 180 日。伤亡事故处理结案后，应当公开宣布处理结果。

5）工伤认定

（1）职工有下列情形之一的，应当认定为工伤。

在工作时间和工作场所内，因工作原因受到事故伤害的。

工作时间前后在工作场所内，从事与工作有关的预备性或者收尾性工作受到事故伤害的。

在工作时间和工作场所内,因履行工作职责受到暴力等意外伤害的。

患职业病的。

因工外出期间,由于工作原因受到伤害或者发生事故下落不明的。

在上下班途中,受到机动车事故伤害的。

法律、行政法规规定应当认定为工伤的其他情形。

(2)职工有下列情形之一的,视同工伤。

在工作时间和工作岗位,突发疾病死亡或者在 48 小时之内经抢救无效死亡的。

在抢险救灾等维护国家利益、公共利益活动中受到伤害的。

职工原在军队服役,因战、因公负伤致残,已取得革命伤残军人证,到用人单位后旧伤复发的。

(3)职工有下列情形之一的,不得认定为工伤或者视同工伤。

因犯罪或者违反治安管理条例伤亡的。

醉酒导致伤亡的。

自残或者自杀的。

6)职业病的处理

(1)职业病报告

地方各级卫生行政部门指定相应的职业病防治机构或卫生防疫机构负责职业病统计和报告工作。职业病报告实行以地方为主,逐级上报的办法。

一切企、事业单位发生的职业病,都应按规定要求向当地卫生监督机构报告,由卫生监督机构统一汇总上报。

(2)职业病处理

职工被确诊患有职业病后,其所在单位应根据职业病诊断机构的意见,安排其医疗或疗养。

在医治或疗养后被确认不宜继续从事原有害作业或工作的,应自确认之日起的两个月内将其调离原工作岗位,另行安排工作;对于因工作需要暂不能调离的生产、工作的技术骨干,调离期限最长不得超过半年。

患有职业病的职工变动工作单位时,其职业病待遇应由原单位负责或两个单位协调处理,双方商妥后方可办理调转手续。并将其健康档案、职业病诊断证明及职业病处理情况等材料全部移交新单位。调出、调入单位都应将情况报告所在地的劳动卫生职业病防治机构备案。

职工到新单位后,新发生的职业病不论与现工作有无关系,其职业病待遇由新单位负责。劳动合同制工人,临时工终止或解除劳动合同后,在待业期间新发现的职业病,与上一个劳动合同期工作有关时,其职业病待遇由原终止或解除劳动合同的单位负责,如原单位已与其他单位合并,由合并后的单位负责;如原单位已撤销,应由原单位的上级主管机关负责。

11.3 工程安全管理

工程安全在世界各国都是一个受到普遍关注的重要问题。广义的工程安全包含两个方面的含义：其一是指工程建筑物本身的安全，即质量是否达到了合同要求、能否在设计规定的年限内安全使用，设计质量和施工质量直接影响到工程本身的安全，二者缺一不可；其二是指在工程施工过程中人员的安全，特别是合同有关各方在现场工作人员的生命安全。

工程安全管理是施工企业全体员工及各部门同心协力，把专业技术、生产管理、数理统计和安全教育结合起来。建立从签订施工合同，进行施工组织设计、现场平面设置等施工准备工作开始，到施工的各个阶段，直至工程竣工验收活动全过程的安全保证体系，采用行政、经济、法律、技术和教育等手段，有效地控制设备事故、人身伤亡事故和职业危害的发生，实现安全生产、文明施工。

工程安全管理的内容如图11-2所示。

工程安全管理的关键是把过去那种在事故发生后以吸取教训为主转变为在事故发生前以预防为主；从管事故变为管酿成事故的不安全因素，把酿成事故的诸因素查出来，抓主要矛盾，发动全员、全部门参加，依靠科学的安全管理理论、程序和方法，将施工生产全过程中潜伏的危险置于受控状态，消除事故隐患，确保施工生产安全。

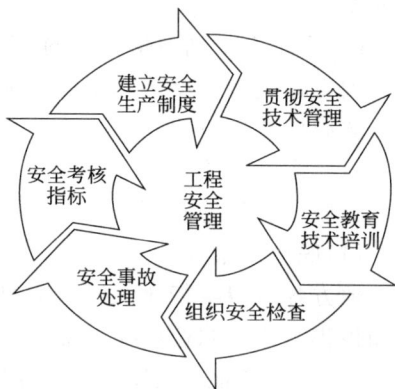

图11-2 工程安全管理的内容

11.3.1 工程施工安全控制的特点、程序和基本要求

1）安全控制的概念

（1）安全生产的概念

安全生产是指使生产过程处于避免人身伤害、设备损坏及其他不可接受的损害风险（危险）的状态。

不可接受的损害风险（危险）通常是指：超出了法律、法规和规章的要求；超出了方针、目标和企业规定的其他要求；超出了人们普遍接受（通常是隐含的）要求。

因此，安全与否要对照风险接受程度来判定，是一个相对性的概念。

（2）安全控制的概念

安全控制是通过对生产过程中涉及的计划、组织、监控、调节和改进等一系列致力于满足生产安全所进行的管理活动。

2)安全控制的方针与目标

(1)安全控制的方针

安全控制的目的是为了安全生产,因此安全控制的方针也应符合安全生产的方针,即"安全第一,预防为主"。

"安全第一"是把人身的安全放在首位,安全为了生产,生产必须保证人身安全,充分体现了"以人为本"的理念。"预防为主"是实现"安全第一"的最重要手段,采取正确的措施和方法进行安全控制,从而减少甚至消除事故隐患,尽量把事故消灭在萌芽状态,这是安全控制最重要的思想。

(2)安全控制的目标

安全控制的目标是减少和消除生产过程中的事故,保证人员健康安全和财产免受损失。具体可包括:

减少或消除人的不安全行为的目标;

减少或消除设备、材料的不安全状态的目标;

改善生产环境和保护自然环境的目标;

安全管理的目标。

11.3.2　工程安全管理的基本原则、要求

1)工程安全管理的原则

工程安全管理应遵循以下五条基本原则:

(1)"生产、安全共管原则"。安全是生产顺利进行的必要保证,抓生产必须首先抓安全。

(2)"全员管理、安全第一原则"。在整个安全管理中,要树立安全第一的思想,生产必须安全,安全为了生产。

(3)"预防为主原则"。应坚持预防为主,防患于未然,着眼于事先控制。从施工开始,就要把人、财、物综合加以考虑,建立安全保证体系和预控网络,对重点部位实行重点预防,设立专门机构和人员负责抓安全工作,相应地安排安全设备和必要的安全设施。

(4)"动态控制原则"。根据工程部施工的实际情况(施工进度、施工季节、施工工艺等)实行重点突出、灵活多变的动态安全防范管理,以确保施工安全进行。

(5)"全面控制原则"。安全管理贯穿工程施工全过程,事先要做好充分的调查研究,针对现场实际情况,对施工中可能遇到的问题、不安全因素加以认真分析,制定施工方案,采取安全对策措施。

2)工程安全管理的基本要求

工程安全管理工作应力争做到"三全、一多",即"全员、全过程、全企业的安全管理,多种多样的管理方法"。

(1)安全管理是全员安全管理

安全管理是一项系统工程。企业中任何一个人和任何一个生产环节的工作,都会不同程度地直接或间接地影响着安全工作,因此,必须把所有人员的积极性充分调动起来,人人关心安全,全体参加安全管理。只有通过各方面的共同努力,才能做好安全管理工作。

要实现全员安全管理应抓好两个方面:

①首先必须抓好全员的安全教育,强化员工的安全意识,牢固树立"安全第一"的思想,促进员工自觉地参加安全管理的各项活动。同时,还要不断提高员工的技术素质、管理素质和政治素质,以适应深入开展全员安全管理的需要。

②要实现全员安全管理,除要执行过去一些行之有效的管理办法外,还要开展岗位责任承包,单位和个人每年都要相互签订包保合同,实行连锁承包责任制,与此同时运用安全按月计奖、资金抵押承包、与工资挂钩等一系列经济手段来抓管理,把安全目标管理落到实处。

(2)安全管理是全过程安全管理

安全管理的范围包括设计、施工准备、生产安装、竣工验收的全过程,对每项工作、每种工艺、每个施工阶段的每一步骤,都要抓好安全管理。对施工企业来说,就是对从工程设计、施工准备工作,到生产安装的各个阶段,直至工程竣工验收、交付使用的全过程所进行的安全管理,也就是纵向一条线的安全管理。

(3)安全管理是全企业安全管理

安全管理可以从安全职能和组织管理来理解:

①从安全职能上看,安全职能分散在企业的各个部门,要搞好企业生产安全,就必须将企业各部门的安全职能充分地发挥出来,都对安全生产负责。但由于各部门在企业中的职责和作用不同,其安全管理的内容是不一样的,因此需要加强各部门之间的组织协调,齐心协力地把安全工作做好。

②从组织管理角度看,"全企业"的含义就是要求企业各管理层次都有明确的安全管理活动内容。每个施工企业的管理,都可以分为上层、中层、基层管理,每个层次都有自己的安全管理活动的重点内容。上层管理侧重于安全管理决策,并统一组织、协调企业各部门、各环节、各类人员的安全管理活动以保证实现企业的安全管理目标;中层管理则要实施领导层的安全决策,执行各自的安全职能,进行具体的安全业务管理;基层管理则要求员工严格按照标准,按规章制度、操作规程施工,完成具体的安全生产任务。

综上所述,"全员"、"全过程"、"全企业"三个方面的安全管理,编织成纵横交错的安全管理网络,囊括企业全部安全管理工作的内容。

11.3.3　铁道电气化工程安全控制的特点

1)控制面广

由于建设工程规模较大,生产工艺复杂、工序多,在建造过程中流动作业多,高处作

业多,作业位置多变,遇到的不确定因素多,安全控制工作涉及范围大,控制面广。

2)控制的动态性

由于铁道电气化工程项目的单件性,使得每项工程所处的条件不同,所面临的危险因素和防范措施也会有所改变,员工在转移工地后,熟悉一个新的工作环境需要一定的时间,有些工作制度和安全技术措施也会有所调整,员工同样有个熟悉的过程。

铁道电气化工程项目施工的分散性。因为现场施工是分散于施工现场的各个部位,尽管有各种规章制度和安全技术交底的环节,但是面对具体的生产环境时,仍然需要自己的判断和处理,有经验的人员还必须适应不断变化的情况。

3)控制系统交叉性

铁道电气化工程项目是开放系统,受自然环境和社会环境影响很大,安全控制需要把工程系统和环境系统及社会系统结合。

4)控制的严谨性

安全状态具有触发性,其控制措施必须严谨,一旦失控,就会造成损失和伤害。

11.3.4 施工安全控制的程序

施工安全控制的程序如图 11-3 所示。

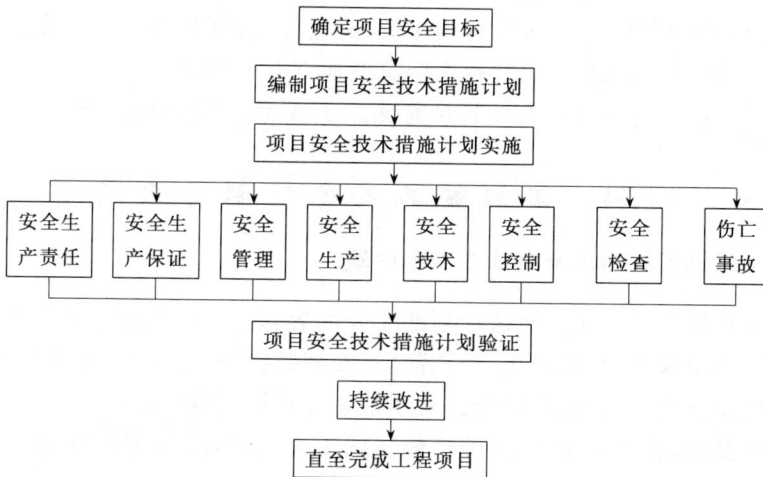

图 11-3 施工安全控制的程序

1)确定项目的安全目标

按"目标管理"方法在以项目经理为首的项目管理系统内进行分解,从而确定每个岗位的安全目标,实现全员安全控制。

2)编制项目安全技术措施计划

对生产过程中的不安全因素,用技术手段加以消除和控制,并用文件化的方式表示,这是落实"预防为主"方针的具体体现,是进行工程项目安全控制的指导性文件。

3)安全技术措施计划的落实和实施

包括建立健全安全生产责任制、设置安全生产设施、进行安全教育和培训、沟通和交流信息、通过安全控制使生产作业的安全状况处于受控状态。

4)安全技术措施计划的验证

包括安全检查、纠正不符合情况,并做好检查记录工作。根据实际情况补充和修改安全技术措施。

5)持续改进,直至完成铁道电气化工程项目的所有工作。

11.3.5　施工安全控制的基本要求

(1)必须取得安全行政主管部门颁发的《安全施工许可证》后才可开工。

(2)总承包单位和每一个分包单位都应持有《施工企业安全资格审查认可证》。

(3)各类人员必须具备相应的执业资格才能上岗。

(4)所有新员工必须经过三级安全教育,即进厂、进车间和进班组的安全教育。

(5)特殊工种作业人员必须持有特种作业操作证,并严格按规定定期进行复查。

(6)对查出的安全隐患要做到"五定",即定整改责任人、定整改措施、定整改完成时间、定整改完成人、定整改验收人。

(7)必须把好安全生产"六关",即措施关、交底关、教育关、防护关、检查关、改进关。

(8)施工现场安全设施齐全,并符合国家及地方有关规定。

(9)施工机械(特别是现场安设的起重设备等)必须经安全检查合格后方可使用。

11.4　工程施工安全控制的方法

11.4.1　建设工程施工安全技术措施计划

1)建设工程施工安全技术措施计划的主要内容包括:工程概况、控制目标、控制程序、组织机构、职责权限、规章制度、资源配置、安全措施、检查评价、奖惩制度等。

2)编制施工安全技术措施计划时,对于某些特殊情况应考虑:

①对结构复杂、施工难度大、专业性较强的工程项目,除制定项目总体安全保证计划外,还必须制定单位工程或分部分项工程的安全技术措施;

②对高处作业、井下作业等专业性强的作业,电器、压力容器等特殊工种作业,应制定单项安全技术规程,并应对管理人员和操作人员的安全作业资格和身体状况进行合格检查。

3)制定和完善施工安全操作规程,编制各施工工种,特别是危险性较大工种的安全施工操作要求,作为规范和检查考核员工安全生产行为的依据。

4)施工安全技术措施:施工安全技术措施包括安全防护设施的设置和安全预防措

施,主要有 17 个方面的内容,如防火、防毒、防爆、防洪、防尘、防雷击、防触电、防坍塌、防物体打击、防机械伤害、防起重设备滑落、防高空坠落、防交通事故、防寒、防暑、防疫、防环境污染等方面措施。

11.4.2 施工安全技术措施计划的实施

1)安全生产责任制

建立安全生产责任制是施工安全技术措施计划实施的重要保证。安全生产责任制是指企业对项目经理部各级领导、各个部门、各类人员所规定的在他们各自职责范围内对安全生产应负责任的制度。

2)安全技术交底

(1)安全技术交底的基本要求

项目经理部必须实行逐级安全技术交底制度,纵向延伸到班组全体作业人员;技术交底必须具体、明确,针对性强;技术交底的内容应针对分部分项工程施工中给作业人员带来的潜在危害和存在问题;应优先采用新的安全技术措施;应将工程概况、施工方法、施工程序、安全技术措施等向工长、班组长进行详细交底;定期向由两个以上作业队和多工种进行交叉施工的作业队伍进行书面交底;保持书面安全技术交底签字记录。

(2)安全技术交底主要内容

本工程项目的施工作业特点和危险点;针对危险点的具体预防措施;应注意的安全事项;相应的安全操作规程和标准;发生事故后应及时采取的避难和急救措施。

3)工程安全检查与事故处理

安全检查是安全管理的重要内容,是识别和发现不安全因素、揭示和消除事故隐患、加强防护措施,以及预防工伤事故和职业危害的重要手段。安全检查工作具有经常性、专业性和群众性特点。实施安全检查的目的是:通过检查增强广大员工的安全意识,促进企业对劳动保护和安全生产方针、政策、规章、制度的贯彻落实,解决安全生产上存在的问题,有利于改善企业的劳动条件和安全生产状况,预防工伤事故发生;通过互相检查、相互督促、交流经验,取长补短,进一步推动企业搞好安全生产。安全检查不仅包括政府监督人员对施工现场的巡视,还包括工程自身人员的检查。

工程项目安全检查的目的是为了消除隐患、防止事故、改善劳动条件及提高员工安全生产意识的重要手段,是安全控制工作的一项重要内容。通过安全检查可以发现工程中的危险因素,以便有计划地采取措施,保证安全生产。施工项目的安全检查应由项目经理组织,定期进行。

(1)安全检查的类型

安全检查可分为日常性检查、专业性检查、季节性检查、节假日前后的检查和不定期检查。

日常性检查即经常的、普遍的检查。企业一般每年进行 1～4 次;工程项目组、车间、科室每月至少进行一次;班组每周、每班次都应进行检查。专职安全技术人员的日常检查应该有计划,针对重点部位周期性地进行。

专业性检查是针对特种作业、特种设备、特殊场所进行的检查,如电焊、气焊、起重设备、运输车辆、锅炉压力容器、易燃易爆场所等。

季节性检查是指根据季节特点,为保障安全生产的特殊要求所进行的检查。如春季风大,要着重防火、防爆;夏季高温多雨雷电,要着重防暑、降温、防汛、防雷击、防触电;冬季着重防寒、防冻等。

节假日前后的检查是针对节假日期间容易产生麻痹思想的特点而进行的安全检查,包括节日前进行安全生产综合检查,节日后要进行遵章守纪的检查等。

不定期检查是指在工程或设备开工和停工前、检修中、工程或设备竣工及试运转时进行的安全检查。

(2)安全检查的注意事项

安全检查要深入基层、紧紧依靠职工,坚持领导与群众相结合的原则,组织好检查工作。建立检查的组织领导机构,配备适当的检查力量,挑选具有较高技术业务水平的专业人员参加。做好检查的各项准备工作,包括思想、业务知识、法规政策和检查设备、奖金的准备。明确检查的目的和要求。既要严格要求,又要防止一刀切,要从实际出发,分清主、次矛盾,力求实效。把自查与互查有机结合起来,基层以自检为主,企业内相应部门间互相检查,取长补短,相互学习和借鉴。坚持查改结合。检查不是目的,只是一种手段,整改才是最终目的。发现问题,要及时采取切实有效的防范措施。建立检查档案,结合安全检查表的实施,逐步建立健全检查档案,收集基本的数据,掌握基本安全状况,为及时消除隐患提供数据,同时也为以后的职业健康安全检查奠定基础。在制定安全检查表时,应根据用途和目的具体确定安全检查表的种类。安全检查表的主要种类有:设计用安全检查表、公司级安全检查表、车间安全检查表、班组及岗位安全检查表、专业安全检查表等。制定安全检查表要在安全技术部门的指导下,充分依靠职工来进行。初步制定出来的检查表,要经过群众的讨论,反复试行,再加以修订,最后由安全技术部门审定后方可正式实行。

(3)安全检查的主要内容

查思想。主要检查企业的领导和职工对安全生产工作的认识。

查管理。主要检查工程的安全生产管理是否有效。主要内容包括:安全生产责任制、安全技术措施计划、安全组织机构、安全保证措施、安全技术交底、安全教育、持证上岗、安全设施、安全标识、操作规程、违规行为、安全记录等。

查隐患。主要检查作业现场是否符合安全生产、文明生产的要求。

查整改。主要检查对过去提出问题的整改情况。

查事故处理。对安全事故的处理应达到查明事故原因、明确责任并对责任者做出处理、明确和落实整改措施等要求。同时还应检查对伤亡事故是否及时报告、认真调

查、严肃处理。

安全检查的重点是违章指挥和违章作业。安全检查后应编制安全检查报告,说明已达标项目、未达标项目、存在问题、原因分析、纠正和预防措施。

(4)项目经理部安全检查的主要规定

定期对安全控制计划的执行情况进行检查、记录、评价和考核,对作业中存在的不安全行为和隐患,签发安全整改通知,由相关部门制定整改方案,落实整改措施,实施整改后应予复查。根据施工过程的特点和安全目标的要求确定安全检查的内容。安全检查应配备必要的设备或器具,确定检查负责人和检查人员,并明确检查的方法和要求。检查应采取随机抽样、现场观察和实地检测的方法,并记录检查结果,纠正违章指挥和违章作业。对检查结果进行分析,找出安全隐患,确定危险程度,同时编写安全检查报告并上报。

无论管理人员采取的安全措施多么完善,都不应忽视发生严重事故的可能性。最好的办法是预测有可能发生的安全问题,并且采取相应的应急方法。承包商要在事故发生 24 h 内报告所有员工的工伤事故、财产损失事故、火灾、管道泄露和事故隐患。造成死亡、重伤、严重损坏的事故,应立即报告业主。除非为了采取拯救行动和其他应急措施业主有其他的命令和严重事故的现场必须妥善保护,不能继续施工。所有的工伤报告,都应包括事故数据、对事故的简洁全面的描述、事故原因、已确定的伤害和为了不让事故再次发生所采取的措施。完整的报告应包括所有造成财产损失的事故及其对将来造成的影响(如果有),如工程进度等。

4)工程安全教育与培训

由于工程施工一般是在野外露天作业,因而受气候、地质等自然条件影响大,不安全因素情况复杂。为使员工适应施工作业环境,实现安全生产目标,一个必要的条件就是员工要具有坚实的安全生产基本知识和基本技能,提高对施工作业环境的适应性,并养成安全作业规范化习惯。为此,必须有计划地开展安全教育工作,不断提高各级领导干部和全体员工的安全技术水平。

安全生产教育内容包括安全思想教育、安全法制教育、安全纪律教育、安全技术知识教育和典型事故教育。安全教育工作的主要任务是:不断增强企业全体员工的安全意识,并使之掌握和运用安全管理的方法和技术。也就是说,通过安全教育工作,使员工牢固树立"安全第一,预防为主"的思想,懂得安全生产是企业实现文明施工、取得好的经济效益的重要手段,不仅满足企业生存发展的需要,而且保证员工自身免受伤害的需求。安全生产不只是哪一个人的事情,而是与整个社会、企业、自身、他人及家庭幸福息息相关的大事。员工有了这种认识,在施工生产中就会自觉地遵守各种安全生产规章制度和施工作业规程,保护自己和他人的安全和健康,实现安全施工。把安全知识、安全技能、设备性能、操作规程、安全法规等作为安全教育的主要内容。建立经常性的安全教育考核制度,考核成绩要记入员工档案。电工、电焊工、架子工、司炉工、爆破工、机操工、起重工、机械司机、机动车辆司机等特殊工种工人,除一般安全教育外,还要经过专业安全技能培训,经考试合格持证后,方可独立操作。采用新技术、新工艺、新设备施工和调换工作岗位时,也要进行安全教育,未经安全教育培训的人员不得上岗操作。

11.4.3 电气化工程安全管理的内容

安全生产是企业管理中永恒的主体,是企业生存与发展的基础,是加快施工进度、提高经济效益的基本条件。施工安全管理必须贯彻"安全第一、预防为主"的方针,坚持"三个不变"和"党、政、工、团"齐抓共管的原则,狠抓"三防"(防违章指挥、防违章操作、防思想淡薄意识)、"两纪"(工作纪律,劳动纪律)。综合运用各种有效的管理方法、手段和科学技术,从企业的实际出发,制订并完善各项标准和各种制度及措施,在唯实、唯干上下工夫。电气化工程安全管理工作的基本内容有如下几个方面:

1)建立健全安全管理保证体系

安全管理保证体系是企业各级组织、职能部门职责范围的一个组成部分,也是安全管理的核心。通过这一体系,使施工安全管理工作从组织领导和责任上统一起来,做到层层有专责,事事有部门管,保证安全生产。

广义地说,企业的各级组织和部门都与施工生产有关,因此都必须同时管安全。实现安全生产是企业的整体目标,是一项全局性的工作,需要方方面面通力协作。不同的层次、不同的部门都要从不同的角度承担责任和义务。"管生产必须管安全"的原则通用于各级组织和部门,都应为实现安全生产承担自己应有的责任。

2)健全安全管理机构

安全生产的方针、政策、法令等是做好安全管理工作的首要因素,离开了这些就会无所依据。但是仅仅有了这些,如果没有适当的机构和人员,没有有效的管理,工作是无法做好的。方针、政策、法令必须通过一定的机构和人员去贯彻执行,具体管理安全方面的工作。

3)建立安全生产委员会

为了有序有效地推动并开展安全管理工作,在专业安全管理组织之上应建立"安全生产委员会",负责领导、监督、协调、解决安全管理和涉及安全生产中的重大问题,其基本职责有以下几个方面:

(1)监察、督促所属单位及部门认真贯彻执行安全生产的方针、政策和法规。

(2)审查安全生产和劳动保护的各项规章制度。

(3)根据施工生产的发展、企业的劳动条件以及工伤(亡)等事故,在不同时期内,提出安全生产和劳动保护的中心任务,督促并研究解决施工中的重大安全及劳动保护问题,有计划有步骤地改善劳动条件。

(4)深入调查研究,分析了解事故隐患,确认事故等级,制定奖惩标准。

(5)总结和交流所属企业安全管理工作经验,根据本企业的具体情况,提出安全管

理科学研究的方向和任务。

4）建立健全施工生产安全制度

安全制度包括生产安全责任制、安全技术措施制度、安全教育制度等。

5）进行安全检查

安全检查是安全管理的重要内容，也是落实安全技术措施，发现并消除事故隐患，督促整改、预防事故的基本手段。安全检查除采用定期和不定期检查外，还应采用专项检查，其目的是消除、控制事故因素和事故频率，为施工生产的顺利进行奠定可靠的基础条件。

6）开展群众性安全生产活动

做好施工安全管理工作，只靠专业管理机构和专业技术人员是不行的，必须把专业管理和群众管理结合起来，形成上下结合、专群结合、同心协力、齐抓共管，"人人管生产、人人管安全"的管理网络，充分发挥工会和群众安全员网的作用。

企业各级组织及安全职能部门，要开展经常性群众安全活动，如开展百日安全无事故、岗位练兵、身边无事故、安全知识竞赛、安全监督岗、安全演讲比赛等有效的活动，围绕安全管理工作，发挥各自的优势，搞好安全建设，增添安全工作的有机动力，把安全工作的方针目标渗透到各项工作之中。

7）安全生产教育

安全教育是提高干部、职工安全素质，搞好安全生产的前提。学习安全知识，对提高施工技术水平，防止施工过程中发生人身、设备、行车、运输事故起保障作用。安全生产教育要做到广泛性、艰巨性、持久性、多样性和紧迫性。

复习思考题

1. 工伤的认定及事故处理原则是什么？
2. 安全管理的原则与方法有哪些？
3. 工程施工安全控制的方法有哪些？
4. 铁道电气化工程安全控制的特点及程序是什么？

12 铁道电气化工程监理

12.1 工程监理概述

12.1.1 工程监理的内涵

在工程咨询业的发展过程中,各国对工程监理的理解不尽相同,使工程监理包含有丰富的内涵。人们可以从方法、模式、行为和制度来理解,构成了工程监理的不同内涵(图 12-1)。

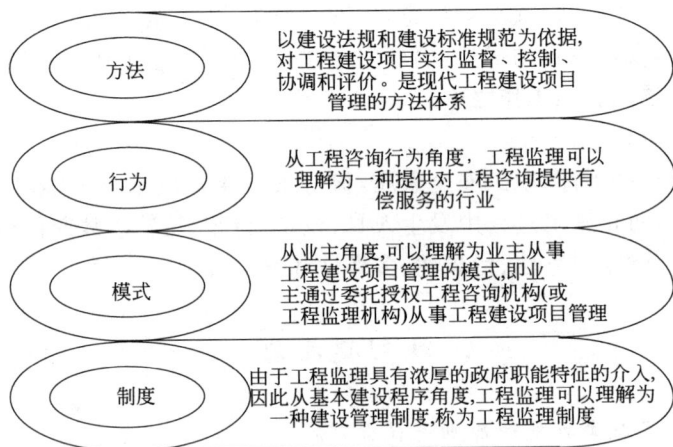

方法	以建设法规和建设标准规范为依据,对工程建设项目实行监督、控制、协调和评价。是现代工程建设项目管理的方法体系
行为	从工程咨询行为角度,工程监理可以理解为一种提供对工程咨询提供有偿服务的行业
模式	从业主角度,可以理解为业主从事工程建设项目管理的模式,即业主通过委托授权工程咨询机构(或工程监理机构)从事工程建设项目管理
制度	由于工程监理具有浓厚的政府职能特征的介入,因此从基本建设程序角度,工程监理可以理解为一种建设管理制度,称为工程监理制度

图 12-1 工程监理的内涵

12.1.2 监理单位与建设单位、承建单位之间的关系

按我国现行的工程监理法规的规定,监理单位、建设单位和承建单位之间存在着如图 12-2 的关系。

1)建设单位与监理单位的委托与被委托关系

建设单位与监理单位的委托与被委托关系是通过双方签订监理委托合同而确定下来的。因此,建设单位必须在监理单位实施监理前,将监理内容、总监理工程师姓名及所授予的权限,书面通知承建单位,并按监理委托合同的规定支付监理单位的监理酬金;在监理实施过程中,总监理工程师应定期向建设单位报告工程情况。未经建设单位

授权,总监理工程师无权自主变更建设单位与承建单位签署的工程承包合同。由于不可预见和不可抗拒的因素,总监理工程师认为需要变更工程承包合同时,要及时向建设单位提出建议,协助建设单位与承建单位协商变更工程承包合同。

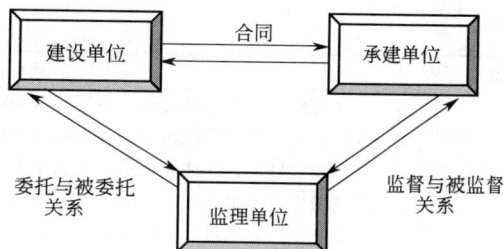

2)监理单位与承建单位的监督与被监督的关系

图 12-2　监理单位与建设单位、承建单位关系图

在建设单位有关委托授权监理事项通知承建单位后,总监理工程师也应及时将其授予监理工程师的有关权限以书面形式通知承建单位。承建单位必须接受监理单位的监理,并为其开展工作提供方便,按照要求提供完整的原始记录、检测记录等技术经济资料。

12.1.3　工程监理公司

1)工程监理公司的设立条件

工程监理公司的设立条件主要有以下 5 条:

(1)要具备一定数量的专业人员

(2)建立完善的监理工作制度

(3)建立科学的组织管理系统

(4)具备较为完善的监理设施

(5)做好工程监理公司申报工作的准备

2)我国工程监理公司的组织模式

按《公司法》的规定,我国工程监理公司可以具有多种组织模式。一般按经济属性和隶属关系,主要有独资型(或企事业型)工程监理公司、合作型(或合营型)工程监理公司和股份制工程监理公司。

3)工程监理企业资质管理

工程监理单位的资质是指监理单位从事工程监理业务所应具备的综合能力,包括监理人员素质、监理单位的技术及管理能力、监理单位的工作业绩等多方面。

表 12-1　工程监理企业资质等级与业务范围

资质等级	等级标准	业务范围
甲级	企业负责人和技术负责人应当具有 15 年以上从事工程建设工作的经历,企业技术负责人应当取得监理工程师注册证书; 取得监理工程师注册证书的人员不少于 25 人; 注册资本不少于 100 万元; 近三年内监理过 5 个以上二等房屋建筑工程项目或者三个以上二等专业工程项目	经核定的工程类别中的一、二、三等工程

资质等级	等级标准	业务范围
乙级	企业负责人和技术负责人应当具有 10 年以上从事工程建设工作的经历,企业技术负责人应当取得监理工程师注册证书; 取得监理工程师注册证书的人员不少于 15 人; 注册资本不少于 50 万元; 近三年内监理过 5 个以上三等房屋建筑工程项目或者三个以上三等专业工程项目	经核定的工程类别中的二、三等工程
丙级	企业负责人和技术负责人应当具有 8 年以上从事工程建设工作的经历,企业技术负责人应当取得监理工程师注册证书; 取得监理工程师注册证书的人员不少于 5 人; 注册资本不少于 10 万元; 承担过两个以上房屋建筑工程项目或者一个以上专业工程项目	经核定的工程类别中的三等工程

国家建设主管部门对监理单位的资质审核都有明确规定。我国于 2001 年 8 月 23 日发布并实施了《工程监理企业资质管理规定》,1992 年 1 月 18 日建设部颁布的《工程建设监理单位资质管理试行办法》同时废止。《工程监理企业资质管理规定》共六章,分别为总则、资质等级和业务范围、资质申请和审批、监督管理、罚则、附则。

按照《工程监理企业资质管理规定》,监理单位的资质分为甲级、乙级、丙级三种。各等级的资质等级标准和业务范围如表 12-1 所示。

4)工程监理人员职责

工程监理人员主要包括总监理工程师、专业监理工程师和监理员,必要时可配备总监理工程师代表。总监理工程师应由具有三年以上同类工程监理工作经验的人员担任;总监理工程师代表应由具有两年以上同类工程监理工作经验的人员担任;专业监理工程师应由具有一年以上同类工程监理工作经验的人员担任。主要工程监理人员的职责如表 12-2 所示。

表 12-2　主要工程监理人员的职责表

总监理工程师	确定项目监理机构人员的分工和岗位职责; 主持编写项目监理规划、审批项目监理实施细则,负责管理项目监理机构的日常工作; 审查分包单位的资质,并提出审查意见; 检查和监督监理人员的工作,根据工程项目的进展情况可进行监理人员调配,对不称职的监理人员应调换其工作; 主持监理工作会议,签发项目监理机构的文件和指令; 审定承包单位提交的开工报告、施工组织设计、技术方案、进度计划; 审核签署承包单位的申请、支付证书和竣工结算; 审查和处理工程变更; 主持或参与工程质量事故的调查,调解建设单位与承包单位的合同争议、处理索赔、审批工程延期; 组织编写并签发监理月报、监理工作阶段性报告、专题报告和项目监理工作总结; 审核签认分部工程和单位工程的质量检验评定资料,审查承包单位的竣工申请,组织监理人员对待验收的工程项目进行质量检查,参与工程项目的竣工验收; 主持整理工程项目的监理资料

续上表

专业监理工程师	负责编制本专业的监理实施细则； 负责本专业监理工作的具体实施； 组织、指导、检查监督本专业监理员的工作，人员需要调整时向总监理工程师提出建议； 审查承包单位提交的涉及本专业的计划、方案、申请、变更，向总监理工程师提出报告； 负责本专业分项工程验收及隐蔽工程验收； 定期向总监理工程师提交本专业监理工作实施情况报告，对重大问题及时向总监理工程师汇报和请示； 根据本专业监理工作实施情况做好监理日记； 负责本专业监理资料的收集、汇总及整理，参与编写监理月报； 核查进场材料、设备、构配件的原始凭证、检测报告等质量证明文件及其质量情况，根据实际情况认为有必要时对进场材料、设备、构配件进行平行检验，合格时予以签认； 负责本专业的工程计量工作，审核工程计量的数据和原始凭证
监理员	在专业监理工程师的指导下开展现场监理工作； 检查承包单位投入工程的人力、材料、主要设备及其使用、运行状况，并做好检查记录；复核或从施工现场直接获取工程计量的有关数据并签署原始凭证； 按设计图及有关标准，对承包单位的工艺过程或施工工序进行检查和记录，对加工制作及工序施工质量检查结果进行记录； 担任旁站工作，发现问题及时指出并向专业监理工程师报告； 做好监理日记和有关的监理记录

经监理单位法定代表人同意和总监理工程师书面授权，总监理工程师代表可以代表总监理工程师行使其部分职责和权力。总监理工程师代表的职责主要有以下两项：负责总监理工程师指定或交办的监理工作；按总监理工程师的授权，行使总监理工程师的部分职责和权力。

但是，总监理工程师不得将下列工作委托总监理工程师代表：

(1)主持编写项目监理规划、审批项目监理实施细则；

(2)签发工程开工/复工报审表、工程暂停令、工程款支付证书、工程竣工报验单；

(3)审核签认竣工结算；

(4)调解建设单位与承包单位的合同争议、处理索赔、审批工程延期；

(5)根据工程项目的进展情况进行监理人员的调配，调换不称职的监理人员。

12.2 施工监理与验工计价

12.2.1 施工监理

施工过程中的监理主要有两方面的工作：

1)对承包商(施工单位)质量自检系统的监督

承包商(施工单位)应当有健全的质量自检系统，每道工序完成后要由承包商(施工单位)自身进行检查，在整个施工过程中承包商(施工单位)要有专门的质量人员负责质量管理。监理工程师的首要任务是对承包商(施工单位)的质量自检系统进行监督，使它充分发挥作用。对各项工程活动的监督。

施工监理工程师按照质量监控程序 PMRC 对工程质量形成的全过程进行监控：

(1)制定质量目标和质量计划,即 P(Plan)。

(2)实施质量监控,即 M(Monitor)。监理工程师实行巡回检查、现场监督、检查与检测,尤其是隐蔽工程必须经过检验合格后才允许隐蔽。

(3)报告,即 R(Report)。及时向有关部门报告质量检查结果和质量信息,以便采取措施。验工计价是其中的一项重要工作。

(4)纠正活动,即 C(Corrective Action),采取纠正措施,包括采取命令性的、组织的和技术的措施。

监理工程师对施工中的各个环节、各项活动进行监督,包括施工中采用的材料的质量和混合料的配合比,设备的运行与工艺,人员的组成和操作水平等。一旦发现问题,监理工程师有权责令承包商(施工单位)纠正或停止施工限期改正。

质量监控活动应当严格按照监控程序 PMRC 进行,上一个环节的完成是下一个环节的活动的基础和依据。

对于一个单位工程中的分部工程和分项工程而言,PMRC 循环是成群的,并且是系统地运转的。对于一个单位工程而言,则 PMRC 程序以其项目目标的实现为终点。

2)验工计价

施工监理中的一项重要的工作是验工计价,即计量支付的主要工作。监理工程师按照合同对承包商(施工单位)呈报的完成工程量,进行检验,确定其数量是否真实,其质量是否合格。

只有质量合格的工程项目才能承认完成工程量,并进而计算其相应的完成投资;凡质量不合格的工程项目,不能计算工程量,而需向有关部门报告,责令承包商(施工单位)补救或改进。业主(建设单位)按照监理工程师的验工计价的结果向承包商(施工单位)支付工程费用。

验工计价的依据包括:

(1)国家、铁道部基本建设投资计划及建设单位下达的年、季度投资计划或调整计划。

(2)"合同条款"及其附件中的综合单价、工程数量、款额。

(3)经建设单位签发的施工设计图和建设单位审核的施工图数量。

(4)经批准的开工报告。

(5)按计划或未按计划完成,经现场监理工程师签认及监理站确认,符合质量要求(质量要求可见"合同条款"及其相关文件),并经建设单位核定的实物工作量(严禁超前计价或隐瞒不报)。超计划完成部分必须由建设单位特别批准。

(6)按规定程序经批准的已经完成并符合工程质量要求及合同规定的变更设计、施工图增减工程数量及其他与工程有关的工程项目和费用。

施工过程的验工计价一般分阶段办理,即实行月预付,季度、年度验工计价,竣工清算。合同外发生的费用,经批准后按季度、年度验工计价一并办理。

合同内计价的一般做法:

①合同附表《承包工程项目及费用一览表》中的综合单价、单项费用包干项目的款额是合同内计价的依据,验工计价以施工设计图数量为准。

②站前工程在首次计价前,施工单位必须提供与承包工程项目及费用一览表中项目深度一致的施工图数量,经建设单位(工程指挥部)一次核定作为验工计价相对静态控制的基础;站后工程施工设计图到齐后,再行核定。符合产生新增项目条件的,应按概算章节表新增项目在合同外计价。

验工计价中的工程计量是一个关键,应力求正确、准确。具体的要求是工程计量必须是工程清单中的项目,包括为完成工程所需的准备项目,工程质量达到合同标准的项目,验收手续齐全、并有相应资料的项目。

对于合同外发生的费用,监理工程师须经调查核实,确定其工程额外的工程数量和相应的概算单价(或合同单价),进行验工计价。合同外发生的费用包括变更设计、工程数量差、自然灾害损失、废弃工程、工程事故处理等引起的额外费用。

Ⅰ类变更设计按类变更设计经原批准单位批准后,依照招标文件及合同条款的规定,按所在标段的其他未招标工程项目计算承包价的办法,即按所在标段中标价相应的降造幅度计算承包价,并按实际完成的工程数量经监理工程师签认,工程指挥部审核后,按季度计价。Ⅱ、Ⅲ类变更设计指挥部变更设计管理办法确定的原则,依据经签认并实际完成的变更设计工程量增减对照表,一份变更设计增减的数量据实一次性验工计价。

验工计价的单价的确定:已完成并经总监理工程师及工程建设指挥部签认的质量合格的施工设计图和变更设计工程数量,其单价按合同相应项目的综合单价。无相应综合单价的新增项目,由乙方按报出的单价分析及其资料编制综合单价,并按投标降造幅度折扣后,上报工程建设指挥部商定新单价作为验工计价的依据。

12.2.2　设计监理

工程设计实际上是在技术和经济上对工程项目的实施进行全面的安排,工程设计的成果(设计文件)是制定施工组织计划的依据。工程设计的优劣对工程项目本身的经济合理性,对项目完成投产后能否发挥预期的工程效益将起决定性的作用。从对项目总投资的影响程度而言,正常情况下工程设计的影响程度可达 70％～80％,而加强施工管理、严格投资控制对项目投资的影响程度不过 5％～10％。因此,必须把工程设计纳入工程建设监理的范围,予以充分的重视。

设计监理的主要任务是对工程设计的全过程进行投资控制、进度控制、质量控制。

对设计的投资控制主要是促使设计在满足项目功能与质量的前提下,不超过项目的计划投资,并尽可能地节约。在设计开始之前,经过对工程项目的可行性分析研究或项目评估,对项目已有一个预期的计划投资(估算)。在设计过程中设计监理工程师对设计文件和图纸及时估价和跟踪,努力使初步设计完成的工程概算不超过预期的计划投资(估算),技术设计和施工设计完成的工程预算不超过初步设计完成的工程概算,如果发现超过,则研究其原因,要求设计人员修改设计。另外,设计监理工程师应与设计人员一起,对设计方案进行技术经济比较,努力寻求设计挖潜的可能性,节约项目投资。对设计的进度控制主要是出图控制,即采取有效的措施使设计人员能够按计划如期完成工程项目的初步设计、技术设计、施工设计的各种图纸。为此,需要编制工程设计的进度计划,设计监理工程师跟踪该计划的执行,如果发现延误或其他问题,及时责令设计人员采取措施,予以纠正和解决,保证设计工作按计划完成。

对设计的质量控制主要是根据设计招标文件和设计合同等有关质量要求的条款,对设计文件的质量进行控制。从对工程项目质量事故的统计数字分析可知,一个工程项目所发生的质量事故,源于设计责任的约占 40%,源于施工责任的约占 30%,源于材料原因的约占 15%。因此,对设计质量的监督和控制是十分重要的。

在设计过程中设计监理工程师定期地把设计文件与设计的质量目标相比较,若发现不符合要求,则要求修改设计,保证达到设计质量目标。

12.2.3 设计变更监理

对于任何一条新线铁路建设工程,设计变更是必然会发生的。虽然在设计阶段要求工程设计保证质量,优化设计,但从客观上讲,施工设计图纸要与施工现场的实际地形、地貌、地质完全相符是很难做到的。在施工过程中难免出现问题,如常会发现隧道及桥涵基底的实际地质情况与设计不符,小桥涵设计孔径不足,地方政府要求新增桥涵立交等。因此,变更设计的情况是经常会发生的。根据以往的经验,一条新线铁路工程的建设项目,变更设计所涉及的投资金额可达总投资的相当比例。

变更设计的常见原因有:新增加项目、原设计不完善(差、错、漏、碰),设备的更新换代、地质情况与原勘测结果不符、施工方法改变等。

地方政府与居民的要求也常是变更设计的原因。经常会因考虑当地的行人、车辆交通、农田水利灌溉、地表排水、环境保护等方面的要求而增加或变更工程设计,如增加跨线桥、中小桥、涵洞,增设平交道,桥改涵,涵改桥,涵洞接长或移位等。

通常把设计的变更率作为衡量设计质量的一个标准,但是片面地把设计的变更率作为衡量设计质量的唯一标准,限制变更设计也是不恰当的。设计的质量不能单纯地看设计的变更率,对于设计的变更首先要看设计变更的性质和原因,而且设计的变更往往使设计更符合工程的实际情况,消除隐患,从总体上看是不可避免的。问题是应当对变更设计进行严格的监理和控制。对变更设计应持慎重态度,既要允许变更设计,又不允许随意变更设计。此外,应当提倡和鼓励在保证工程质量、不降低工程的使用功能的

前提下所提出的优化设计。对于有必要提高工程质量的设计,投资有增加时,也要正确对待。那种只为节省投资而变更设计的倾向,应该纠正。

变更设计应当遵循以下两条原则:

(1)调查研究,从实际出发,实事求是。

(2)完善和优化设计,提高设计质量和工程质量;采用新技术、新工艺,降低工程造价,节省投资;保障施工安全,加快工程进度。

各类变更设计均须严格履行变更设计程序,遵循规定权限进行审批,坚持"先变更、后施工",经审批后才可以按变更设计方案施工。

Ⅱ、Ⅲ类类变更设计由业主(建设单位)或授权的监理工程师审批后,由原设计单位负责做设计;Ⅰ类变更设计须报铁道部批准后再由原设计单位负责做设计。

工程监理人员须对变更设计进行严格的监督,调查研究变更设计的真实原因,仔细审查变更设计的各种文件,如变更设计申请表、变更设计的施工图、变更设计工程数量计算表、原设计与变更设计工程数量对照表等。

复习思考题

1. 简述监理单位与建设单位、承建单位之间的关系。
2. 简述施工监理与验工计价。

13 铁道电气化工程风险管理

13.1 风险管理概述

所谓风险管理(Risk Management),就是人们对潜在的意外损失进行辨识、评估,并根据具体情况采取相应的措施进行处理,即在主观上尽可能有备无患或在无法避免时也能寻求切实可行的补偿措施,从而减少意外损失或进而使风险为我所用。

风险管理事关企业的存亡。不少企业家特别是投资商因忽视了风险管理或因对风险估计不足或判断错误,从而在经营或在投资活动中遭受巨额亏损,甚至导致企业破产倒闭。

风险管理直接影响企业的经济效益。做好风险管理工作,可避免许多不必要的损失,从而降低成本,增加企业利润。通过转移风险,可将潜在的重大损失转移给他人,如保险公司。通过对风险进行恰当的分析,做出正确的预测,可采取断然措施以获取意外利益。如果企业很好地管理了其可能遭遇的风险,就会产生安定和充满信心的局面,企业的管理者就可以放心地研究并大胆地承担有利可图的业务。否则,就只能束手束脚,错过赢利的大好时机。例如,承包商不得不考虑其工程用材料可能涨价,他就势必要囤积足够的材料,从而占用大量资金。如果他同业主签署的合同中,写有对通货膨胀的补救措施,如对材料按实结算或根据价格调值公式对材料差价给予补偿,则该承包商就不必为此而担忧,他可以将大笔资金用到更需要的地方。

做好风险管理有助于提高重大决策的质量,例如,承包商考虑按租赁办法解决施工所需机具问题,如果他忽视了租赁办法可能带来的除租金以外的麻烦问题,如损坏赔偿,他很可能做出错误的决定。

当投资者或承包商做出投机冒险的决策时,如果能妥善地处理好采取这种决策时可能出现的一般风险,那么他就能更有效地处理该冒险举动中的特殊风险。例如,一个企业有充分把握防止或应付进入某一承包市场可能遇到的风险,他就可能更积极地扩大业务面,大胆地承揽大型工程。

风险管理能减弱企业的年利润和现金流量的波动。如果企业管理人员能把这种波动控制在一定的幅度内,其制定的计划将会更加周密完善、实用可行。

如果企业家事前已有高度的风险意识,即使企业遭到一定的损失,也会临危不乱,采取有效的补救措施。

做好风险管理,有助于确立企业的良好信誉,从而为企业的广泛开拓业务打下良好

的基础。

　　风险管理还有助于加强企业的社会地位,有助于其履行社会责任,自然也有助于企业发展与其他合作者的友好协作关系。

　　随着社会的不断发展,行业间相互依赖日趋紧密,但彼此间的商业关系却因竞争激烈而变化无常。永恒的信任不复存在,新的损失风险也不断增加。因此风险研究与管理已成为企业的重要工作。

13.1.1　风险辨识与衡量

1)风险辨识

　　辨识风险是风险管理的第一步。这项工作相当重要,它是整个风险管理系统的基础。缺乏这一基础,任何风险管理都是空中楼阁,毫无实现之可能。

　　风险辨识过程通常分6个步骤:

　　(1)确认不确定性的客观存在

　　首先要辨认所发现或推测的因素是否存在不确定性。如果是确定无疑的,则无所谓风险。众所周知的结果不会构成风险,例如承包商已知工程所在国的物价高昂而仍然决定投标,则物价高昂便不会成为风险,因为承包商已经准备了对付高昂物价的办法,有备而投标。其次要确认这种不确定性是客观存在的,是确定无疑的,而不是凭空想象的。

　　(2)建立初步清单

　　建立初步清单是辨识风险的操作起点。清单中应明确列出客观存在和潜在的各种风险,应包括各种影响生产率、操作运行、质量和经济效益的各种因素。人们通常凭借企业经营者的经验对其作出判断。建立清单可采用商业清单办法或通过对一系列调查表进行深入研究、分析而制定。例如,工程承包中材料保管和运输阶段的风险初步清单可按以下模式制定,具体见表13-1。

表 13-1　材料保管和运输风险清单

会计科目	材料、人员或活动	潜在损失	危　险
存货	原材料 供应商的生产厂家保管 运至供应商仓库途中 存放于供应商仓库 运至承包商的预制构件厂 存放于构件厂仓库 运至加工车间 预制过程中 预制完毕养护 运至工地途中 存放于工地 进入工程整体	财产损失 直接损失 间接损失 净收入损失 责任损失	火灾、风暴 爆炸 其他自然危险 盗窃 其他人为危险 过失 违约 伤害雇员 汽车事故

初步检查清单通常作为风险管理工作的起点,作为确定更准确的清单的基础。多数情况下,清单中必须列出有分析或参考价值的各种数据。

(3)确立各种风险事件并推测其结果

根据初步风险清单中开列的各种重要的风险来源,推测与其相关联的各种合理的可能性,包括赢利和损失、人身伤害、自然灾害、时间和成本、节约或超支等方面,重点应是资金的财务结果。

(4)制定风险预测图

风险预测图采用二维结构,如图 13-1 所示。图 13-1 中,第一维的不确定因素的评价与其发生概率相关,第二维的风险的评价与潜在的危害相关。这种二维图形是一种重要的图形表示,通过这种二维图形评价某一潜在风险的相对重要性。鉴于风险是一种不确定性,并且与潜伏的危害性密切相关,因而可通过一种由曲线群构成的风险预测图表示。曲

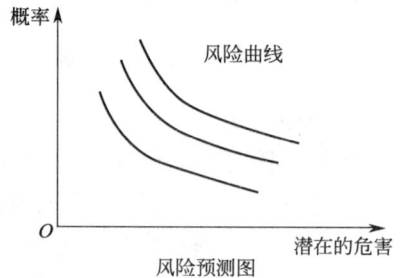

图 13-1　风险预测图

线群中每一曲线均表示相同的风险,但不确定性或者说其发生的概率与潜在的危害有所不同,因此各条曲线所反应的风险程度也就不同。曲线距离原点越远,风险就越大。

(5)进行风险分类

对风险进行分类具有双重目的:首先,通过对风险进行分类能加深对风险的认识和理解;其次,通过分类,辨清了风险的性质,从而有助于制定风险管理的目标。

风险分类有多种方法,有些人注重于开列清单,不管概率大小和轻重程度,统统罗列,有些人则根据其造成影响的严重程度分类列举,但许多人往往忽视了不同风险事件之间的联系。正确的方法应该是依据风险的性质和可能的结果及彼此间可能发生的关系进行风险分类。这样的风险分类能更彻底地理解风险,预测其结果,且有助于发现与其关联的各方面的因素。常见的分类方法是以若干个目录组成框架形式,每个目录中都列出不同种类的风险,并针对各个风险进行全面检查。这样可避免仅重视某一个风险而忽视其他风险的现象。以工程承包为例,分类框架可由 6 个风险目录组成,各个目录中均列出典型风险具体见表 13-2。虽然难免有某些遗漏,但毕竟多数典型的风险能反映出来。

表 13-2　风　险　分　类

风险目录	典型的风险
不可预见损失	洪水、地震、火灾,狂风、闪电、塌方
有形的损失	结构破坏、设备损坏、劳务人员伤亡、材料设备发生火灾或被盗窃
财务和经济	通货膨胀、能否得到业主资金、汇率浮动、分包商的财务风险
政治和环境	法律和法规的变化、战争和内乱、注册和审批、污染和安全规则、没收、禁运
设计	设计失误、忽略、错误、规范不充分
与施工有关的事件	气候、劳务争端和罢工,劳动生产率、不同的现场条件、失误的工作、设计变更、设备缺陷

表 13-2 仅为风险分类的一个实例。不同的项目,其分类的内容自然不会一样。但以框架形式分列能给人一目了然的效果,且能显示逻辑开发分类框架的优点。

(6)建立风险目录摘要

这是风险辨识过程的最后一个步骤。通过建立风险目录摘要,可将项目可能面临的风险汇总并排列出轻重缓急,能给人一种总体风险印象图。而且能把全体项目人员都统一起来,使每人不再仅仅考虑自己所面临的风险,而且能自觉地意识到项目的其他管理人员的风险,还能预感到项目中每种风险之间的联系和可能发生的连锁反应。当然,风险目录摘要并非一成不变,风险管理人员应随着信息的变化和风险的演变而及时更新。表 13-3 为风险目录摘要的实例,供风险管理人员参考。

表 13-3　风险目录摘要清单范例

项目名称		
评述 日期 负责任		
风险事件	风险事件摘要	风险条件变量

2)风险衡量

辨识企业或经营活动所面临的各种风险之后,应分别对各种风险进行衡量、比较,以确定各种风险的相对重要性。

衡量风险时应考虑两个方面:损失发生的频率或发生的次数和这些损失的严重性,而损失的严重性比其发生的频率或次数更为重要。例如,工程完全毁损虽然只有一次,但这一次足可造成致命损伤;而局部塌方虽有多处或发生较为频繁,却不致使工程全部毁损。

衡量风险的潜在损失最重要的方法是研究风险的概率分布,这也是当前国际工程风险管理最常用的方法之一。概率分布不仅能使人们能比较准确地衡量风险,还可能有助于选定风险管理决策。

13.2　风险分析与评估

风险分析是指应用各种风险分析技术,用定性、定量或两者相结合的方式处理不确定性的过程,其目的是评价风险的可能影响。风险分析和评估是风险辨识和管理之间联系的纽带,是决策的基础。

在工程项目生命周期的全过程中,会出现各种不确定性,这些不确定性将对项目目标的实现产生积极或消极影响。项目风险分析就是对将会出现的各种不确定性及其可能造成的各种影响和影响程度进行恰如其分的分析和评估。通过对那些不太明显的不确定性的关注,对风险影响的揭示,对潜在风险的分析和对自身能力的评估,采取相应的对策,从而降低风险的不利影响或减少其发生的可能性。

风险分析具有以下好处:

(1)使项目选定在成本估计和进度安排方面更现实、可靠。

(2)使决策人能更好地、更准确地认识风险、风险对项目的影响及风险之间的相互作用。

(3)有助于决策人制定更完备的应急计划,有效地选择风险防范措施。

(4)有助于决策人选定最合适的委托或承揽方式。

(5)能提高决策者的决策水平,加强他们的风险意识,开阔视野,提高风险管理水平。

风险分析包括以下三个必不可少的主要步骤:

1)采集数据

首先必须采集与所要分析的风险相关的各种数据。这些数据可以从投资者或者承包商过去类似项目经验的历史记录中获得,所采集的数据必须是客观的、可统计的。

某些情况下,直接的历史数据资料还不够充分,尚需主观评价,特别是那些对投资者来讲在技术、商务和环境方面都比较新的项目,需要通过专家调查方法获得具有经验性和专业知识的主观评价。

2)完成不确定性模型

以已经得到的有关风险的信息为基础,对风险发生的可能性和可能的结果给以明确的定量化。通常用概率来表示风险发生的可能性,可能的结果体现在项目现金流表上,用货币表示。

3)对风险影响进行评价

在不同风险事件的不确定性已经模型化后,紧接着就要评价这些风险的全面影响。通过评价把不确定性与可能结果结合起来。

常见的风险分析方法有8种,即调查和专家打分法、层次分析法、模糊数学法、统计和概率法、敏感性分析法、蒙特卡罗模拟、CIM模型、影响图。其中前两种方法侧重于定性分析,中间三种侧重于定量分析,而后三种则侧重综合分析。

13.3　风险防范与对策

风险的防范手段有多种多样,但归纳起来有两种最基本的手段:

采用风险控制措施来降低企业的预期损失或使这种损失更具有可测性,从而改变风险。这种手段包括风险回避、损失控制、风险分离、风险分散及风险转移等。

采用财务措施处理已经发生的损失,包括购买保险、风险自留和自我保险等。

13.3.1　风险控制措施

1)风险回避

风险回避主要是中断风险源,使其不致发生或遏制其发展。这种手段主要包括:

（1）拒绝承担风险

采取这种手段有时可能不得不做出一些必要的牺牲，但较之承担风险，这些牺牲比风险真正发生时可能造成的损失要小得多，甚至微不足道。例如，投资因选址不慎而在河谷建造的工厂，而保险公司又不愿为其承担保险责任。当投资人意识到在河谷建厂将必不可避免要受到洪水威胁，且又别无防范措施时，他只好放弃该建厂项目。虽然他在建厂准备阶段耗费了不少投资，但与其厂房建成后被洪水冲毁，不如及早改弦易辙，另谋理想的厂址。这种破财消灾的办法在国际事务中也是常见的。

（2）放弃已经承担的风险以避免更大的损失

实践中这种情况经常发生，事实证明这是紧急自救的最佳办法。作为工程承包商，在投标决策阶段难免会因为某些失误而铸成大错。如果不及时采取措施，就有可能一败涂地。例如某承包商在投标承包一项皇宫建造项目时，误将纯金扶手译成镀金扶手，按镀金扶手报价，仅此一项就相差100多万美元，而承包商又不能以自己所犯的错误为由要求废约，否则要承担违约责任。风险已经注定，只有寻找机会让业主自动提出放弃该项目。于是他们通过各种途径，求助于第三者游说，使国王自己主动下令放弃该项工程。这样承包商不仅避免了业已注定的风险，而且利用业主主动放弃项目进行索赔，从而获得一笔可观的额外收入。

转包工程也是回避风险的有效手段之一。许多情况下，业主并不禁止转包。如果承包商经过分析认定工程已注定难逃亏损厄运，他只有采取转嫁风险的办法。有些项目对于某些承包商可能风险较大，但对于另一些承包商则并不一定有风险。因为不同的承包商具有不同的优势。例如，中国一家承包商以低价标获取非洲某国的一项大型公路项目。该承包商在当地没有基地，所有物资及人员都必须由国内调拨。这种情况下，如果坚持独家实施该项目，势必亏损相当严重。该承包商经过分析比较，决定将工程的大部分转包给另一家在当地已有施工设备和人员的公司，只留下很小的一部分任务自己完成，从而转移了风险，而这一风险对于承接转包任务的承包商则不再是风险了，因为他具有足够的条件承接这项任务。

回避风险虽然是一种风险防范措施，但应该承认这是一种消极的防范手段。因为回避风险固然能避免损失，但同时也失去了获利的机会。处处回避，事事回避，其结果只能是停止发展。如果企业家想生存图发展，又想回避其预测的某种风险，最好的办法是采用除回避以外的其他手段。

2）损失控制

风险防范的第二种手段是控制损失。损失控制包括两方面的工作：①减少损失发生的机会，即损失预防；②降低损失的严重性，即遏制损失加剧，设法使损失最小化。

（1）预防损失

预防损失系指采取各种预防措施以杜绝损失发生的可能。例如，房屋建造者通过改变建筑用料以防止用料不当而倒塌；供应商通过扩大供应渠道以避免货物滞销；承包商通过提高质量控制标准以防止因质量不合格而返工或罚款；生产管理人员通过加强安全教育和强化安全措施，减少事故发生的机会等等。在商业交易中，交易的各方都把损失预防作为重要事项。业主要求承包商出具各种保函就是为了防止承包商不履约或履约不力；而承包商要求在合同条款中赋予其索赔权利也是为了防止业主违约或发生种种不测事件。

（2）减少损失

减少损失系指在风险损失已经不可避免地发生的情况下，通过种种措施以遏制损失继续恶化或局限其扩展范围使其不再蔓延或扩展，也就是说使损失局部化。例如，承包商在业主付款误期超过合同规定期限情况下采取停工或撤出队伍并提出索赔要求甚至提起诉讼；业主在确信某承包商无力继续实施其委托的工程时立即撤换承包商；施工事故发生后采取紧急救护；安装火灾警报系统；投资商控制内部核算；制定种种资金运筹方案等都是为了达到减少损失的目的。

（3）损失控制

控制损失通常可采用以下办法：

①预防危险源的产生；

②减少构成危险的数量因素；

③防止已经存在的危险的扩散；

④降低危险扩散的速度，限制危险空间；

⑤在时间和空间上将危险与保护对象隔离；

⑥借助物质障碍将危险与保护对象隔离；

⑦改变危险的有关基本特征；

⑧增强被保护对象对危险的抵抗力，如增强建筑物的防火和防震性能；

⑨迅速处理环境危险已经造成的损害；

⑩稳定、修复、更新遭受损害的物体。

控制损失应采取主动，以预防为主，防控结合。应认真研究测定风险的根源。就某一行为或项目而言，应在计划、执行及施救各个阶段进行风险控制分析。控制损失的第一步是识别和分析已经发生或已经引起或将要引起的危险。分析应从两方面着手：

①损失分析。通常可采取建立信息人员网络和编制损失报表。分析损失报表时不能只考虑已造成损失的数据，应将侥幸事件或几乎失误或险些造成损失的事件和现象都列入报表并认真研究和分析。

②危险分析。危险分析包括对已经造成事故或损失的危险和很可能造成损失或险些造成损失的危险的分析。除对与事故直接相关的各方面因素进行必要的调查外，还应调查那些在早期损失中曾给企业造成损失的其他危险重复发生的可能性。此外，还应调查其他同类企业或类似项目实施过程中曾经有过的危险或损失。

3）风险分离

风险分离是指将各风险单位分离间隔,以避免发生连锁反应或互相牵连。这种处理可以将风险局限在一定的范围内,从而达到减少损失的目的。

风险分离常用于承包工程中的设备采购。为了尽量减少因汇率波动而遭致的汇率风险,承包商可在若干不同的国家采购设备,付款采用多种货币。比如在德国采购支付欧元,在日本采购支付日元,在美国采购支付美元等。这样即使发生大幅度波动,也不会全都导致损失风险。以欧元、日元支付的采购可能因其升值而导致损失,但以美元支付的采购则可以因其贬值而获得节省开支的机会。在施工过程中,承包商对材料进行分隔存放也是风险分离手段,因为分隔存放无疑分离了风险单位。各个风险单位不会具有同样的风险源,而且各自的风险源也不会互相影响,这样就可以避免材料集中于一处时可能遭受同样的损失。

4)风险分散

风险分散与风险分离不一样,后者是对风险单位进行分隔、限制以避免互相波及,从而发生连锁反应;而风险分散则是通过增加风险单位以减轻总体风险的压力,达到共同分摊集体风险的目的。例如,企业内部扩张、增设实体以分散风险或企业兼并从而加大风险承受能力。对于工程承包商,风险分散应成为其经营的主要策略之一。例如,多揽项目、广种博收即可避免单一项目上的过大风险。承包工程付款采用多种货币组合也是基于风险分散的原理。

5)风险转移

风险转移是风险控制的另一种手段。经营实践中有些风险无法通过上述手段进行有效控制,经营者只好采取转移手段以保护自己。风险转移并非损失转嫁。这种手段也不能被认为是损人利己有损商业道德,因为有许多风险对一些人的确可能造成损失,但转移后并不一定同样给他人造成损失。其原因是各人的优劣势不一样,因而对风险的承受能力也不一样。

风险转移的手段常用于工程承包中的分包和转包、技术转让或财产出租。合同、技术或财产的所有人通过分包或转包工程、转让技术或合同、出租设备或房屋等手段将应由其自身全部承担的风险部分或全部转移至他人,从而减轻自身的风险压力。

13.3.2 运用财务对策控制风险

1)风险的财务转移

风险的财务转移,是指风险转移人寻求用外来资金补偿确实会发生或业已发生的风险。风险的财务转移包括保险的风险财务转移(即通过保险进行转移),和非保险的风险财务转移(即通过合同条款进行转移)。

保险的风险财务转移的实施手段是购买保险。通过保险,投保人将自己本应承担的归咎责任(因他人过失而承担的责任)和赔偿责任(因本人过失或不可抗力所造成损失的赔偿责任)转嫁给保险公司,从而使自己免受风险损失。

非保险的风险财务转移的实施手段则是除保险以外的其他经济行为。例如,根据工程承包合同,业主可将其对公众在建筑物附近受到伤害的部分或全部责任转移至建筑承包商,这种转移属于非保险的风险财务转移。而建筑承包商则可以通过投保第三者责任险又将这一风险转移至保险公司,这种风险转移属于保险的风险财务转移。

非保险的风险财务转移的另一种形式就是通过担保银行或保险公司开具保证书或保函。根据保证书或保函,保证人保证委托人对债权人履行某种明确的义务。保证人必须履行担保义务。否则债权人可以依据保证书或保函向保证人索要罚金,然后保证人可以向委托人追偿其损失。通常情况下,保证人或担保人签发保证书或保函时,要求委托人提交一笔现金或债券或不动产作抵押,以备自己转嫁损失赔偿。通过这种形式,债权人可将债务人违约的风险转移给保证人。

非保险的风险财务转移还有一种形式——风险中性化。这是一个平衡损失和收益机会的过程。例如,承包商担心原材料价格变化而进行套期交易,出口商担心外汇汇率波动而进行期货买卖等。不过采取风险中性化手段没有机会从投机风险中获益。因此,这种手段只是一种防身术,只能保证自己不受风险损失而已。

2)风险自留

风险自留即是将风险留给自己承担,不予转移。这种手段有时是无意识的,即当初并不曾预测到,不曾有意识地采取种种有效措施,以致最后只好由自己承受;但有时也可以是主动的,即经营者有意识、有计划地将若干风险主动留给自己。这种情况下,风险承受人通常已做好了处理风险的准备。

主动的或有计划的风险自留是否合理明智取决于风险自留决策的有关环境。不过应指出,风险是否自留,这是一项困难的抉择。

风险自留在一些情况下是唯一可能的对策。有时企业不能预防损失,回避又不可能,且没有转移的可能性,企业别无选择,只能自留风险。

决定风险自留必须符合以下条件之一:

(1)自留费用低于保险公司所收取的费用;

(2)企业的期望损失低于保险人的估计;

(3)企业有较多的风险单位(意味着单位风险小,且企业有能力准确地预测其损失);

(4)企业的最大潜在损失或最大期望损失较小;

(5)短期内企业有承受最大潜在损失或最大期望损失的经济能力;

(6)风险管理目标可以承受年度损失的重大差异;

(7)费用和损失支付分布于很长的时间里,因而导致很大的机会成本;

(8)投资机会很好;

(9)内部服务或非保险人服务优良。

如果实际情况与以上条件相反,无疑应放弃自留风险的决策。

3）自我保险

自我保险是指企业内部建立保险机制或保险机构，通过这种保险机制或由这种保险机构承担企业的各种可能风险。尽管这种办法属于购买保险范畴，但这种保险机制或机构终归隶属于企业内部，即使购买保险的开支有时可能大于自留风险所需开支，但因保险机构与企业的利益一致，各家内部可能有盈有亏，而从总体上依然能取得平衡，好处未落入外人之手。因此，自我保险决策在许多时候也具有相当重要的意义。

复习思考题

1. 风险管理的内容有哪些？
2. 风险分析的内容与步骤是什么？
3. 简述风险防范与对策。

14　工程项目合同管理

在市场经济条件下,市场主体之间的所有经济流转,不是靠政府的权力或计划,而是通过市场交易来进行的,工程建设领域也不例外。为了保证市场经济行为的有序进行,就要求市场主体必须遵守行为规范。该行为规范分为法律和合同两个层次。法律包括法律规定、条例、法规和政策等,由国家制定并强制执行;合同由双方当事人签订,仅对签订合同的当事人具有法律效力,即当事人双方必须全面履行合同。

工程项目合同形式繁多,每种合同管理内容也十分广泛。合同管理是铁道电气化工程建设项目管理中的一项重要工作。

14.1　合同管理基础

14.1.1　合同及其特征

合同(Contract)是一种协议,是平等主体的自然人、法人、其他组织之间设立、变更、终止民事权利义务关系的协议。

合同有下列几方面的特征:

1)合同是一种民事法律行为。合同是合同双方当事人意思表示的结果,合同的内容(即当事人的权利和义务)是由意思的内容来确定的,因而合同是一种民事法律行为。

2)合同是平等的主体间的一种协议。平等主体是指当事人在合同关系中的法律关系平等,彼此间不存在隶属关系或从属关系,平等地承担合同规定的权利和义务。

3)合同是以当事人之间设立、变更、终止民事权利义务关系为目的的协议。

依法订立的合同,对当事人具有法律约束力。当事人应当按照约定履行自己的义务,不得擅自变更或者解除合同。如果不履行或不按约定履行合同义务,就应当承担违约责任。

14.1.2　合同的订立

1)合同主体资格

当事人订立合同,应当具有相应民事权利能力和民事行为能力。当事人可依法委托代理人订立合同。民事权利能力是参与民事活动、享有民事权利、承担民事义务的能力;民事行为能力是指以自己的意思进行民事活动,取得权利和承担义务的能力。

对建设工程合同,承包人必须经审查合格,取得相应资质证书后,才可在其资质等级许可的范围内订立合同;当由同一专业几个单位组成联合体,按资质等级低的单位确定资质等级。

2)合同形式

铁道电气化工程合同必须用书面形式。

3)合同订立原则

订立合同,要求遵循平等原则、自愿原则、公平原则、诚信原则和合法原则。

4)合同订立方式

当事人订立合同,采取要约、承诺方式。

要约是一方当事人以缔结合同为目的向对方表达意愿的行为。提出要约的一方为要约人,对方称为受要约人。要约人在提出要约时,除了表示订立合同的愿望外,还必须明确提出合同的主要条款,以使对方考虑是否接受要约。显然,工程招标文件就是要约,招标人为要约人,而投标人就是受要约人。

承诺是受要约人按照要约规定的方式,对要约的内容表示同意的行为。一项有效的承诺必须具备以下条件:

(1)承诺必须在要约的有效期内做出。

(2)承诺要由受要约人或其授权的代理人做出。

(3)承诺必须与要约的内容一致。如果受要约人对要约的内容加以扩充、限制或变更,这就不是承诺而是新要约。新要约须经原要约人承诺才能订立合同。

(4)承诺的传递方式要符合要约提出的要求。

从有效承诺的 4 个条件分析,投标书是承诺的一种特殊形式,它包含着新要约的必然过程。因为投标人(受要约人)在接受招标文件内容(要约)的同时,必然要向业主(要约人)提出接受要约的代价(即投标报价),这就是一项新要约。此时,投标人成了要约人,而招标人为受要约人。招标人(业主)接受了投标人的新要约之后,才能订立合同。

在铁道电气化工程项目的实施中一般是通过招/投标确定施工承包的中标单位,然后由业主(建设单位)与中标单位按照招标文件和中标的投标文件订立该工程项目的施工承包合同。因此工程项目的招/投标管理是极其重要的一个环节。铁道部 2002 年 8 号令《铁路建设工程招标投标实施办法》规定,招标的最后一项程序就是签订合同。

14.1.3   工程承包合同的谈判和签订

工程承包合同签订前一般要进行合同谈判,这谈判一般分两个阶段。

1)决标前的谈判。开标以后,招标人常要和投标人就工程有关技术问题和价格问题逐一进行谈判。招标人组织决标前谈判的目的在于:通过谈判,了解投标人报价的构成,进一步审核和压低报价。

(1)进一步了解和审核投标人的施工规划、各项技术措施的合理性及对工程质量和进度的保证程度;

(2)根据参加谈判的投标人的建议和要求,也可吸收一些好的建议,可能对工程建设会有一定的影响。

投标人有机会参加决标前的谈判,则应充分利用这一机会:

(1)争取中标,即通过谈判,宣传自身的优势,包括技术方案的先进性、报价的合理性、必要时可许诺优惠条件以争取中标;

(2)争取合理价格,既要准备对付招标人的压价,又要准备当招标人拟增加项目、修改设计或提高标准时适当增加报价;

(3)争取改善合同条件,包括争取修改过于苛刻的和不合理的条件,澄清模糊的条款和增加有利于保护投标人利益的条款。

决标前谈判一般来说招标人较主动。

2)决标后的谈判。招标人确定中标者并发出中标函后,招标人还要和中标者进行决标后的谈判,即将过去双方达成的协议具体化,并最后对所有条款和价格加以认证。决标后的谈判一般来说对中标承包商比较主动,这时他地位有所改善,他经常利用这一点,积极地、有理有节地同业主就合同的有关条款谈判,以争取对自身有利的合同条件。

招标人和中标者在对价格和合同条款谈判达成充分一致的基础上,签订合同协议书(在某些国家需要到法律机关公证)。至此,双方即建立了受法律保护的合同关系。

14.1.4 工程招标

1)建设工程招标的概念

建设工程招标是指招标人率先提出工程的条件和要求,发布招标广告吸引或直接邀请众多投标人参加投标,并按照规定程序从中选择中标人的行为,是一种法律行为,如勘察招标、设计招标、工程监理招标、施工招标等。

2)建设工程施工招标的必备条件

建设工程招标应具备以下条件:

(1)招标人已经依法成立;

(2)初步设计及概算应当履行审批手续的,已经批准;

(3)招标范围、招标方式和招标组织形式等应当履行核准手续的,已经核准;

(4)有相应资金或资金来源已经落实;

(5)有招标所需的设计图纸及技术资料。

3)建设工程招标的方式

(1)公开招标

公开招标也称无限竞争性招标,是指招标人以招标公告的方式邀请不特定的法人或者其他组织投标。铁道电气化工程项目一般应采用公开招标方式。

（2）邀请招标

邀请招标亦称有限招标，是指招标人以投标邀请书的方式邀请特定的法人或者其他组织投标。

有下列情形之一的，经批准可以进行邀请招标：

项目技术复杂或有特殊要求，只有少量几家潜在投标人可供选择的；受自然地域环境限制的；涉及国家安全、国家秘密或者抢险救灾，适宜招标但不宜公开招标的；拟公开招标的费用与项目的价值相比不值得的；法律、法规规定不宜公开招标的。

铁道电气化工程项目一般比较庞大，可以把项目划分为较小的单元进行工程招标。施工招标可以采用全线工程招标、标段工程招标、单位工程招标和专业工程招标等形式。

4）招标文件的编制

招标文件的内容：工程名称；工程概况；已批准的项目建议书或者可行性研究报告；工程经济技术要求；城市规划管理部门确定的规划控制条件和用地红线图；可供参考的工程地质、水文地质、工程测量等建设场地勘察成果报告；供水、供电、供气、供热、环保、市政道路等方面的基础资料；招标文件答疑、踏勘现场的时间和地点；投标文件编制要求及评标原则；投标文件送达的截止时间；拟签订合同的主要条款；未中标方案的补偿办法。

工程建设项目施工招标文件一般包括下列内容：投标邀请书；投标人须知；合同主要条款；投标文件格式；采用工程量清单招标的，应当提供工程量清单；技术条款；设计图纸；评标标准和方法；投标辅助材料。

招标时限规定：招标人应当确定投标人编制投标文件所需要的合理时间；但是，依法必须进行招标的项目，自招标文件开始发出之日起至投标人提交投标文件截止之日止，最短不得少于20日。

5）招标文件与资格预审文件的出售

招标人应当按招标公告或者投标邀请书规定的时间、地点出售招标文件或资格预审文件。自招标文件或者资格预审文件出售之日起至停止出售之日止，最短不得少于5个工作日。

对招标文件或者资格预审文件的收费应当合理，不得以营利为目的。对于所附的设计文件，招标人可以向投标人酌收押金；对于开标后投标人退还设计文件的，招标人应当向投标人退还押金。

招标文件或者资格预审文件售出后，不予退还，招标人在发布招标公告、发出投标邀请书后或者售出招标文件或资格预审文件后不得擅自终止招标。

6）资格预审

资格预审的要求：资格预审应主要审查潜在投标人或者投标人是否符合下列条件：具有独立订立合同的权利；具有履行合同的能力，包括专业、技术资格的能力，资金、设备和其他物质设施状况,管理能力,经验、信誉和相应的从业人员;没有处于被责令停业,投标资格被取消,财产被接管、冻结,破产状态;在最近三年内没有骗取中标和严重违约及重大工程质量问题;法律、行政法规规定的其他资格条件。

资格预审时,招标人不得以不合理的条件限制、排斥潜在投标人或者投标人,不得对潜在投标人或者投标人实行歧视待遇。任何单位和个人不得以行政手段或者其他不合理方式限制投标人的数量。

资格预审程序:发布资格预审通告;发售资格预审文件;资格预审资料分析并发出资格预审合格通知书。

7)招标文件的澄清与修改

招标人对已发出的招标文件进行必要的澄清或者修改的,应当在招标文件要求提交投标文件截止时间至少 15 日前,以书面形式通知所有招标文件收受人。该澄清或者修改的内容为招标文件的组成部分。

招标人应保管好证明澄清或修改通知已发出的有关文件(如邮件回执等);投标单位在收到澄清或修改通知后,应书面予以确认,该确认书双方均应妥善保管。

8)开标

(1)开标的时间和地点

开标应当在招标文件确定的提交投标文件截止时间的同一时间公开进行;开标地点应当为招标文件中确定的地点。

(2)废标的条件

逾期送达的或者未送达指定地点的;未按招标文件要求密封的;无单位盖章并无法定代表人或法定代表人授权的代理人签字或盖章的;未按规定的格式填写,内容不全或关键字迹模糊、无法辨认的;投标人递交两份或多份内容不同的投标文件,或在一份投标文件中对同一招标项目报有两个或多个报价,且未声明哪一个有效(按招标文件规定提交备选投标方案的除外);投标人名称或组织机构与资格预审时不一致的;未按招标文件要求提交投标保证金的;联合体投标未附联合体各方共同投标协议的。

9)评标

(1)评标的准备与初步评审工作包括:

编制表格,研究招标文件;投标文件的排序和汇率风险的承担;投标文件的澄清、说明或补正;废标处理;投标偏差;有效投标不足的法律后果。

(2)详细评审内容包括:

确定评标方法(最低投标价法、综合评价法、法律或行政法规允许的其他评标方法);备选标的确定;决定招标项目是否作为一个整体合同授予中标人;决定投标有效期可否延长。

(3)评标报告内容包括:

基本情况和数据表;评标委员会成员名单;开标记录;符合要求的投标一览表;废标

情况说明;评标标准;评标方法或者评标因素一览表;经评审的价格或者评分比较一览表;经评审的投标人排序;推荐的中标候选人名单与签订合同前要处理的事宜;澄清、说明、补正事项纪要。

（4）推荐中标候选人

评标委员会推荐的中标候选人应当限定在1~3人,并标明排列顺序。中标人的投标应当符合下列条件之一:能够最大限度地满足招标文件中规定的各项综合评价标准;能够满足招标文件的实质性要求,并且经评审的投标价格最低;但是投标价格低于成本的除外。

10）中标

（1）确定中标的时间

评标委员会提出书面评标报告后,招标人一般应当在15日内确定中标人,但最迟应当在投标有效期结束日前30个工作日内确定。

（2）发出中标通知书

招标人和中标人应当自中标通知书发出之日起30日内,按照招标文件和中标人的投标文件订立书面合同。

中标人应按照招标人要求提供履约保证金或其他形式履约担保,招标人也应当同时向中标人提供工程款支付担保。

招标人与中标人签订合同后5个工作日内,应当向中标人和未中标的投标人退还投标保证金。

（3）招标投标情况的书面报告

依法必须进行施工招标的项目,招标人应当自发出中标通知书之日起15日内,向有关行政监督部门提交招标投标情况的书面报告。

书面报告应包括下列内容:招标范围;招标方式和发布招标公告的媒介;招标文件中投标人须知、技术条款、评标标准和方法、合同主要条款等内容;评标委员会的组成和评标报告;中标结果。

14.1.5 工程投标

1）建设工程投标的概念

建设工程投标是指投标人在同意招标人拟订好的招标文件的前提下,对招标项目提出自己的报价和相应条件,通过竞争以求获得招标项目的行为。

2）建设工程投标程序

（1）编制投标文件

步骤:结合现场踏勘和投标预备会的结果,进一步分析招标文件;校核招标文件中的工程量清单;根据工程类型编制施工规划或施工组织设计,根据工程价格构成进行工程估价,确定利润方针,计算和确定报价;形成投标文件;进行投标担保。

投标文件一般包括下列内容:投标函;投标报价;施工组织设计;商务和技术偏差表。

投标担保:招标人可以在招标文件中要求投标人提交投标保证金,投标保证金除现金外,也可以是银行出具的银行保函、保兑支票、银行汇票或现金支票。

(2)投标文件的送达

投标人应当在招标文件要求提交投标文件的截止时间前,将投标文件密封送达投标地点。

投标人在招标文件要求提交投标文件的截止时间前,可以补充、修改或者撤回已提交的投标文件,并书面通知招标人。补充、修改的内容为投标文件的组成部分。

在提交投标文件截止时间后到招标文件规定的投标有效期终止之前,投标人不得补充、修改、替代或者撤回其投标文件。投标人补充、修改、替代投标文件的,招标人不予接受;投标人撤回投标文件的,其投标保证金将被没收。

3)有关投标人的法律禁止性规定

(1)禁止投标人之间串通投标

投标人之间相互约定抬高或压低投标报价;投标人之间相互约定,在招标项目中分别以高、中、低价位报价;投标人之间先进行内部竞价,内定中标人,然后再参加投标;投标人之间其他串通投标报价的行为。

(2)禁止投标人与招标人之间串通投标

招标人在开标前开启投标文件,并将投标情况告知其他投标人,或者协助投标人撤换投标文件,更改报价;招标人向投标人泄露标底;招标人与投标人商定,投标时压低或抬高标价,中标后再给投标人或招标人额外补偿;招标人预先内定中标人。

(3)其他串通投标行为

投标人不得以行贿的手段谋取中标;投标人不得以低于成本的报价竞标;投标人不得以非法手段骗取中标。

(4)其他禁止行为

非法挂靠或借用其他企业的资质证书参加投标;投标文件中故意在商务上和技术上采用模糊的语言骗取中标,中标后提供低档劣质货物、工程或服务;投标时递交假业绩证明、资格文件;假冒法定代表人签名,私刻公章,递交假的委托书等。

14.2 工程项目合同类型及选择

14.2.1 工程项目合同类型

工程项目本身的复杂性决定了承包合同的多样性,其类型可按不同标准加以划分。

1)按合同的"标的"性质分类

根据工程项目的标的性质,一般将合同分成下列几种类型。

（1）勘察设计合同；

（2）工程咨询合同；

（3）工程建设监理合同；

（4）材料供应合同；

（5）工程设备加工生产合同；

（6）工程施工合同；

（7）劳务合同。

2）按合同所包括的工作范围和承包关系分类

根据合同所包括的工程范围和承包关系可将合同分为总包合同和分包合同。

（1）总包合同。它是指业主与总承包商之间就某一工程项目的承包内容签订的合同。总包合同的当事人是业主和总承包商，工程建设中所涉及的权利和义务关系，只能在业主和总承包商之间发生。

（2）分包合同。它是指总承包商将工程项目的某部分或某子项工程分包给某一分包商去完成所签订的合同，分包合同的当事人是总承包商和分包商。分包合同所涉及的权利和义务关系，只在总承包商和分包商间发生。业主与分包商之间不直接发生合同法律关系，但分包商要间接地承担总承包商对业主承担的而由分包商承担的工程项目的有关义务。

3）根据计价方式，对承包合同的分类

按承包合同的计价方式，可将合同分为总价合同、单价合同、成本加固定费用合同和混合合同4种类型，总价合同和单价合同又可细分许多形式。

（1）总价合同。总价合同又可分：①固定总价合同。这种合同以图纸和工程说明为依据，按照商定的总价进行承包，并一笔包死。在合同执行过程中，除非业主要求变更原定的承包内容，否则承包商不得要求变更总价。这种合同方式一般适用于工程规模较小，技术不太复杂，工期较短，且签订合同时已具备详细设计文件的情况。②调值总价合同。在招标及签订合同时，以设计图纸、工程量清单及当时的价格计算签订总价合同，但在合同条款中双方商定，若在执行合同过程中由于通货膨胀引起工料成本增加时，合同总价应相应调整，并规定了调整方法。这种合同业主承担了物价上涨这一不可预测费用因素的风险，承包商承担其他风险。这种合同方式一般适用于工期较长，通货膨胀率难以预测，但现场条件较为简单的工程项目。③固定工程量总价合同。对这种合同，承包商在投标时按单价合同办法分别填报分项工程单价，从而计算出工程总价，据之签订合同。原定工程项目全部完成后，根据合同总价给承包商付款。若改变设计或增加新项目，则用合同中已确定的单价来计算新的工程量和调整总价。这种合同方式要求工程量清单中的工程量比较准确，不宜采用估算的数量。

（2）单价合同。它又可分为：①估计工程量单价合同。这种合同要求承包商投标时按工程量表中的估计工程量为基础，填入相应的单价作为报价。合同总价是根据结算单中每项的工程数量和相应的单价计算得出,但合同总价一般不是支付工程款项的最终金额,因单价合同中的工程数量是一估计值。支付工程款项应按实际发生工程量计,但当实际工程量与估计工程量相差过大,超过规定的幅度时,允许调整单价以补偿承包商。②纯单价合同。这种合同方式的招标文件只给出各分项工程内的工作项目一览表、工程范围及必要说明,而不提供工程量。承包商只要给出各项目的单价即可,将来实施时按实际工程量计算。

(3)实际成本加酬金合同。这类合同在实际中又有下列几种不同的做法。

① 实际成本加固定费用合同。这种合同的基本特点是以工程实际成本,加上商定的固定费用来确定业主应向承包商支付的款项数目。这种合同方式主要适用于开工前对工程内容尚不十分确定的情况。

② 实际成本加百分率合同。这种合同的基本特点是以工程实际成本加上实际成本的百分数作为付给承包商的酬金。这种合同方式不能鼓励承包商关心缩短建设工期和降低施工成本,因此较少采用。

③ 实际成本加奖金合同。这种合同的基本特点是先商定一目标成本,另外规定一百分数作为酬金。最后结算时,若实际成本超过商定的目标成本,则减少酬金;若实际成本低于商定的目标成本,则增加酬金。这种合同方式鼓励承包商关心缩短建设工期和降低施工成本,业主和承包商均不会有太大的风险,因此采用得较多,但目标成本的确定通常比较复杂。

④ 混合型合同。它是指有部分固定价格、部分实际成本加酬金合同和阶段转换合同形式的情况。前者是对重要的设计内容已具体化的项目采用得较多,而后者对次要的、设计还未具体化的项目较适用。

14.3 施工合同管理

14.3.1 合同文件

施工合同文件是施工合同管理的基本依据,也是业主(项目法人)、监理工程师和承包商进行项目管理的基本准则。不论是业主、监理工程师还是承包商,不仅要掌握已经形成的最终的合同文件,而且还要了解这些条款或规定的来龙去脉;不仅要了解合同文件的主要部分,例如合同条款,而且也要熟悉报价单、规范和图纸,要把合同文件作为一个整体来考虑。

1)合同文件的形式

施工合同文件不仅仅是业主和承包商签订的最终合同条款,而且还包括招标文件、投标文件、澄清补遗、合同协议备忘录等。澄清补遗是在招标过程中,投标者向业主提出疑问,业主用书面形式做的解释或说明。合同协议备忘录则是业主和承包商在合同谈判中,双方愿意对招标文件或投标文件的某些方面进行的修改或补充。

　　合同文件的最终形式通常有两种:一种称为综合标书,即将招标文件、投标文件、澄清补遗,合同协议备忘录以及双方同意进入合同文件的参考资料汇总在一起,去掉重复的部分即成综合标书。这样形成的合同文件其好处是内容不易遗漏、编制的工作量相对比较小,但篇幅较大,而且很不方便。因为常常是后面的部分修正了前面的部分,整个标书对同一个问题的叙述几个地方可能均不一致,要用很大的功夫弄清以何为准。另一种是重新编制过的合同文件,即根据招标文件的框架,将投标文件、补遗和合同协议备忘录等内容一起重新整理编辑,形成一个完整的合同文件。这样使用起来很方便,但整理工作量大。因为对合同文件某一问题的修改往往涉及从条款、规范到图纸一系列的修改,为了保持合同文件的一致性,必须进行仔细反复核对的工作。

　　2)合同文件的优先次序

　　施工合同文件包括:招标文件及补遗、投标文件、中标通知书、双方签订的合同协议书及合同协议备忘录、合同条件、双方同意进入合同文件的补充资料及其他文件。

　　优先次序的确定,第一是根据时间的先后,通常是后者优先;第二是文件本身的重要程度。对一般国际大中型工程而言,通常合同文件解释的优先次序为:

　　(1)合同协议书。

　　(2)合同协议书备忘录。

　　(3)中标通知书。

　　(4)投标书及其附件。

　　(5)合同条件(特殊条件或专用条件)。

　　(6)合同条件(通用条件)。

　　(7)技术规范。

　　(8)图纸。

　　(9)工程量报价单。

　　(10)业主同意纳入合同的投标书补充资料表中若干内容。

　　(11)投标人须知。

　　(12)其他双方同意组成合同的文件。

　　3)合同文件的主导语言

　　在国际工程中,当使用两种语言拟定合同文件时,或用一种语言编写,然后译成其他语言时,则应在合同中规定据以解释或说明合同文件以及作为翻译依据的一种语言,其被称为主导语言。不同的语言在表达上存在不同的习惯,往往不能完全相同地表达同一意思。一旦出现不同语言的文本有不同的解释时,则应以主导语言编写的文本为准。

　　4)合同文件的适用法律

　　在国际工程中,应在合同文件中规定一种适合于该合同,并据以对该合同进行解释的国家或地方的法律,其被称为该合同的"适用法律"。

　　5)合同文件的解释

对合同文件的解释,除应遵循上述合同的优先次序、主导语言原则和适用法律,还应遵循国际上对工程承包合同文件进行解释的一些公认的原则,主要包括:

(1)诚实信用原则,即诚信原则。其要求合同双方当事人在签订合同和履行合同中都应是诚实可靠、恪守信用的。

(2)反义先居原则。当合同中有模棱两可、含糊不清之处,因而对合同有不同解释时,则按不利于合同文件起草方或提供方意图进行解释,也就是以与起草方相反的解释居于优先地位。对施工合同,业主总是合同文件的起草方,所以出现对合同的不同解释时,承包商的理解与解释应处于优先地位。但在实践中,合同的解释权常属监理工程师,承包商可要求监理工程师对含糊、矛盾之处作出书面解释,而这种解释视为"变更指令",并据此处理工期和经济补偿问题。

(3)确凿证据优先原则。若在合同文件中出现几处对同一规定有不同解释或含糊不清时,则除了合同的优先次序外,以确凿证据做的解释为准,即要求:具体规定优先于原则规定;直接规定优先于间接规定;细节规定优先于笼统规定。据此原则形式了一些公认的惯例:细部结构图纸优先于总装图纸;图纸上的尺寸优先于其他方式的尺寸;数值的文字表达优先于阿拉伯数字表达;单价表达优先于总价表达;定量说明优先于其他方式的说明;规范优先于图纸等。

(4)书面文字优先原则。书写条文优先于打字条文;打字条文优先于印刷条文。

6)合同条件的标准化

由于合同条款在合同管理中十分重要,合同双方都很重视。对作为条款编写者的业主方而言,必须慎重推敲每一个词句,防止出现任何不妥或有疏漏之处;对承包商而言,必须仔细研读合同条款,发现有明显错误要及时向业主指出予以更正,有模糊之处又必须及时要求业主方澄清,以便充分理解合同条款表示的真实思想与意图。因此,在订立一个合同过程中,双方在编制、研究、协商合同条款上要投入很多的人力、物力和时间。

世界各国为了减少每个工程都必须花在编制讨论合同条款上的人力、物力消耗,也为了避免和减少由于合同条款的缺陷而引起的纠纷,都制订出自己国家的工程承包标准合同条款。实践证明,采用标准合同条款,除了可以为合同双方减少大量资源消耗外,还有以下优点:

(1)标准合同条款能合理地平衡合同各方的权利和义务,公平地在合同各方之间分配风险和责任。因此多数情况下,合同双方都能赞同并乐于接受,这就会在很大程度上避免合同各方之间由于缺乏所需的信任而引起争端,有利于顺利完成合同。

(2)由于投标者熟悉并能掌握标准合同条款,这意味着他们可以不必为不熟悉的合同条款以及这些条款可能引起的后果担心,可以不必在报价中考虑这方面的风险,从而可能导致较低的报价。

(3)标准合同条款的广泛使用,可为合同策划人员提供参考的模板,也可为合同管理人员的培训提供参考的依据,这将有利于提高工程项目的管理水平。

应该指出,标准化合同条款仅是一种格式条款。按我国《合同法》规定:采用格式条款订立合同,应当遵循公平原则确定当事人之间的权利和义务;提供条款一方免除其责任、加重对方责任、排除对方主要权利的,该条款无效。《合同法》也规定,对格式条款的理解发生争议的,应当按照通常理解予以解释,对格式条款有两种以上解释的,应当作出不利于提供格式条款一方的解释;格式条款与非格式条款不一致的,应当采用非格式条款。

14.3.2　施工合同管理的一般问题

业主和承包商在施工合同协议书上签字后,双方就应按该合同协议中的有关条款认真执行。在履行施工合同过程中,业主和承包商均有合同管理的问题,但业主一般是委托监理工程师对合同进行管理。施工合同管理中主要存在下列问题。

1)业主、承包商和监理工程师的基本关系

业主是建设工程项目的投资主体和责任主体,通过招标投标,择优选择承包商和监理单位,并与中标人签订合同,通过合同文件规定合同双方的权利、义务、风险、责任和行为准则。对施工项目,业主与施工承包商签订施工承包合同,按合同向承包商支付其应支付的款额,并获得工程。业主与监理单位签订委托监理合同,委托监理单位对施工承包合同进行管理,控制工程的进度、质量和投资,并向监理单位支付报酬。

承包商应按照施工合同规定,实施工程项目的施工、完建以及修补工程的任何缺陷,并获得合理的利润。承包商应接受监理工程师的监督和管理,严格执行监理工程师的指令,并仅接受监理工程师的指令。

监理工程师受聘于业主,在业主的授权范围内进行合同管理,履行合同中规定的职责,行使合同中规定的或隐含的权力。监理工程师不是合同的当事人,无权修改合同,也无权解除合同任一方的任何职责、义务和责任。监理工程师可按照合同规定向承包商发布指令,承包商必须严格按指令进行工作。监理工程师可按合同对某些事宜作出决定,在决定前应与双方协商并力争达成一致,如不能达成一致,应作出一个公正的决定。业主和承包商都应遵守监理工程师作出的决定,如不同意,可在执行的同时提出索赔或仲裁。

2)施工合同的转让和分包

(1)施工合同转让。转让是指中标的承包商对工程的承包权转让给另一承包商的行为。转让的实质是合同主体的变更,是权利和义务的转让,而不是合同内容的变化。施工承包合同一经转让,原承包商与业主就无合同关系,而改变为新承包商与业主的合同关系。一般说,原承包商是业主经过资格审查、招标投标和评标后选中,并在相互信任的基础上经过谈判,签订合同的。承包商擅自转让,显然是违约行为。所以,各种合同条款都规定,没有业主的事先同意,承包商不得将合同的任何部分转让给第三方。

(2)施工合同分包。分包是指承包合同中的部分工程分包给另一承包商承担施工任务。分包与转让不同,它的实质是为了弥补承包商某些专业方面的局限或力量上的不足,借助第三方的力量来完成合同。施工合同的分包有两种类型,即一般分包与指定分包。

3)工程的开工、延长和暂停

(1)工程开工。在投标书附件中规定了从中标函颁发之后的一段时间里,监理工程师应向承包商发出开工通知。而承包商收到此开工通知的日期即作为开工日期,承包商应尽快开工。竣工日期是从开工日起算的。若由于业主的原因,如征地、拆迁未落实,引起承包商工期延误或增加开支,则业主应对工期和费用给予补偿。

(2)工期延长。由于下列原因,承包商有权得到工期延长,能否得到费用补偿,要视具体情况而定。

① 额外的或附加的工作。

② 不利的自然条件。

③ 由业主造成的任何延误。

④ 不属于承包商的过失或违约引起的延误。

⑤ 其他合同条件提到的原因。

承包商必须在导致延期事件开始发生后一定时间(如 28 天)内将要求延期的报告送达监理工程师。若导致延期的事件持续发生,则承包商应每 28 天向监理工程师送一份期中报告,说明事件详情。

(3)工程暂停。暂停施工是施工过程中出现了危及工程安全或一方违约使另一方受到严重损失的情况下,受害方采取的一种紧急措施,其目的是保护受害方的利益。引起工程暂停的原因可能是承包商也可能是业主。引起工程暂停的损失由责任方承担。在施工中出现暂停或需要暂停,一般监理工程师应下达暂停施工指令,当具备复工条件时,监理工程师再下达复工指令。

4)工程变更、增加与删减

在监理工程师认为必要时,可以改变任何部分工程的形式、质量水平或数量。监理工程师用书面形式发出变更指令。有关变更程序和变更处理将在下文单独介绍。

5)工程计量与支付

工程计量。工程量是予以支付的一个依据之一。予以支付的工程量必须满足:在内容上,必须是工程量清单上所列的,包括监理工程师批准的项目;在质量上,必须是经过检验的、质量合格的项目的工程量;在数量上,必须是按合同规定的原则和方法所确定的工程量。若合同中没有特殊规定,工程量一般均应测量净值计。仅当监理工程师批准或认定的工程量,才能作为支付的工程量。

工程支付。施工承包合同支付或结算涉及的款项有:

(1)工程进度款。对于工程量清单中所列的项目,按实际完成的、满足支付条件并经监理工程师确认的工程量,乘以合同中规定的单价,得到向承包商支付的款项。工程

进度款常按月支付,因此其也称月进度款。

(2)暂定金。其包含在合同总价中,并在工程量清单中用该名称标明。暂定金可用于工程的任何部分施工的一笔费用。其也可用于采购货物、设备或服务;或用于指定分包;或供处理不可预见事件。按监理工程师的指令,暂定金可全部或部分被使用,也可能不需被动用。

(3)计日工,又称点工。其是指监理工程师认为工程有必要做某些变动,且按计日工作制适宜于承包商开展工作,于是就以天为基础进行计量支付的一种结算制度。

(4)工程变更、工程索赔、价格调整。

(5)预付款。在施工合同中,预付款分为动员预付款和材料预付款。动员预付款是指承包商中标后,由业主向其提供一笔无息贷款,主要用于调迁施工队伍、施工机械以及临时工程的建设等。材料预付款也是业主向承包商提供的无息贷款,不过其主要用于支持承包商采购材料和工程设备。预付款在工程进度款中将由业主逐步扣回。

(6)保留金。为了在施工过程中和施工完后的保修期里,使工程的一些缺陷能得到及时的修补,承包商违约的损失能得到及时的补偿,一般在合同中规定,业主有权在工程月进度款中按其百分比扣留一笔款项,这就是保留金。合同中一般也规定,保留金累计扣留值达到合同价的 2.5%～5% 时,即停止扣留;在监理工程师签发合同工程移交证书后的 14 d 内,业主应退还 50% 的保留金,在工程保修期满后的 14 d 内,业主应将所有保留金退给承包商。

(7)奖励与赔偿。施工中,如因承包商的原因,而使业主得到额外的效益,或致使业主额外的支付或损失时,业主应对承包商进行奖励,或向承包商要求赔偿。

(8)完工支付和最终支付。在监理工程师签发合同工程移交证书后的 28 d 内,承包商就应向业主提交完工支付申请,并附有详细的计算资料和证明文件;承包商在收到监理工程师签发的保修责任终止证书后的 28 d 内,应向监理工程师提交一份最终支付申请表,并附有证明文件。

6)质量检查

对所有材料、永久工程的设备和施工工艺,均应符合合同要求及监理工程师的指示。承包商应随时按照监理工程师的要求,在工地现场以及为工程加工制造设备的所有场所,为其检查提供方便。

监理工程师应将质量检查的计划在 24 h 内通知承包商。监理工程师或其授权代表经检查认为质量不合格时,承包商应及时补救,直到下次检查验收合格为止。对于隐蔽工程,在监理工程师检查验收前不得覆盖。

质量检查费用一般由承包商承担,但下列情况应由业主支付。

(1)监理工程师要求检验的项目,但合同中无规定的。

(2)监理工程师要求进行的检验,虽在合同中有说明,但检验地点在现场以外或在材料、设备的制造现场以外,其检验结果合格时的费用。

(3)监理工程师要求对工程的任何部位进行剥露或开孔以检查工程质量,如果检查合格时,剥露、开孔及还原的费用。

7)承包商的违约

承包商的违约是指承包商在实施合同过程中由于破产等原因而不能执行合同,或是无视监理工程师的指示有意或无能力去执行合同。承包商的下列几种行为均认为是违约。

(1)已不再承认合同。

(2)无正当理由而不按时开工,或是当工程进度太慢,收到监理工程师指令后又不积极赶工者。

(3)在检查验收材料、设备和工艺不合格时,拒不采取措施纠正缺陷或拒绝用合格的材料和设备替代原来不合格的材料和设备者。

(4)无视监理工程师事先的书面警告,公然无视履行合同中所规定的义务。

(5)无视合同中有关分包必须经过批准及承包商要为其分包承担责任的规定。

承包商违约,业主可自行或雇用其他承包商完成此工程,并有使用原承包商的设备、材料和临时工程的权利。监理工程师应对其已经做完的工作、材料、设备、临时工程的价值进行估价,并清理各种已支付的费用。

8)业主的违约

业主的违约主要是业主的支付能力问题,包括下面几种情况。

(1)在合同规定的应付款期限内,未按监理工程师的支付证书向承包商支付款项。

(2)干扰、阻挠或拒绝批准监理工程师上报的支付证书。

(3)业主停业清理或宣告破产。

(4)由于不可预见原因或经济混乱,业主通知承包商,他已不可能继续履行合同。

若出现上述业主的违约,承包商有权通知监理工程师:在发出通知某期限内(如14 d)终止承包合同,并不再受合同的约束,从现场撤出所有属自己的施工设备。此时,业主还应按合同条款向承包商支付款项,并赔偿由于业主违约而引起的对承包商的各种损失。

9)争端解决

争端解决是合同管理中的主要问题之一。合同在执行过程中,经常会发生各种争端,有些争端可以按合同条款双方友好协商解决,但总会存在一些合同中没有详细规定,或虽有规定但双方理解不一的争端。争端解决的方式有许多,如谈判、调解、仲裁、诉讼等。

一般均是通过监理工程师去调解,当争议双方不愿谈判或调解,或者经过谈判和调解仍不能解决争端时,可以选择仲裁机构进行仲裁或法院进行诉讼审判的方式进行解决。

我国实行的是"或裁或审制",即当事人只能选择仲裁或诉讼两种解决争议方式中的一种。

10)索赔

一般而言,索赔是指在合同实施过程中,当事人一方不履行或未正确履行其义务,而使另一方受到损失,受损失的一方向违约方提出的赔偿要求。在施工承包中,施工索赔是指承包商由于非自身原因发生了合同规定之外的额外工作或损失,而向业主所要求费用和工期方面的补偿。换言之,凡超出原合同规定的行为给承包商带来的损失,无论是时间上的还是经济上的,只要承包商认为不能从原合同规定中获得支付的额外开支,但应得到经济和时间补偿的,均有权向业主提出索赔。因此索赔是一种合理要求,是应取得的补偿。

广义上的索赔概念不仅是承包商向业主提出,而且还包括业主向承包商提出,后者也常称反索赔,索赔和反索赔往往并存。

11)工程移交

工程移交分全部工程和局部工程移交两种。

当承包商认为他所承包的全部工程实质上已完工,他可向监理工程师申请竣工验收。通过竣工验收,他可向监理工程师申请颁发移交证书。若监理工程师对工程验收满意,则他应签发一份移交证书。该移交证书经业主确认后,就意味着承包商将工程移交给了业主,此后该工程即由业主负责管理。

区段或局部工程移交。这种移交常发生在这三种情况下:①合同中规定,某区段或部位有单独的完工要求和竣工日期;②已局部完工,监理工程师认为合格且为业主所占用,并成为永久工程的一部分;③在竣工前,业主已选择占用,这种占用在合同中无规定,或是属于临时性措施。对于上述情况之一,承包商均有权利向监理工程师申请签发区段或局部工程的移交证书。这类移交证书的签发,相应的区段或局部工程则移交给业主。

12)缺陷责任期

缺陷责任期,也称保修期,是指移交证书上确认的工程完工日期后的一段时间,通常为1年。若一个工程有几个竣工日期,则整个工程的缺陷责任期应以最后一部分工程的缺陷责任期的期满而结束。在缺陷责任期内,承包商应尽快完成竣工验收阶段所遗留的扫尾工作,并负责对各种工程缺陷的修补。若引起工程缺陷的责任在承包商,则其修补费用由承包商自负;若引起工程缺陷的责任不在承包商,则维修费用由业主支付。

14.4　工　程　变　更

工程变更是指在工程施工合同执行过程中,监理工程师根据工程需要,下达变更指令,对合同文件的内容或原设计文件进行修改,或对经监理工程师批准的施工方案进行改变。

在施工合同签订以前,尽管已对工程计划、工程设计做了大量的工作,但还不能认为已对工程有了彻底的了解,更难预测到未来合同执行过程中工程项目外部因素对施工的影响。特别是那些规模大、工期长、施工条件复杂的大中型建设项目,经常还会发生一些较大的工程变更事项,如施工条件变化、设计改变、材料替换、施工进度或施工顺序变化、施工技术规程规范变更、工程量的变化等。因此,关于解决变更问题,不论是业主,还是承包商均是施工合同管理中的一重要课题。

14.4.1　工程变更发生原因

发生工程变更的原因是多方面的,主要有以下几点。

1)施工条件的变化。在工程建设中,施工条件的变化是经常发生的,特别是地质等条件的变化。例如,施工过程中发现地基承载能力不足、施工部位边坡稳定有问题等都会引起工程变更。除自然条件外,施工过程中还可能由于社会环境、经济环境等方面的因素引起工程变更。例如,社会动乱、政策和法令变化、资金短缺等。

2)设计的变化。这主要是由于设计优化、修改设计标准、纠正设计错误时发生的,也可能是施工中遇到困难时,承包商提出对图纸进行适当的修改。

3)工程范围发生变化,出现了合同外工程。新增工程项目或属于合同范围以外的工作经常引起工程变更问题,新增工程按其工程范围划分为附加工程和额外工程两种。属于工程项目范围以内的新增工程称为附加工程;超出工程范围以外的新增工程称为额外工程。附加工程是工程项目运行所不可少的,而额外工程则是工程项目正常运行并不是必需的。对于附加工程一般按合同规定程序按月支付款项;对于额外工程按新合同规定程序支付款项,承包商也可提出索赔。合同范围以外的工作,具体有两种情况:①工程的性质发生了根本性变化。如将合同规定的 100 km 道路延长到 120 km 等。②发生的工程数量或款额超出了工程量清单的一定界限。至于这个界限是多少,则根据合同条件或类似工程确定。

4)施工方法和施工计划的变化。在合同实施中,若施工方案发生重大变化,则会引起工程变更。

5)承包商违约。在某些情况下,承包商的违约会引起工程变更。如承包商没有按开工日期开工,严重影响了工期,甚至影响了控制性工期,则可能引起工程变更。

6)业主或监理工程师发出的指令(工程变更指令)。施工合同中一般规定业主或监理工程师认为有必要时,可对工程或其中任何部分的形式、数量或质量作出改变。

14.4.2　工程变更程序

施工合同通常规定,只有监理工程师发出工程变更指令,承包商才能进行任何变更工作。但工程变更的要求则参与工程建设的各方均可提出,即业主、监理工程师、设计单位和承包商均可能提出工程变更。为了顺利处理工程变更,在合同实施初期,监理工程师就应制定一工程变更程序,并通知建设各方。其程序一般为:

1)工程变更的提出。无论是业主、监理单位、设计单位、还是承包商,认为原设计图

纸或技术规范不适应工程实际情况时,均可向监理工程师提出变更要求或建议,提交书面变更申请书或建议书,工程变更申请书或建议书包括以下主要内容:

(1)变更的原因及依据;

(2)变更的内容及范围;

(3)变更引起的合同价的增加或减少;

(4)变更引起的合同期的提前或延长;

(5)为审查所必须提交的附图及其计算资料等。

2)工程变更建议的审查。监理工程师在工程变更审查中,应充分与业主、设计单位、承包商进行协商,对变更项目的单价和总价进估算,分析因此而引起的该项工程费用增加或减少的数额。监理工程师负责对工程变更申请书或建议书进行审查时,一般应遵循的原则有:

(1)工程变更的必要性与合理性;

(2)变更后不降低工程的质量标准,不影响工程完建后的运行与管理;

(3)工程变更在技术上必须可行、可靠;

(4)工程变更的费用及工期是经济合理的;

(5)工程变更尽可能不对后续施工在工期和施工条件上产生不良影响。

监理工程师在工程变更审查中,应充分与业主、设计单位、承包商进行协商,对变更项目的单价和总价进行估算,分析因此而引起的该项工程费用增加或减少的数额。

3)工程变更的批准与设计。如该项工程变更属于监理工程师权力范围之内,监理工程师可作出决定。对于不属于监理工程师权限范围之内的工程变更,则应提交业主在规定的时间内给予审批。工程变更获得批准后,由业主委托原设计单位负责完成具体的工程变更设计工作,设计单位应在规定时间内提交工程变更设计文件,包括施工图纸。如果原设计单位拒绝进行工程变更设计,业主可委托其他单位设计。

4)工程变更估价。监理工程师审核工程变更设计文件和图纸后,要求承包商就工程变更进行估价,由承包商提出工程变更的单价或价格,报审监理工程师审查,业主核批。

5)工程变更令发布与实施。业主批准了确定的单价或价格以后,由监理工程师向承包商下达工程变更指令,承包商据此组织工程变更的实施,工程变更指令应包括两部分内容,即变更的文件和图纸以及变更的价格。为避免耽误施工,监理工程师可以根据具体情况,分两次下达工程变更令。第一次发布的变更令主要是变更设计文件和图纸,指示承包商继续工作;第二次发布的变更令主要是业主单位核批后的工程变更单价和价格。工程变更指令必须是书面的。承包商对工程变更指令的内容,如单价不满意时,可以提出索赔要求。

14.4.3 工程变更的价格调整

工程变更引起的价格调整主要分三种情况。

1)工程变更引起本项目和其他项目单价或合价的调整。任何一项工程变更都有可能引起变更项目和有关其他项目的施工条件发生变化，以致影响本项目和其他项目的单价或合价。此时，业主和承包商均可提出对单价或价格的调整。这种价格调整情况经常应讲究下列原则：

(1)如项目相同，则用工程量清单中已有的单价；

(2)如果没有适用于该变更工程的单价，则可以用清单中类似项目的单价并加以修正；

(3)如既无相同项目，也无类似项目，则应由监理工程师、业主和承包商进行协商确定新的单价或价格；

(4)如协商不成，监理工程师有权独立决定他认为合适的价格，并相应地通知承包商，将一份副本呈交业主。此决定不影响业主和承包方解决合同中争端的权力。

2)工程变更总值超过合同规定值引起的合同价格的调整。在竣工结算时，如发现所有合同变更的总金额和支付工程量与清单中工程量之差引起的金额之和超过了合同的价格(不包含暂定金)的15%时，除了上述单价或合价的调整外，还应对合同价格进行调整。调整的原则是：当变更值为增加时，业主在支付时应减少一笔金额；当变更值为减少时，则支付中应增加一笔金额，这种调整金额仅考虑超过合同价格(不包含暂定金)15%的部分。这种调价的理由是：承包商在投标时，将工程的各项成本和利税等均分摊到了各项目的单价之中，其中有一部分固定费用，如总部管理费、调遣费等，而这些是不随工程量的变化而变化的。而在工程变更中，由于采用单价合同支付方式，事实上使这些固定费用发生了变化。当变更值增加时，它也增加；变更值减少时，它也减少。前者使承包商获得了不该增加的费用，后者使承包商蒙受损失。

3)新增工程项目价格的调整。在工程变更的各种形式中，新增工程的现象最为普遍。工程师在下达的工程变更指令中，经常要求承包商实施某种新增工程。从合同含义上分析，新增工程应按其工程范围划分附加工程和额外工程两种：属于工程项目合同范围的新增工程，称为附加工程；超出工程项目合同范围以外的新增工程，称为额外工程。附加工程和额外工程价格调整原则如下：

(1)附加工程是指建成合同工程所必不可少的工程。如果缺少了这些工程，该合同工程项目就不能发挥其预期的作用。因此，只要是该工程合同项目必需的工程，都属于附加工程，无论该工程在合同文件的工程量清单中是否列出该工作项目，只要监理工程师发出工程变更指令，承包商应遵照执行。因为它在合同意义上属于合同范围以内的工作项目。因此，附加工程的价格调整与前述一般工程变更价格调整相同。

(2)额外工程是指工程项目合同文件中"工程范围"未包括的工作，缺少这些额外工程，原订合同的工程项目仍然可以运行，并发挥效益。所以，额外工程是一个"新增的工程项目"，而不是原合同项目的一个新的"工作项目"。因此，对于一项额外工程，应签订新的承包合同，独立地确定合同价。

14.4.4　施工合同调价

合同调价是施工合同管理的重要内容，它涉及业主和承包商双方的经济利益。合同价格调整可分为物价波动引发的价格调整和法规引起的价格调整。

1）物价波动引起的价格调整

物价波动引发的价格调整是指人工、材料、施工机械单价波动而影响合同价时，应考虑对合同价的调整。物价波动引起合同价格调整的方法有下述三种。

（1）文件证据法。所谓文件证据法，是业主依据实际发生文件（如票据）上的价格与合同（或投标文件）上的原始价格之差，给承包商给予补偿的一种方法。文件证据法调价包括的范围可以是劳动力工资、工程材料、施工用电、运输费用和税金等。文件证据法的使用，要求合同中有劳动力工资、工程材料等的原始价格，并有对何种对象可以调，以及需提供何种文件证据等的规定。文件证据法的使用存在这样一些问题：

① 文件证据法要求有原始价格和调整时实际价格的证据，否则无法操作。像施工机械台班费这一类费用就难以用此法调整。

② 文件证据法调整合同价的管理工作量大。对一个较大的施工项目，仅材料一项可能会有上百种，调整时需对这些材料的原始价和实际的有关证据逐一核实、计算，工作量相当大。

③ 在法制不健全、票据管理混乱的环境下，文件证据法也并不适宜。

④ 施工中常会出现不同规格、型号材料代用的问题，在合同中可能不会找到这些代用材料的原始价格。

（2）按实计算法。该方法的计算公式为：

$$\Delta P = \sum_{i=1}^{n}\left[(F_{ti} - F_{oi})Q_i\right] \tag{14-1}$$

式中　ΔP——需调整的价格差额；

n——可调价的项目数；

F_{ti}——第 i 项目的现行价格；

F_{oi}——第 i 项目的基本价格；

Q_i——第 i 项目的消耗量。

运用方法时，必须在签订合同前双方商定本工程中可调价项目的数量与内容。

（3）调价公式法。该方法的计算公式为：

$$\Delta P = P_0\left[\sum_{i=1}^{n}\frac{F_{ti}}{F_{oi}}B_i + A - 1\right] = P_0\alpha \tag{14-2}$$

式中　ΔP——需调整的价格差额；

P_0——业主应支付的金额（不包括价格调整、保留金和预付款）中，以基本价格计价部分；

n——可调价的项目数；

F_{ti}——第 i 项目的现行价格指数或现行价格；

F_{oi}——第 i 项目的基本价格指数或基本价格；

B_i——第 i 项目的权重，为第 i 项目在合同估算价中所占比例；

A——不调价项(一般指管理费、利润)的权重；

[ ]——其中综合被称为调价系数。

公式法在具体运用时，通常可在招标文件附有价格指数和权重表，规定可调价的项目数 n、不调价项权重 A 和可调价项目的权重范围 B_i，并应满足 $A+\sum\limits_{i=1}^{n}B_i=1.0$ 的约束条件。

2)法规引起的价格调整。

在递交投标书截止日期之前的第 28 天后，如政府法规发生变化而导致工程费用发生除物价波动引起的价差以外的增减，则业主应和承包商协商对合同价格进行调整。

14.5　工　程　索　赔

14.5.1　工程索赔概述

1)索赔的定义

索赔是指签订合同的一方，依据合同的有关规定，向另一方提出调整合同价格，调整合同工期或其他方面的合理要求，以弥补自己的损失，维护自身的合法权益。又分为索赔和反索赔，前者是承包商向业主提出索赔，后者是业主向承包商提出索赔。包括四层含义：一方认为是他应获得的；向对方申请或要求；尚未达成有关协议；索要的是一种权力或付款。

2)索赔的意义

在履行合同义务过程中，当一方的权利遭受损失时，向对方提出索赔是弥补损失的唯一选择。无论是承包商还是业主，搞好索赔管理都具有重要意义。

① 索赔是为了维护应得权利；

② 有助于提高承包商的经营管理水平。

3)索赔的原因

导致承包商实施工程的费用增加和造成工期延误主要原因是：

(1)施工条件变化

经常遇到的施工条件变化包括：

① 不利的外界障碍和条件，如无法合理预见的地下水、地质断层等；

② 发现化石、古迹等；

③ 发生不可抗力事件，如洪水、地震等自然灾害。

（2）工程师方面的原因

工程师在实施项目过程中,利用施工承包合同及咨询服务合同赋予他的权力,承担监督和服务的角色。他必须监督承包商按合同规定实施项目,同时,需要在各方面协助承包商顺利完成项目。因此,工程师的言行,也是承包商提出索赔的主要原因,现列举如下:

① 未能按时向承包商提供施工所需图纸。

② 提供不正确的数据。

③ 工程师的指示。如指示承包商进行合同规定之外的勘探、试验、剥露,指示暂停施工等。

④ 工程变更。有的变更工作必须在工程师发布变更指示后马上实施,有的则在确定变更工作的费率或价格后再实施。

（3）业主方面的原因

①业主的风险,如战争、叛乱、暴乱等。

②业主未能提供施工所需的足够大的现场。

③业主违约。如没有及时向承包商支付已完成工程的款项,或因某种原因提出终止合同等。

（4）合同本身的原因

①合同论述含糊不清;

②合同规定为其他承包商提供服务;

③合同额增减超过 15%;

④法律法规的变化、货币及汇率的变化。

14.5.2 索赔的分类

1)按发生索赔的原因分类

在每一项承包商提出的索赔中,必须明确指出索赔产生的原因。根据国际工程承包的实践具体划分索赔类型如下:

（1）工程变更索赔;

（2）不利自然条件和人为障碍索赔;

（3）加速施工索赔;

（4）施工图纸延期交付索赔;

（5）提供的原始数据错误索赔;

（6）工程师指示进行额外工作索赔;

（7）业主的风险索赔;

（8）工程师指示暂停施工索赔;

（9）业主未能提供施工所需现场索赔;

(10)缺陷修补索赔；

(11)合同额增减超过 15％索赔；

(12)特殊风险索赔；

(13)业主违约索赔；

(14)法律法规变化索赔；

(15)货币及汇率变化索赔；

(16)劳务、生产资料价格变化索赔；

(17)拖延支付工程款索赔；

(18)终止合同索赔；

(19)合同文件错误索赔。

2)按索赔的目的分类

可分为工期索赔和费用索赔。

3)按索赔的依据分类

(1)依据合同条款进行的索赔。在索赔事件发生后,承包商可根据合同中某些条款的规定提出索赔。由于合同中有明确的文字说明,承包商索赔的成功率是比较高的。

(2)合同未明确规定的索赔。某些索赔事项,无法根据合同的明示条款直接进行索赔,但可以根据这些条款隐含的内容合理推断出承包商具有索赔的权利,则这种索赔是合法的,同样具有法律效力。在此情况下,承包商如果有充分的证据资料,就能使索赔获得成功。

(3)道义索赔。既然是道义上的索赔,承包商则不可能依据合同条款或合同条款中隐含的意义提出索赔。如承包商由于投标价过低或其他承包商的原因,使其产生巨大损失,而在施工过程中,承包商仍能竭尽全力去履行合同,业主在目睹承包商的艰难困境后,出于道义上的原因,可能在承包商提出要求时,给予一定的经济补偿。

4)按索赔的处理方式分类

(1)单一事件索赔。在某一索赔事件发生后,承包商即编制索赔文件,向工程师提出索赔要求。单一事件索赔的优点是涉及的范围不大,索赔的金额小,工程师证明索赔事件比较容易。同时,承包商也可以及时得到索赔事件产生的额外费用补偿。这是常用的一种索赔方式。

(2)综合索赔。综合索赔,俗称一揽子索赔,是对工程项目实施过程中发生的多起索赔事件综合在一起,提出一个总索赔额。造成综合索赔的原因如下:

承包商的施工过程受到严重干扰,如工程变更过多,无法执行原定施工计划等,且承包商难以保持准确的记录和及时收集足够的证据资料;

施工过程中的某些变更或索赔事件,由于各方未能达成一致意见,承包商保留了进一步索赔的权力。

在上述条件下,无法采取单一事件索赔方式,只好采取综合索赔。

14.5.3　索赔的依据

承包商或业主提出索赔,必须出示具有一定说服力的索赔依据,这也是决定索赔是否成功的关键因素。索赔的一般依据有:

1)构成合同的原始文件

构成合同的文件一般包括:合同协议书、中标函、投标书、合同条件(专用部分)、合同条件(通用部分)、规范、图纸以及标价的工程量表等。

合同的原始文件是承包商投标报价的基础,承包商在投标书中对合同中涉及费用的内容均进行了详细的计算分析,是施工索赔的主要依据。

承包商提出施工索赔时,必须明确说明所依据的具体合同条款。

2)工程师的指示

工程师在施工过程中会根据具体情况随时发布一些书面或口头指示,承包商必须执行工程师的指示,同时也有权获得执行该指示而发生的额外费用。但应切记:在合同规定的时间内,承包商必须要求工程师以书面形式确认其口头指示。否则,将视为承包商自动放弃索赔权利。工程师的书面指示是索赔的有力证据。

3)来往函件

合同实施期间,参与项目各方会有大量往来函件,涉及的内容多、范围广。但最多的还是工程技术问题,这些函件是承包商与业主进行费用结算和向业主提出索赔所依据的基础资料。

4)会议记录

从商签施工承包合同开始,各方会定期或不定期的召开会议,商讨解决合同实施中的有关问题,工程师在每次会议后,应向各方送发会议纪要。会议纪要的内容涉及很多敏感性问题,各方均需核签。

5)施工现场记录

施工现场记录包括:施工日志,施工质量检查验收记录,施工设备记录,现场人员记录,进料记录,施工进度记录等。施工质量检查验收记录要有工程师或工程师授权的相应人员签字。

6)工程财务记录

在施工索赔中,承包商的财务记录非常重要,尤其是索赔按实际发生的费用计算时,更是如此。因此承包商应记录工程进度款支付情况,各种进料单据,各种工程开支收据等。

7)现场气象记录

在施工过程中,如果遇到恶劣的气候条件,除提供施工现场的气象记录外,承包商还应向业主提供政府气象部门对恶劣气候的证明文件。

8)市场信息资料

主要收集国际工程市场劳务、施工材料的价格变化资料,外汇汇率变化资料等。

9）政策法令文件

工程项目所在国或承包商国家的政策法令变化，可能给承包商带来益处，也可能带来损失。承包商应收集这方面的资料，作为索赔的依据。

14.5.4　索赔的程序

1）提出索赔意向通知

凡是由于业主或工程师方面的原因，或由于其他非承包商原因，造成工程拖期或费用增加时，承包商均有权提出索赔，但应在合同规定的时间内，向工程师发出索赔意向通知。

当出现索赔事件时，承包商应在引起索赔的事件第一次发生之后的 28 天内，将其索赔意向通知工程师，并送业主一份副本。同时承包商应继续施工，并保持同期记录。如承包商能主动请工程师检查索赔事件发生时的同期记录，并请工程师说明是否需做其他记录，这对保证索赔成功是非常必要的。

承包商应允许工程师审查所有与索赔事件有关的同期记录，在工程师要求时，应向工程师提供同期记录的副本。

2）报送索赔资料

（1）报送索赔资料的时间。承包商应在发生索赔事件后，尽快准备索赔资料，在向工程师发出索赔通知后的 28 天内，或在工程师同意的合理时间内，向工程师报送一份索赔报告，说明索赔款额和索赔的依据。

如果索赔事件具有连续性影响，承包商的上述报告将被认为是第一次临时详细报告，并每隔 28 天或按工程师可能合理要求的时间间隔，提交进一步的临时详细报告，说明索赔的费用额和工期延长值，并提供相应的证明资料。承包商在索赔事件所产生的影响结束后 28 天内向工程师发出一份最终详细报告，说明索赔的总额、工期延长的天数和全部的索赔证据。

（2）索赔报告编写。承包商的索赔可分为工期索赔和费用索赔，一般地，对大型、复杂工程应分别编写和报送，对小型工程可合二为一。一个完整的索赔报告应包括如下内容：

① 总论部分，概括地叙述索赔事项，包括事件发生的具体时间、地点、原因、产生持续影响的时间；

② 合同论述部分，说明依据合同条件中的哪些条款提出该项索赔；

③ 索赔款额和（或）工期延长的计算论证；

④ 证据部分，包括收据、发票、照片等。

3）索赔处理

如果承包商提供的索赔报告可使工程师确定应付的全部或部分金额时，则工程师应在当月的中间支付证书中包括承包商已证明的全部或部分索赔款额；如果承包商不满意工程师对索赔的处理决定，则须采取下列方法之一对工程师的决定做出反应：

① 向工程师发出对该索赔事件保留继续进行索赔权力的意向通知，等到颁发整个

工程的移交证书后,在提交的竣工报表中做出进一步的索赔。

② 在合同规定的时间内进行友好协商解决,如果未能友好解决,则可提交仲裁。

14.6　工程索赔的计算

工程索赔的计算分为工期索赔和费用索赔。

14.6.1　工期索赔

1)工程拖期的分类及处理措施

工程拖期可分为两种情况:

(1)由于承包商的原因造成的工程拖期,定义为工程延误,承包商须向业主支付误期损害赔偿费。工程延误,也称为不可原谅的工程拖期。如承包商内部施工组织不好,设备材料供应不及时等,这种情况承包商无权获得工期延长。

(2)由于非承包商原因造成的工程拖期,定义为工程延期,承包商有权要求业主给予工期延长。工程延期也称为可原谅的工程拖期。它是由业主、工程师或其他客观因素造成的,承包商有权获得工期延长,但是否能获得经济补偿要视具体情况而定。因此,可原谅的工程拖期又可分为:可原谅并给予补偿的拖期,拖期的责任者是业主或工程师;可原谅但不给予补偿的拖延,这往往是由于客观因素造成的拖延。

上述两种情况的工期索赔可按表 14-1 处理。

表 14-1　工期索赔处理原则

索赔原因	是否可原谅	拖 期 原 因	责任者	处 理 原 则	索赔结果
工程 进度 拖延	可原谅拖期	(1)修改设计 (2)施工条件变化 (3)业主原因拖期 (4)工程师原因拖期	业主/工程师	可给予工期延长;可补偿经济损失	工期+经济补偿
		(1)异常恶劣气候 (2)工人罢工 (3)天灾	客观原因	可给予工期延长;不给予经济补偿	工期
	不可原谅的拖期	(1)工效不高 (2)施工组织不好 (3)设备材料供应不及时	承包商	不延长工期;不补偿经济损失向业主支付误期损害赔偿费	索赔失败;无权索赔

2)共同延误时工期索赔的有效期处理

承包商,工程师或业主,或某些客观因素均可造成工程拖期,但在实际施工过程中,工程拖期经常是由上述两种以上的原因共同作用产生的,称为共同延误。

在共同延误情况下,要具体分析哪一种情况延误是有效的,即承包商可以得到工期延长,或既可得到工期延长,又可得到经济补偿。在确定拖期索赔的有效期时,可依据下述原则:

(1)首先判别造成拖期的哪一种原因是最先发生的,即确定"初始延误"者,他应对工程拖期负责。在初始延误发生作用期间,其他并发的延误者不承担拖期责任。

(2)如果初始延误者是业主,则在业主造成的延误期内,承包商既可得到工期延长,又可得到经济补偿。

(3)如果初始延误者是客观因素,则在客观因素发生影响的时间段内,承包商可以得到工期延长,但很难得到经济补偿。

14.6.2　费用索赔中的费用组成

费用索赔是索赔的重点,施工可索赔费用应与投标报价的每一项费用相对应,其费用组成为:

1)直接费

包括人工费、材料费、施工机械费,具体内容为:

(1)人工费。包括人员闲置费、加班工作费、额外工作所需人工费用、劳动效率降低和人工费的价格上涨等费用。

(2)材料费。包括额外材料使用费、增加的材料运杂费、增加的材料采购及保管费用和材料价格上涨费用等。

(3)施工机械费。包括机械闲置费、额外增加的机械使用费和机械作业效率降低费等。

2)间接费

包括现场管理费、上级管理费、利润及其他应予以补偿的费用,具体内容为:

(1)现场管理费。包括工程师食宿设施、承包商人员食宿设施、监理费、代理费、交通设施费用以及其他费用等。

(2)上级管理费。包括办公费、通讯费、差旅费和职工福利费等。

(3)利润。索赔利润一般包括合同变更利润、工程延期利润机会损失、合同解除利润和其他利润补偿。

(4)其他应予以补偿的费用。包括利息、分包费、保险费用、各种担保费等。

在具体分析费用的可索赔性时,应对各项费用的特点和条件进行单独审核论证,使其具有很强的说服力。费用索赔值的计算又可分为单项索赔值计算和总费用索赔值计算两种方法。

14.6.3　常用的费用索赔计算方法

工程承包的实践证明,承包商在拥有索赔权的情况下,采用正确、恰当的方法计算索赔款额是十分重要的。承包商不可无根据的扩大索赔款额,以免使索赔搁浅。在索赔计价方法中较多采用分项计算法,在难以按分项计算索赔款额时,则采用总费用法。下面分述这两种方法。

1)费用索赔的分项计算方法

这种方法是将承包商在索赔事件持续发生过程中产生的费用逐项列出,分别计算,再汇总计算出索赔的总费用。在明确责任的情况下,由于采用分项计算法是将费用分项列出,加上承包商提供的相应记录、收据、发票等证据资料,业主和工程师就可以在较短时间内分析、核实索赔报告,确定最终索赔款额,并在较短时间内与承包商达成一致意见,顺利解决索赔事宜。通常分项方法索赔的项目有:直接费的计算、间接费的计算、利润、施工效率降低的计算。在实际计算索赔款额时,上述项目需要进一步划分为更小的单项进行计算。

2)费用索赔的总费用方法

总费用方法是用承包商在施工过程中发生的总费用减去承包商的投标价格计算项目的费用索赔值。该方法要求承包商必须出示足够的证据,证明其全部费用是合理的,否则业主将不接受承包商提出的索赔款额,而承包商要想证明全部费用是合理支出,则并非易事。因此,该方法不宜过多采用,只有在无法按分项方法计算索赔费用时,才可使用该方法。采用总费用法时应注意的问题有:

(1)由于非承包商的原因,使施工过程受到严重干扰,造成多个索赔事件混杂在一起,导致承包商难以准确的进行分项记录和收集证据资料,也无法分项计算出承包商产生的损失,只得采用总费用法进行索赔。

(2)承包商报价必须合理。所谓合理是指承包商标价计算合理,其价格应接近业主计算的标价,并非是采取低价中标的策略,导致标价过低。

(3)承包商发生的实际费用证明是合理的。对承包商发生的每一项费用进行审核,证明费用的支出是实施工程必需的。承包商对费用增加不负任何责任。

总费用索赔方法在实际应用中,又衍生出一些改进的总费用索赔法。其总的想法是承包商易于证明其索赔款额(提交索赔证明资料),同时便于业主和工程师进行核实、确定索赔费用。这些方法是:

(1)按多个索赔事件发生的时段,分别计算每时段的索赔费用,再汇总出总费用。

(2)按单一索赔事件计算索赔的总费用。

上述两种方法,由于时段的限制或单一事件的限制,其索赔总费用额较小,在处理索赔时,业主也较易接受,同时承包商也能尽快得到索赔款。

14.6.4　反　索　赔

反索赔是指业主向承包商提出的索赔要求。它与承包商向业主提出的索赔要求是对立统一的。反索赔一般是指工程师在对承包商提出的索赔进行审核评价时,指出其错误的合同依据和计算方法,否定其中的部分索赔款额或全部索赔款额;此外,也包括工程师依据合同内容,对承包商的违约行为提出反索赔要求。同样,反索赔也分为工期索赔和费用索赔。反索赔的根本目的是维护业主的利益,其工作内容包括:

1)审核承包商的索赔报告

包括审定索赔权和索赔款额。

(1)审定索赔权。任何一项索赔必须依据合同的条款或内容提出,这也是审定承包商是否具有索赔权的主要内容。对承包商的索赔报告应进行如下审定:

① 索赔通知书。即审核承包商是否就索赔事件在合同规定的时间内向工程师发出索赔的意向通知。如果承包商未及时发出索赔通知,则认为是自动放弃索赔权力。

② 索赔依据。处理索赔的原则是以事实为依据,以合同为准绳。因此,承包商的索赔必须明确说明是依据合同的哪些条款提出的索赔,并有充分理由证明承包商对索赔事件不负任何责任。工程师有权否定不合理的或模棱两可的理由。

(2)索赔款额的审定。在肯定承包商有索赔权的前提下,工程师应对承包商的索赔款项的计算逐项核实,剔除不合理的计价项目和计价方法,同时说明不合理的原因,最后计算出索赔总价。

2)向承包商提出索赔

业主对承包商的违约行为可提出费用索赔。但由于业主是买方,同时也是投资方,其最终目的是按时并保质保量完成项目,通常不单独向承包商提出费用索赔,而是采用保留索赔权的方式,对承包商的违约行为向其发出警告或索赔的意向通知。

如承包商内部组织不得力,导致施工速度过慢,已明显影响到总工期,工程师可向承包商发出警告,同时说明导致工程拖期的后果。如果在工程竣工日期,还未完成项目,可颁发延误证书,说明工程应予完工的日期和承包商应对拖期完工负全部责任,则误期损害赔偿费的起算日期即为延误证书中注明的日期。这些书面的警告、指示和证书,对承包商都具有影响力和约束力。既维护了业主的利益,又不使双方的关系过于紧张,同时也有利于工程的顺利实施。

只有在特殊情况下,业主才向承包商提出反索赔。如由于承包商违约,导致合同提前终止,在双方进行清算时,业主向承包商提出费用索赔。

复习思考题

1. 工程项目合同管理的内容是什么?
2. 工程项目合同订立的内容是什么?
3. 工程项目招投标的内容是什么?
4. 工程项目合同类型有哪些?
5. 工程施工合同管理的内容是什么?
6. 工程变更的程序及内容是什么?
7. 工程索赔的依据、分类及内容是什么?
8. 工程索赔的程序及方法有哪些?
9. 工程反索赔的内容有哪些?

15　铁道电气化工程管理信息系统

21世纪是经济走向全球化、一体化和信息化的时期,世界上各个国家,特别是发达国家以及经济速度发展较快的发展中国家,都提出用信息化带动工业化。工程管理信息化是国家信息化战略的重要内容,是工程管理走向精细化、科学化的必然选择。通过信息化建设,可以把工程管理的各个环节紧密地联系在一起,有效地实现资源共享和传递,为企业管理和工程项目管理提供了科学高效、准确快捷的管理手段和支持平台。

15.1　工程管理信息化

"信息化"这一术语是我国领导层、学术界和企业界结合我国的国情提出的。就像我们谈论机械化、电气化、自动化一样,我国领导层、学术界和企业界希望借此表达利用以通信技术、网络技术、数据库技术、计算机软硬件技术为代表的信息技术,对社会生活的各个方面进行改造,带动整个社会各方面的全面进步。工程管理信息化是指利用电子信息系统作为平台,以工程项目为中心,将政府行政管理、工程设计、工程施工过程(经营管理和技术管理)所发生的主要信息有序的、及时的、成批的存储,以部门间信息交流为中心,以业务工作标准为切入点,采用工作流程和数据后处理技术,解决工程项目从数据采集、信息处理、信息存储与共享到决策目标生成等环节的信息化,及时、准确地为业主、设计方、施工方、供应商等单位的决策管理提供依据。

15.1.1　工程信息的特点

现代工程项目的管理是一个复杂、艰巨的系统工程,涉及投资、进度、质量、人员、风险、合同、图纸文档等多方面的工作及众多的参与部门,如设计、监理、施工、运营等,使得在工程项目管理过程中信息的采集、沟通和协调工作量十分巨大。随着市场经济的发展,工程项目的管理信息变得越来越复杂,其特点越来越明显,主要表现在以下几个方面:

1)环节多、信息量大,沟通管理比较困难

这主要是由于工程项目管理涉及部门多、环节多、用途多、渠道多、形式多的缘故。首先是数据采集与处理比较复杂,工程项目的有关进度、投资、质量、合同等数据,量大而且不停地在变化,管理者往往感觉难于及时把握,能够随时掌握动态的数据并加以汇总处理,更显得十分困难。其次是文档管理比较困难,工程的图纸、文件、资料等文档,量大而且一般以纸面的形式保存,查找和保存起来非常困难;往往随着工程的进展,很多宝贵的资料就不知丢到哪里,后人要做大量的重复工作,资源的浪费十分严重。另外是信息沟通比较困难,从一般意义上讲工程项目管理的核心问题是其进度、投资、质量和合同的管理工作,但归根结底都需要信息的沟通。

2)工程信息系统性强,便于集中管理

由于工程项目的单件性和一次性,故虽然信息量大,但却都集中于所管理的项目对象,容易系统化,这为信息系统的建立和应用创造了非常有利的条件。

3)信息产生及传递受干扰比较大

信息是在项目建设和管理过程中产生的。信息反馈一般要经过加工整理、传递,然后到达决策者手中,往往迟于物流,反馈不及时,容易影响信息作用的及时发挥而造成失误。此外,项目管理从发送到接收的过程中,往往由于传递者主观方面的因素,如对信息的理解能力、经验、知识的限制而发生障碍,还往往会因为传递手段落后或使用不当而造成传递障碍,发生信息横向流通不畅,纵向流通断层现象。

计算机技术在工程项目信息管理中的应用可以有效解决工程项目管理过程信息采集、处理和传递的问题,为管理者提供准确的决策依据。在工程管理中,建立一个完善的管理信息系统,开展扎实有效的信息管理工作,及时、准确、系统而完整地掌握工程项目信息是工程项目管理者(业主、监理方、承包商等)对项目进行有效投资、进度控制、质量控制和合同管理必不可少的基础。

15.1.2 信息化建设与工程管理的结合

工程项目管理在不断完善管理模式和管理体系的过程中,对计算机信息化处理的需求越来越迫切。例如政府的监督、业主的监控、施工单位的管理、监理的过程管理等都需要快捷的一手信息,能够在一个集成化的系统中获得大量的业务信息,如项目投资信息、设备材料信息、合作信息等,与相关业务单位进行在线合作、业务交流、数据传输等,远程管理工程的质量、进度、材料、设备环节等。工程管理信息化系统所带来的就是以业务数据为中心,全面提升企业的综合管理水平,实现管理创新,提高运作效率。

1)工程管理信息化建设

工程管理的信息化系统就是对工程相关信息进行采集、处理、存储、管理、检索和传输,必要时能向有关人员提供有用的信息而建立的以用户需求分析为指导,以面向对象的方法建立系统的逻辑结构,并在此基础上建立系统的数据模型,将数据存储到关系或对象数据库中,通过建立组件和分布式模型,实现不同物理位置和网络下的运行。系统建模过程如图 15-1 所示。

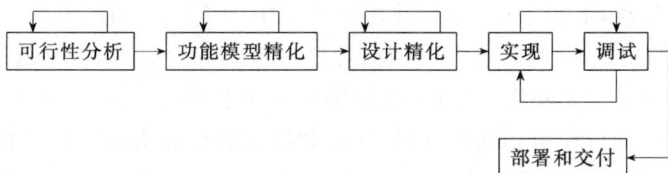

图 15-1　工程管理的信息化建设过程

其中,可行性分析是建立系统的基础,要充分考虑系统建立的必要性、工期、代价和实现方式,功能模型精化是根据用户的需求对系统的功能反复进行确定和细化的过程;设计精化是对系统结构进行逐步求精的规划和设计,确立对象、模块、组件、数据模型、存储结构和开发环境等;实现阶段是对源代码的编写和完善;调试阶段用以校验是否满足全部的需求和期望的结果;部署和交付阶段是系统的最终实现,同时包含了文档说明和培训。

在工程管理中,业主、监理、承包商构成了工程项目管理的三大主体,进度控制、成本控制和质量控制作为工程管理的重要目标,大多是通过专用的软件完成的,例如Project、P3、Openplan 等,这些软件单项应用功能很强,但缺乏集成化和网络化的应用。随着计算机新技术的不断应用,必须构造企业的综合信息化的平台,如图 15-2 所示,才能形成这种以项目为核心的信息化管理模式。

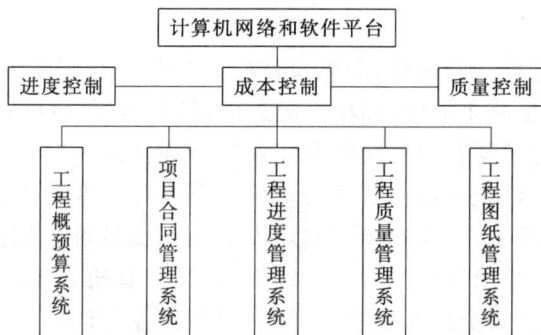

图 15-2　工程项目管理系统

工程管理信息化系统的建立是一个综合的解决方案,集计算机软件技术、网络技术、通信技术和 Web 技术、数据库技术为一体,以各类工程业务数据为中心,完成各相关业务单位间往来业务信息的自动处理,协助,工程管理者和业务人员做出科学、准确的判断和决策,实现全面信息化的业务管理,全面提高综合管理水平。

信息化系统的建立要针对不同的功能和服务需求,为此将工程管理过程划分为三个层次模型:战略规划、管理控制和操作处理,不同层次的管理人员设定的功能目标则不同。其中,操作层是定期要重复的操作过程,通常是利用简单事务处理模块、报表生成模块和查询模块产生,如进度报表、监理日报月报等单项数据处理系统;管理层则及时统计汇总各种管理信息,上传下达,并提供管理活动中用于控制和制定的各项数据,如管理信息系统(MIS)的建立,就是对各类管理信息进行系统综合处理,项目管理系统则对一个项目的数据进行统计汇总和管理监控;决策层除及时了解所需综合信息外,还需要利用数学模型和方法分析进行模拟和预测,以科学的数据达到计算机辅助的判断和决策,如决策支持系统的建立,是对 MIS 系统的发展和深化,是在收集、存储和加工信息后的分析、预测、选择的过程,是将数学模型、算法和推理方法结合起来的知识库系统。

2)我国工程管理信息化建设的现状

我国工程建设行业由于历史的发展制约,以及其自身的复杂性,信息化建设进程较为缓慢。而在国外的一些大型工程企业中,计算机技术已经广泛地应用工程管理的各个阶段,包括成本控制、进度控制、合同管理、文档管理和监理控制等方面。与发达国家相比,我国在工程管理信息化方面还有一定的差距。

(1)在施工管理和信息决策上与国外存在差距。大部分单位的工程设计,施工各专业环节已分别实现计算机化处理的单项应用,文字化、图像化及数据有了一定的基础。我国已有了一批成熟的单项软件产品,诸如工程投标报价系统、建筑概预算软件、工程量、钢筋自动计算软件等,工程计划网络软件已发展到第三代产品,水平与国外相当。在加入 WTO 后,我国工程施工企业与国外承包商的差距,主要表现在施工管理和信息决策上。然而现在多数国内工程企业的领导都还没有意识到信息化的重要性,政府在政策扶持上力度不够。

(2)没有对工程进行结构分解,造成项目控制失效。我国传统的项目管理中,无论是业主、监理单位,还是施工单位,在项目施工前,没有运用项目结构分解的方法对项目进行结构分解,管理对象与管理层次没有计划性、预控性。

(3)对信息系统的认识不足。由于信息技术是十分专业的领域,发展又非常迅猛,新的概念和技术层出不穷,企业的领导和广大的用户比较难于把握。用户往往是站在自己部门工作的角度,提出模糊的需求。然而,由于计算机系统是一个整体,各部门之间必然有大量的信息需要交换和共享。因此,要根据业务的需求,提出整体的框架,在整体的框架下,解决用户具体的需求。如果不能达成对整体框架的共识,参与的部门存在很多不同的看法,系统就很难建设,工作很难推进。

(4)缺乏有效的沟通。在传统的工业经济影响下,我国建立的多是以专业分工为主的管理模式。在大型工程项目管理过程中,由于系统庞大,涉及面广,需要设计、施工、设备、计划、运营等部门的密切配合,然而由于部门的壁垒和责权利的分割,往往使信息难于畅通流动,造成项目管理中信息传递缓慢乃至失败,直接影响项目管理质量。业主对工程项目最关心的是进度、投资、质量和合同。其实,最首要的是信息的沟通问题。由于工程管理涉及的单位和部门众多,传统的方法如开会、发文等方式,信息传递的效率很低,应该说大部分的问题首先出在沟通方面。

15.2 工程项目信息管理的含义、目的和任务

15.2.1 工程项目信息管理的含义和目的

我国从工业发达国家引进项目管理的概念、理论、组织、方法和手段,历时 20 年左右,取得了不少成绩。但是应认识到,在项目管理中最薄弱的工作环节是信息管理。至今多数业主方和施工方的信息管理还相当落后,其落后表现在对信息管理的理解,以及信息管理的组织、方法和手段基本上还停留在传统的方式和模式上。

信息指的是用口头的方式、书面的方式或电子的方式传输(传达、传递)的知识、新闻,或可靠的或不可靠的情报。声音、文字、数字和图像等都是信息表达的形式。铁道电气化工程项目的实施需要人力资源和物质资源,也应认识到信息也是项目实施的重要资源之一。

信息管理指的是信息传输的合理的组织和控制。

项目的信息管理是通过对各个系统、各项工作和各种数据的管理,使项目的信息能方便和有效地获取、存储、存档、处理和交流。项目的信息管理的目的旨在通过有效的项目信息传输的组织和控制(信息管理)为项目建设的增值服务。

铁道电气化工程项目的信息包括在项目决策过程、实施过程(设计准备、设计、施工和物资采购过程等)和运行过程中产生的信息,以及其他与项目建设有关的信息,如项目的组织类信息、管理类信息、经济类信息、技术类信息和法规类信息。

据国际有关文献资料介绍,铁道电气化工程项目实施过程中存在的诸多问题,其中 2/3 与信息交流(信息沟通)的问题有关;铁道电气化工程项目 10%～33% 的费用增加与信息交流存在的问题有关;在大型铁道电气化工程项目中,信息交流的问题导致工程变更和工程实施的错误约占工程总成本的 3%～5%。由此可见信息管理的重要性。

15.2.2 工程项目信息管理的任务

(1)业主方和项目参与各方都有各自的信息管理任务,为充分利用和发挥信息资源的价值、提高信息管理的效率,以及实现有序的和科学的信息管理,各方都应编制各自的信息管理手册以规范信息管理工作。信息管理手册描述和定义信息管理做什么、谁做、什么时候做和其工作成果是什么等,它的主要内容包括:

①信息管理的任务(信息管理任务目录);

②信息管理的任务分工表和管理职能分工表;

③信息的分类;

④信息的编码体系和编码;

⑤信息输入输出模型;

⑥各项信息管理工作的工作流程图;

⑦信息流程图;

⑧信息处理的工作平台及其使用规定;

⑨各种报表和报告的格式,以及报告周期;

⑩项目进展的月度报告、季度报告、年度报告和工程总报告的内容及其编制;

⑪工程档案管理制度;

⑫信息管理的保密制度等制度。

(2)项目管理班子中各个工作部门的管理工作都与信息处理有关,而信息管理部门的主要工作任务是:

①负责编制信息管理手册,在项目实施过程中进行信息管理手册的必要的修改和补充,并检查和督促其执行;

②负责协调和组织项目管理班子中各个工作部门的信息处理工作;

③负责信息处理工作平台的建立和运行维护;

④与其他工作部门协同组织收集信息、处理信息和形成各种反映项目进展和项目目标控制的报表和报告;

⑤负责工程档案管理等。

(3)各项信息管理任务的工作流程,如:

①信息管理手册编制和修订的工作流程;

②为形成各类报表和报告,收集信息、录入信息、审核信息、加工信息、信息传输和发布的工作流程;

③工程档案管理的工作流程等。

(4)由于铁道电气化工程项目大量数据处理的需要,在当今的时代应重视利用信息技术的手段进行信息管理。其核心的手段是基于网络的信息处理平台。

(5)在国际上,许多铁道电气化工程项目都专门设立信息管理部门(或称为信息中心),以确保信息管理工作的顺利进行;也有一些大型铁道电气化工程项目专门委托咨询公司从事项目信息动态跟踪和分析,以信息流指导物质流,从宏观上对项目的实施进行控制。

15.3 工程项目信息的分类、信息编码和信息处理的方法

15.3.1 工程项目信息的分类

(1)业主方和项目参与各方可根据各自的项目管理的需求确定其信息管理的分类,但为了信息交流的方便和实现部分信息共享,应尽可能做一些统一分类的规定,如项目的分解结构应统一。

(2)可以从不同的角度对铁道电气化工程项目的信息进行分类,如:

①按项目管理工作的对象,即按项目的分解结构,如子项目 1、子项目 2 等进行信息分类;

②按项目实施的工作过程,如设计准备、设计、招投标和施工过程等进行信息分类;

③按项目管理工作的任务,如投资控制、进度控制、质量控制等进行信息分类;

④按信息的内容属性,如组织类信息、管理类信息、经济类信息、技术类信息和法规类信息。

(3)为满足项目管理工作的要求,往往需要对铁道电气化工程项目信息进行综合分类,即按多维进行分类,如:

①第一维:按项目的分解结构;

②第二维:按项目实施的工作过程;

③第三维:按项目管理工作的任务。

15.3.2 工程项目信息编码的方法

(1)编码由一系列符号(如文字)和数字组成,编码是信息处理的一项重要的基础工作。

(2)一个铁道电气化工程项目有不同类型和不同用途的信息,为了有组织地存储信息,方便信息的检索和信息的加工整理,必须对项目的信息进行编码,如:

①项目的结构编码;

②项目管理组织结构编码;

③项目的政府主管部门和各参与单位编码(组织编码);

④项目实施的工作项编码(项目实施的工作过程的编码);

⑤项目的投资项编码(业主方)/成本项编码(施工方);

⑥项目的进度项(进度计划的工作项)编码;

⑦项目进展报告和各类报表编码;

⑧合同编码;

⑨函件编码;

⑩工程档案编码等。

以上这些编码是因不同的用途而编制的,如投资项编码(业主方)/成本项编码(施工方)服务于投资控制工作/成本控制工作;进度项编码服务于进度控制工作。但是有些编码并不是针对某一项管理工作而编制的,如投资控制/成本控制、进度控制、质量控制、合同管理、编制项目进展报告等都要使用项目的结构编码,因此就需要进行编码的组合。

(3)项目的结构编码依据项目结构图,对项目结构的每一层的每一个组成部分进行编码。

(4)项目管理组织结构编码依据项目管理的组织结构图,对每一个工作部门进行编码。

(5)项目的政府主管部门和各参与单位的编码包括:

①政府主管部门；

②业主方的上级单位或部门；

③金融机构；

④工程咨询单位；

⑤设计单位；

⑥施工单位；

⑦物资供应单位；

⑧物业管理单位等。

(6)项目实施的工作项编码应覆盖项目实施的工作任务目录的全部内容,它包括:

①设计准备阶段的工作项；

②设计阶段的工作项；

③招投标工作项；

④施工和设备安装工作项；

⑤项目动用前的准备工作项等。

(7)项目的投资项编码并不是概预算定额确定的分部分项工程的编码,它应综合考虑概算、预算、标底、合同价和工程款的支付等因素,建立统一的编码,以服务于项目投资目标的动态控制。

(8)项目成本项编码并不是预算定额确定的分部分项工程的编码,它应综合考虑预算、投标价估算、合同价、施工成本分析和工程款的支付等因素,建立统一的编码,以服务于项目成本目标的动态控制。

(9)项目的进度项编码应综合考虑不同层次、不同深度和不同用途的进度计划工作项的需要,建立统一的编码,服务于项目进度目标的动态控制。

(10)项目进展报告和各类报表编码应包括项目管理形成的各种报告和报表的编码。

(11)合同编码应参考项目的合同结构和合同的分类,应反映合同的类型、相应的项目结构和合同签订的时间等特征。

(12)函件编码应反映发函者、收函者、函件内容所涉及的分类和时间等,以便函件的查询和整理。

(13)工程档案的编码应根据有关工程档案的规定、项目的特点和项目实施单位的需求而建立。

15.4 工程管理信息化的意义

工程管理信息资源的开发和信息资源的充分利用,可吸取类似项目的正反两方面的经验和教训,许多有价值的组织信息、管理信息、经济信息、技术信息和法规信息将有助于项目决策期多种可能方案的选择,有利于项目实施期的项目目标控制,也有利于项

目建成后的运行。

1)通过信息技术在工程管理中的开发和应用能实现的功能

信息存储数字化和存储相对集中(图 15-3);

传统方式:点对点信息交流　　　　　PIP方式:信息集中存储并共享

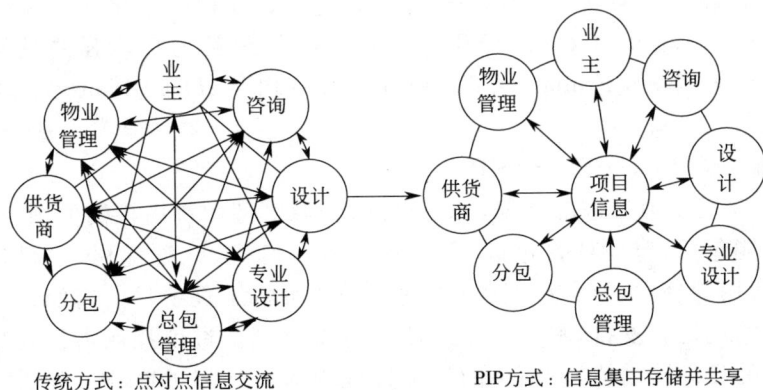

图 15-3　信息存储数字化和存储相对集中

信息处理和变换的程序化;

信息传输的数字化和电子化;

信息获取便捷;

信息透明度提高;

信息流扁平化。

2)信息技术在工程管理中的开发和应用的意义

"信息存储数字化和存储相对集中"有利于项目信息的检索和查询,有利于数据和文件版本的统一,并有利于项目的文档管理;

"信息处理和变换的程序化"有利于提高数据处理的准确性,并可提高数据处理的效率;

"信息传输的数字化和电子化"可提高数据传输的抗干扰能力,使数据传输不受距离限制并可提高数据传输的保真度和保密性;

"信息获取便捷","信息透明度提高"以及"信息流扁平化"有利于项目参与方之间的信息交流和协同工作。

3)工程管理信息化有利于提高铁道电气化工程项目的经济效益和社会效益,以达到为项目建设增值的目的。

15.5　常见的工程管理软件与工具

15.5.1　国外工程管理类软件

国外工程项目管理经过多年的发展,在工程项目进度管理、项目合同管理等方面已经形成了一系列比较成熟的信息系统商品化软件，计算机在工程项目上的应用也已经经历了单项应用、综合应用和系统应用三个阶段。各种软件也从单一的功能发展到集成化功能。国外的项目管理软件可以分为两大类，一类为适用于通用工程项目管理工作的软件，如 CA-Super Project、Microsoft Project、Project Scheduler、Sure Trak Project Manager 和 Time Line 等；另一类为功能强并且特别专业的工程项目管理软件，如 Primavera Project Planner（P3）、Open Plan 等。下面简单介绍其中的几种。

1）Primavera Project Planner（P3）

P3 是主要用于项目进度计划、动态控制、资源管理和费用控制的项目管理软件。它的主要功能包括：建立项目进度计划；项目资源管理、计划优化，项目进度的跟踪比较；项目费用管理；项目进展报告等。使用 P3 可将工程项目的组织过程和实施步骤进行全面的规划和安排，科学地制定项目进度计划。进度控制需要在项目实施之前确定进度的目标计划值，在项目的实施过程中进行计划进度与实际进度的动态跟踪和比较，随着项目进展，对进度计划要进行定期的或不定期的调整，预测项目的完成情况。

2）Sure Trak

Sure Trak 软件也称小 P3，它具有 P3 软件 80% 的功能，但价格相对较低。Prirnavera 公司是为了中小型项目而将 P3 简化成 Sure Trak a P3，与 Sure Trak 的数据完全兼容，因此一些单位在总部使用 P3，在项目层使用 Sure Trak

3）Expedition

Expedition 是工程项目合同事务管理的软件，有助于执行工程项目的合同条款。Expedition 帮助用户跟踪工程建设过程中的合同事务，包括合同订货单、收发文图、工程变更、材料到货支付、工程进度款支付等，Expedition 能对合同事物进行有效的登记、归类、事件关联、统计、费用归档、检索等管理。

4）Microsoft Project

Microsoft Project 是由美国微软公司开发的主要用于项目进度管理的软件。Microsoft Project 能够帮助项目管理用户建立工程项目的进度计划；对进度计划进行分析与优化；当实施计划发生变化时，对进度目标进行控制和管理。Microsoft Project 是一个功能很强，操作使用简单方便的项目计划系统，它能够提供进度控制所需的信息。Microsoft Project 4.0 的主要功能有：建立进度计划；安排项目资源；优化进度计划；提供项目信息；进度跟踪比较。

5）CA-Super Project

CA-Super Project 由美国 Computer Associates International 公司开发，该软件是一套功能全面的软件，但使用方法可能较繁琐。如果用户打算在整个公司（包括各分公司）联网应用，或用户的计算机操作系统是 Windows、OS/2 或 Unix，用户需要

某些先进的功能,如统计材料资源随项目进展的消耗等,则可选用 Super Project。

15.5.2 国内工程管理类软件——铁道电气化工程项目管理信息系统

在我国,工程项目信息化管理系统的研制尚处于初期蓬勃成长的阶段。一批民营高科技公司相继推出了网络化的管理信息平台,如北京梦龙公司的 Mr2000、大连同洲公司的项目管理 2000 和新中大软件股份有限公司的工程项目管理软件 Psoft 等。其次,一些技术力量雄厚的施工企业自主开发了适于项目层次、企业层次的实用化管理软件等。

随着项目管理体制在我国的推行以及计算机在项目管理应用中的运用,国内也逐步推出了许多的项目管理软件。与国外的软件相比,这些软件都有其一定的特点,比较适合我国国情,但由于起步较晚以及其他原因,这些软件也都有一定的局限性,表现在其功能、用户界面、图表输出质量等与国外先进软件相比有一定的差距,更主要的是国内软件都偏重于事务性信息的管理,而缺乏对决策支持及专家系统的开发。而在铁路领域主要有铁道工程项目管理信息系统。

铁道工程项目管理信息系统(Railway Construction Project Management Information System,简称 RCPMIS)是应用现代项目管理理念和信息技术,以铁道部和建设单位为主要服务对象,以大中型铁道工程项目为工程对象,支持铁道部对全国铁道电气化工程项目实施政府监管和建设单位对主管项目实施全过程建设管理的、行业性的应用软件系统。

铁道工程项目管理信息系统(RCPMIS)由铁道部级系统和建设单位级系统构成,两级系统互联互通、直接相关。其中,铁道部级系统是新开发的应用软件系统,建设单位级系统是根据铁路工程建设项目管理的需要,在引进并买断相关软件在铁路行业使用权的基础上,通过整合、改造和开发形成的应用软件系统。

建设和应用铁道电气化工程项目管理信息系统(RCPMIS),有利于在铁路建设中引进现代管理理念,采用先进的管理工具和现代管理技术,有利于加强项目规划和过程管理,以一流的管理保证一流的建设,有利于整体提升铁路建设行业的现代管理水平,为全面完成"十二五"铁路建设任务和实现中长期铁路网规划提供保障。

RCPMIS 系统功能结构:铁道电气化工程项目管理应当从项目确立后开始,项目管理工作内容就是招投标、设计、施工、验收移交。招投标包括设计、施工、采购、咨询、监理和其他专业技术服务等招投标。设计阶段可以分成初步设计和施工图设计。施工阶段分为施工准备阶段、施工运行阶段。验收阶段分为初验和竣工验收阶段,每个阶段工作的内容不同,这种阶段划分有利于管理。

RCPMIS 分成资源管理系统和过程管理系统两个子系统,两大子系统的一阶子系统如图 15-4 所示。

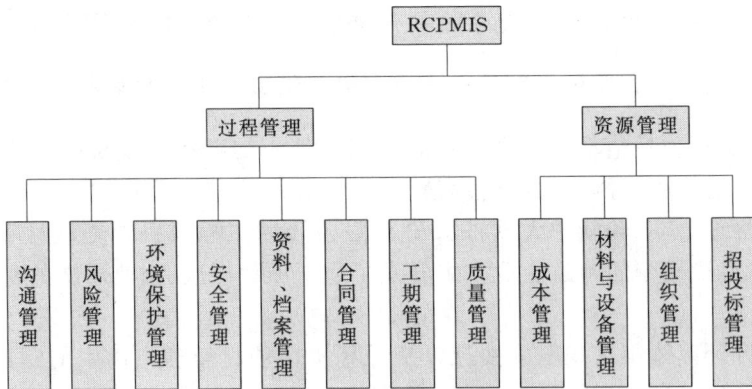

图 15-4　RCPMIS 系统功能结构

　　共有 12 个子系统,每个子系统都应继续展开,形成不同阶次的子系统,按最低层子系统的管理功能开发具有数据采集、处理、统计、分析和评价等功能的程序模块。应当指出,12 个子系统中质量、成本、工期管理三个子系统是目标子系统的核心,其余的子

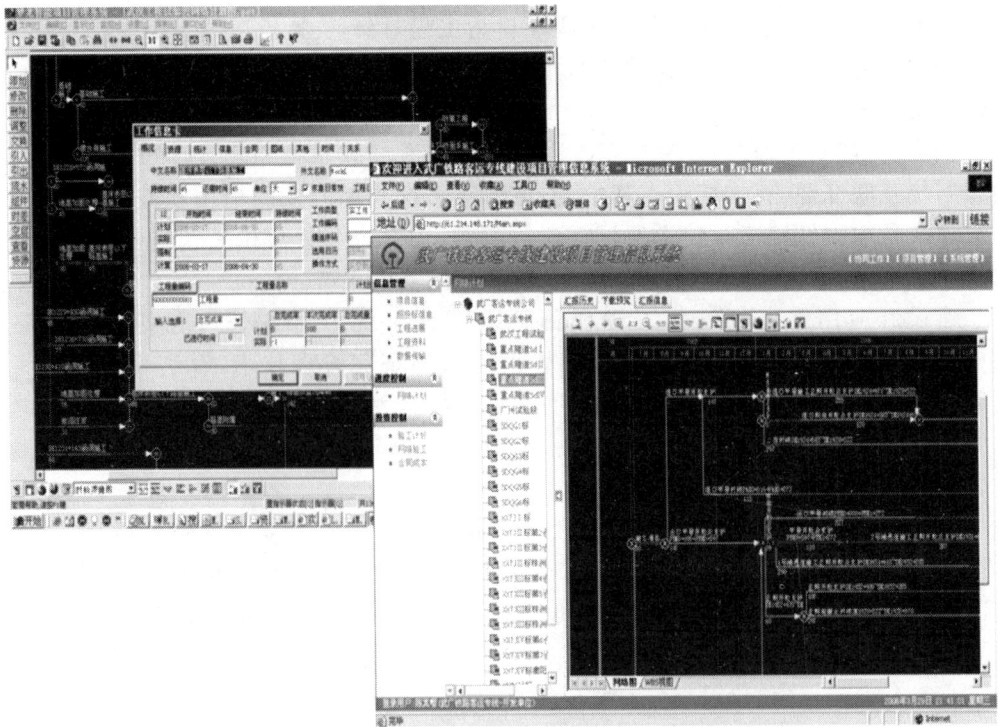

图 15-5　RCPMIS 系统界面之一(工期管理)

系统是"从属"和"服务"子系统。比如招投标管理、组织管理、工程用原材料和设备管理、合同管理等都是围绕确保质量、成本、工期目标的实现展开的;环境管理、风险管理是从属于项目标管理的。沟通管理是整个系统内数据、信息传递(上传下达、请示、报告、批复、交流)、存储的管理,是服务性的子系统。清楚子系统间的主从关系,对确保系统开发工作的效率和工作的有效性十分重要。图 15-5 所示为 RCPMIS 系统界面之一的工期管理界面。

15.6 工程管理信息系统的发展趋势

随着计算机技术的发展和工程项目管理水平的不断提高,工程项目管理信息系统正在朝着网络化、集成化、智能化的趋势发展。网络化的一个突出代表是 Intranet 管理信息系统;集成化的一个突出代表是计算机集成业务管理系统;智能化的一个突出代表是决策支持系统与专家系统的结合。

1)管理信息系统的网络化

工程项目计算机网络管理的基本特点,体现在以下几个方面:实现网络管理系统软件与单用户管理系统软件完全兼容;实现工作量均衡,全面提高工程项目管理工作效率;便于施工企业领导决策和实时监控;通过权限控制保证工程项目管理信息的安全。

自 20 世纪 80 年代以来,工程项目管理信息系统得到飞速发展,其结构几经变化,从最早的主机方式经文件服务器方式,发展到客户机/服务器方式,系统的性能也有了较大改进,但并没有从根本解决系统开发和应用中存在问题;用户界面风格不一,使用繁杂,用户培训工作量大,不利于快速推广应用;系统维护不便,功能扩展难度大,升级困难;无法兼容已有系统,造成重复投资,系统不开放,仅能在系统内部实现数据共享;系统开发复杂,开发周期长、投资大,生命周期短。全球贸易环境下,市场竞争日趋激烈,企业管理体制变化加剧,再有计算机软件与硬件发展迅速,更加速了系统生命周期短暂的态势,甚至有的系统还没有投入应用就已被淘汰。

Intranet 将成为项目管理信息系统的主要构建形式。企业面对激烈的市场竞争和挑战,为加强企业内部、合作伙伴以及市场之间的联系,必须加速企业内部信息流通以提高工作效率。采用 Intranet 开发信息系统具有以下优点:开发较易,开发周期短,费用低;使用简便,便于推广应用;维护简单,便于扩展和升级;具有平台操作的能力,可充分利用现有设备和系统,保护已有投资;系统开放,利于信息共享和系统集成。Intranet 是工程项目虚拟运作的需要;Intranet 是实现电子商务的需要;Intranet 是智能化建筑信息平台建设的需要。Intranet 技术及网络化是工程项目管理信息系统的必然选择。

2)管理信息系统的集成化

我国工程项目管理计算机化工作起步较晚,尽管目前许多单位已开发出不少工程项目管理软件,但总的水平不高,其中大多数都是单项应用软件,并且低水平重复劳动现象严重;有些施工企业开发了涵盖项目管理各条线的项目管理信息系统,此类系统从功能模块的设置上旨在建立全面的项目管理系统平台,包括预算、合同、施工控制、质量、安全、材料、财务、设备、计量及实验等各方面的管理模块,几乎包含了工程管理的各条线。但各系统的独立性较强、彼此间几乎没有数据的横向流通。这些正是目前计算机在工程项目管理中应用的效益得不到充分发挥的症结所在。

因此,为了提高工程项目管理的现代化水平,目前工程项目管理应用软件的开发应以集成化的应用软件系统为主,加速由单项程序过渡到集成化应用软件系统、由数据文件过渡到数据库支持软件开发的过程。而集成化应用软件系统的开发不是把几个有关的单项程序简单地联在一起,它的开发有它自身的规律。实践证明,为了得到高质实用的工程项目管理应用软件系统,应当紧紧地围绕成本、工期、质量等工程项目管理的关键因素,运用系统工程的观点,应用软件工程的原理和方法,在建立工程项目管理公共基础数据库的基础上,经过一定的标准化、定量化、规范化、系统化处理,将工程项目管理的关键环节连成一个有机的计算机辅助管理集成系统。

3)管理信息系统的智能化

工程项目的管理和决策问题涉及许多专门知识,这些知识绝大多数并非可以用算法和公式所能完全表达和处理的,而是由这方面的专家多年工作经验的积累所形成的,它具有离散性、随机性和模糊性等特点,很难为他人所利用。

近年发展起来的专家系统方法为解决建筑工程项目管理的"智能"决策提供了可能性。专家系统是一种智能型的软件系统,它把专家知识按一定的结构组织存储在计算机内形成知识库,按一定的推理机制对知识库进行操作处理,以得到既定目标的判断、决策、解释或获得其他知识信息。专家系统的最核心问题是知识库的建立。作为专家系统基础的知识工程是近年来发展起来的新学科,它以知识为对象,采用字符处理和逻辑运算,比通常以数据为主的信息处理要复杂得多。开发工程项目管理专家系统,首先必须对工程项目管理所涉及的多方面的专家知识进行搜集和整理,并将这些知识概念化和程序化,以一定结构存入计算机形成知识库。专家系统的另一个核心是推理机制,就是通过一定的控制策略,对知识库中的知识进行操作处理,对既定问题进行判断和求解。专家系统是一个利用知识和推理过程来解决那些需要特殊的、重要的人类专家才能解决的复杂问题的计算机智能程序,专家系统的知识由事实和启发性知识组成,它具有启发性、透明性、灵活性等功能。

决策支持系统(DSS)是工程管理信息系统的另一个发展趋势。决策支持系统,广义地说,是以管理科学、计算机科学、行为科学和控制论为基础,以计算机技术、人工智能技术、经济数学方法和信息技术为手段,主要面对半结构化的决策问题,支持中高级决策者迅速而准确地提供决策需要的数据、信息和背景材料,帮助决策者明确目标,建立和修改模型,提供备选方案,评价和优选各种方案,通过人机对话进行分析、比较和判断,为正确决策提供有力支持。狭义地说,是帮助决策者利用数据、模型、方法、知识推

理等去解决非结构化决策问题的人机交互系统。

　　在国内，人们也已开始将专家系统与决策支持系统结合起来，如智能决策支持系统（IDSS）或基于知识的决策支持系统（KDSS），这些系统实际上是决策系统和专家系统的集成与结合，但又不是简单的结合，而是在综合基础上的进一步提高。尽管这些在国内仅仅是一个开端，但是可以预料，"智能化"将成为我国计算机在工程施工项目管理中应用的一个重要发展方向。

复习思考题

1. 工程信息管理的内容与特点是什么？
2. 工程信息管理系统的发展趋势是什么？

16 项目竣工验收与后评价

项目的竣工验收交接是铁道电气化工程项目完成投产的一个阶段。只有经过验收合格的铁路,才能投入运营。项目的后评价是在项目竣工验收交接之后进行的重要活动,对项目再次进行全面的评价。

竣工验收和后评价,也是一个总结的过程,对已经做过的事情进行考核,以期发现问题,采取补救措施,总结经验教训,不断提高管理水平。

16.1 铁道电气化工程项目竣工验收

16.1.1 项目竣工验收交接

1)铁道电气化工程项目竣工验收的任务

铁道电气化工程项目竣工验收的主要任务是:

(1)对建设项目的建设规模、建设内容、建设质量、资金使用等进行全面审查。

(2)对建设项目所形成的固定资产、无形资产、递延资产等进行全面审核。

(3)对建设项目能否合格地交付生产或使用作出评价。

(4)对建设项目执行国家法律、法规情况进行检查。

2)铁道电气化工程项目竣工验收内容

(1)检查工程建设内容、建设规模是否按鉴定时依据的铁路技术管理规程、设计规范、批准的设计文件(包括变更设计)与施工技术规范建成;配套辅助项目是否与主体工程同步建成。检查建设资金的来源和使用是否符合国家有关规定;检查概算、预算执行情况;发生调整概算的,是否经过审批部门的审批;材料、设备的购置是否合理;工程其他支出是否符合规定。

(2)检查建设过程中发生的Ⅰ类设计变更,是否按规定办理设计变更审批手续。

(3)检查工程质量是否符合国家和铁道部颁布的工程质量验收评定标准。

(4)检查工程设备配套及设备安装、调试情况;主要设备经过联动试运转及考核情况;生产项目试生产情况;从国外引进设备合同完成情况。

(5)检查环保、劳动安全卫生、消防等设施是否按批准的设计文件建成,经考核是否合格;建筑抗震设防是否符合规定。

(6)检查运营投产或投产使用准备情况,运营生产组织管理机构、岗位人员培训、物资准备、外部协作条件是否已经落实,是否满足国家运输要求和运营行车安全。

（7）检查财务决算情况，竣工财务决算报表和财务决算说明书内容是否真实、准确。

（8）检查工程竣工文件编制完成情况；建设项目批准文件、设计文件、竣工文件、监理文件等资料是否齐全、准确，并按规定归档。

16.1.2　竣工文件

竣工文件的编制工作由建设单位负责组织，施工单位负责编制，接管单位档案部门协助指导。竣工文件的内容包括：

（1）开工报告。

（2）竣工验收报告。

（3）施工技术总结。

（4）竣工图，包括铁路干线、支线的线路实施平面图，纵剖面及平面、断面缩图；特大桥、大桥的平侧面图，桥址地质平面图，梁和墩台结构图，采用的非标图；隧道的横纵断面图和主要的结构图，喷锚技术图，工程地质平剖面图；枢纽、编组站总平面布置图；通信、信号、电力、电气化等布置图，结线图，装配图；机务、车辆、给水等平面布置图，竣工图，设备概况表等。

（5）工程数量汇总表。

（6）工程检查证。

（7）各类施工记录。

（8）各类基交表。

16.1.3　铁道电气化工程项目竣工验收程序

铁路建成后，必须按国家规定验收。验收机构按国家规定设立。

铁道电气化工程项目竣工验收程序主要包括初验、正式验收、组成固定资产。

初验是指由初验委员会组织参建各方与接管单位共同对建设项目检查，确认建设项目具备投产使用条件。

正式验收是指验收委员会组织建设项目有关各方对建设项目进行综合评价，确认符合验收条件的由接管单位正式运营或投产。

组成固定资产是指由建设单位在建设项目正式验收后，向接管使用单位办理固定资产移交手续，由接管使用单位根据竣工决算完成固定资产的组成工作。

16.1.4　铁道电气化工程项目工程技术总结

多年来，铁道电气化工程项目在竣工之后，都要进行工程技术总结（包括设计、施工、技术、建设总结）。总结的内容不仅限于工程技术方面，而且已扩展到建设管理、资金筹措以及其他方面。应当说，这一传统做法，与现代铁路项目管理中要求做项目的

"自我评价"类似,应该充分肯定,并加以完善。人们说"经验就是财富"、"前事不忘,后事之师"。一条铁路建成以后,一般历经数年时间,在组织建设工作和专业技术方面积累了丰富的经验,也取得了不少教训,经历了不少风险。这些都是十分宝贵的财富。把它如实地记录下来,并且加以总结提高,找出在铁路建设过程中带规律性的东西,用以指导今后铁路可行性研究、勘察设计、施工技术、建设管理以至项目决策等诸方面,无疑是十分有意义的工作。

为了做好总结工作,必须做到以下几点:

(1)真实可靠。铁道电气化工程项目的整个生命周期中,有许多的原始资料,它反映建设过程的真实情况,是十分宝贵的建设情况和技术资料,是工程建设和技术总结的可靠依据和基础材料,要建立归档制度,妥为保存。

(2)及时准确。要及时收集和掌握现场情况。强调"及时",是因为一条铁路建设过程一般要五年左右,人员变动较多,许多情况下,当事人了解情况和掌握的资料最多、最真实也最客观。过去发生当事人调离项目,其他人不甚了解的情况,造成时过境迁,是非难辨。做总结时不得已找人写"回忆录",准确性大打折扣,使用二手资料,不利于总结质量的提高,应当尽量避免。因此,项目人员变动时,应有资料交接制度。

(3)各方协作。整个项目建设过程,一般一个建设项目铁路有上十个标段,几十个专业,包括设计、勘察、施工、监理、建设、咨询以及业主等各部分人员参加。整个过程都需要他们共同努力去实现项目的目标。在工程建设和技术总结工作中,仍然需要各方协作,提供相关资料,总结技术经验和教训,求得共识,使总结的过程变成获取建设技术进步的阶梯,同时也可以提高总结的质量。总结工作一般由建设单位(或项目法人)主持,各参建单位要尽早明确总结编写人员,让他们多了解情况、掌握资料,将有利于总结工作的进行。

(4)找出规律。通过总结,寻求铁道电气化工程项目管理的规律,是一件十分有意义的工作。铁路项目管理中有许多现象,通过由此及彼、由表及里的分析,找到现象之后的本质,取得深刻的经验和教训,真正做到"打一仗进一步"、"吃一堑长一智"。

(5)总结提高。在真实可靠、及时准确资料的基础上,共同总结经验和教训的过程中,找出建设规律,加以分类、分析、整理得出今后值得借鉴的新经验,并且正视工作中的教训,用以指导今后铁道电气化工程项目决策和管理工作。当然,在总结工作中,还要注意运用专利保护知识产权,把总结工作做深做细。理论来自实践,各铁道电气化工程项目的丰富经验,必将促使项目管理科学的发展和提高。

16.1.5 铁路临管运营

在铁路工程正式验收交付投产使用之前,对于已建成的铁路区段须进行一段时间的临管运营。通过临管运营,一方面考验铁路工程的质量和综合效能,以便发现问题及时维修或返工;另一方面可以尽早地发挥新建铁路的作用,创造效益,造福地方。

铁路临管运营可分为两种：工程临管和运营临管。

1）工程临管

工程临管是由施工单位实施的铁路临管运营。当某一个铁路区段完成后，经过批准可以由负责该铁路区段建设的施工单位实行临管运营。它的运输主要面向工程本身，利用已铺通的铁路线路，运送站后工程的物资设备和工程材料，推进铺架、收尾配套工程的建设等，并且逐步地开展地方物资的进/出运输。

在工程临管期间应当跟踪检查已铺通的铁路的工程质量，收集资料，为工程验收交付做准备。同时根据发现的问题，进行维修或改建，努力达到工程验收标准。

2）运营临管

运营临管是由铁路运输部门（铁路局或铁路集团公司）实施的铁路临管运营。当铁道电气化工程项目建成，经验收交付后、正式投入运营前，由接管该段铁路的铁路运输部门负责实行的临管运营。它的运输面向社会，努力发挥铁路的效能，促进地方经济的发展，实现铁道电气化工程项目的预期目标。运营临管的主要任务仍是检查、考核铁路工程的综合效能，改进不足之处。在临管运营期间，运价采用临管价，且不提取折旧费，其目的是以路养路，以利于该铁路及早正式投产。

16.2   项目后评价

项目后评价是指在项目建成投产或投入使用后的一定时间，对项目的运行进行全面的评价，对项目的实际成本——效益进行系统的审计，把项目决策初期的预期效果与项目实施后的实际效果进行全面的对比考核，总结经验教训，供今后的铁道电气化工程项目决策借鉴。

16.2.1   项目后评价的作用

开展项目后评价对于投资决策的科学化和项目投资控制有重要的作用。

项目后评价与项目决策阶段的项目评价，是同一对象的不同过程，他们既有联系，又有区别。在项目决策阶段的项目评价是为项目的决策服务的，它主要运用项目评价的理论和方法，对项目的可行性和前景做全面的技术、经济分析与预测。项目后评价一般是在项目完成投产（达到设计能力）后，依据项目实施中和投产后的实际数据以及项目后续年限的预测数据，对其技术、设计实施、产品市场、成本、效益进行系统的调查分析、评价，并与前评价中的相应内容进行对比分析，找出差距，分析其原因和影响因素，提出相应的补救措施，为今后的决策提供经验和教训。

项目建设往往是一个投资多、周期长的过程，并且有一次性的特点。在项目实施的过程中可能遇到许多意外的风险和干扰因素，影响项目目标的实现。通过项目后评价可以发现其中的问题，分析原因，提出对策建议调整目标，实现项目投资目标的最优控制。

项目后评价一般分为三个方面:财务后评价、国民经济后评价和社会后评价。

财务后评价是评价项目的财务状况。根据项目投入产出的实际数据(项目投资、运输成本、运输利润、营业外收入等),重新预测整个项目生命期的财务数据,计算项目的实际财务评价指标,然后与原来的《项目可行性研究报告》中预测的财务效益指标作对比,分析其中的偏差以及产生偏差的原因。

国民经济后评价是评价项目对国民经济的影响。根据项目有关部门的实际数据和国家近期颁布的影子价格和国家参数,重新计算出项目的国民经济评价指标,然后与原来的《项目可行性研究报告》中的国民经济评价指标作比较,分析其中的偏差以及产生偏差的原因。

社会后评价是评价由于项目的建设和实施,对社会经济、自然资源利用、自然与生态环境等方面产生的社会效益与影响。

通过项目后评价可以检验项目前评价的理论和方法是否合理,决策是否科学,总结成功的经验,汲取失败的教训,为今后同类的项目评价与决策提供参照和分析的依据,完善项目前评价的方法,提高项目投资决策的科学性。

16.2.2　铁道电气化工程项目的后评价

铁道电气化工程项目后评价是在一个铁道电气化工程项目建成并投产运营后,对项目的前期工作、实施过程、运营情况等进行全面的综合研究,分析项目的实际情况与预测的差异,确定有关项目的决策是否正确,并分析其原因,进而为以后的铁道电气化工程项目的决策提供经验和教训。

重点铁道电气化工程项目,在工程竣工验收后都要求进行后评价。后评价工作由项目建设单位主持,设计、施工单位参加,在办理完毕竣工验交手续一年后或适当时机,提出后评价报告。铁道电气化工程项目后评价报告的主要内容包括:

1)前期工作的评价

评价的主要内容有:立项条件是否正确;决策程序是否符合要求;前期工作的深度是否满足建设要求;设计依据、标准、规程、定额是否符合国家规定,设计规模和主要的建设内容是否符合审批要求;因设计变更而增加投资的情况;设计方案的技术和经济上的可行性如何等。

2)建设实施阶段的评价

评价的主要内容有:施工准备工作是否满足项目开工的要求;项目的实施是否符合基本建设的程序;设计、施工、投资、物资等合同的执行情况如何;项目的工期、质量、安全、环保的情况如何;项目管理情况;配套项目的建设情况;工程竣工验收情况;投产准备情况等。

3)投产后的评价

包括运输生产能力的评价,经济评价和财务评价,其主要内容分别有:运输能力和

设备能力的实现情况；直接和间接的经济效益，能源与材料的消耗情况；财务收益和成本、财务内部收益率、投资回收年限、贷款偿还能力等。

4）外资项目的评价

对于外资项目的评价，除了以上评价内容之外，还需要评价：外资的利用方向和范围是否恰当；国外先进技术的引进、吸收的情况；国外设备的引进与消化的情况等。

除了上述有关项目的过程评价的内容外，在铁道电气化工程项目后评价报告中，还要做影响评价（经济影响评价、环境影响评价、社会影响评价）和持续性评价。

铁道电气化工程项目的后评价应依照国家和铁道部的有关法令和规定进行，如国家计委制定的《国家重点建设项目后评价办法》，铁道部制定的《铁道工程项目经济评价办法》等。在后评价过程中应充分收集与项目收益有关的文件和资料，整理实际发生的各种基础财务数据资料，编制经济财务报表，计算项目后评价效益指标和参数，并与当初立项所提出的决策效益指标，或基准参数指标进行对比分析，考核投资决策的正确性，综合评判项目预期效益的实现程度。在项目后评价报告中，尽量做定量分析，用数字说话，不便做定量分析的则做定性分析，努力做到有根有据，实事求是。

16.2.3　新建铁路项目后评价原则

铁道电气化工程项目后评价工作必须符合客观、公正、科学的要求。具体原则是：

1）公正性原则

后评价要保证其公正性和独立性，应从项目投资者的或第三者的角度出发，独立地进行。公正性和独立性应贯穿后评价的全过程，以保证评价工作的客观可信度。

2）可靠性原则

后评价的可靠性取决于评价者的公正性和经验，取决于资料信息的可靠性和评价方法的适用性。项目建设的参加单位应积极参与后评价工作，以利于收集资料查明情况。报告要说明资料的来源或出处，分析和结论要有充分可靠的依据。

3）系统性原则

新建铁路项目的后评价，要系统地反映铁路建设的情况，一般要从财务、国民经济、环境影响、社会可持续发展等诸多方面进行评价，并且在此基础上，进行综合评价。

4）实用性原则

后评价报告要有可操作性即实用性，才能对今后管理和决策产生影响。报告的建议中肯，提出的经验与教训要明确具体，便于操作实施。

5）透明性原则

后评价报告要有透明性，即要求及时并广泛公开。后评价能引起公众的关注，有利于对投资决策及其效益的社会监督，也能让更多的方面借鉴过去的经验和教训。

6）反馈性原则

项目后评价报告，需要反馈到决策和执行部门，作为新项目的立项和评价的基础以及调整投资计划的政策依据。这原本就是后评价的主要目的。

16.2.4　新建铁路后评价的方法

借鉴世界银行和亚行的方法,结合我国的实践经验,下面介绍四种用于新建铁路后评价的主要方法。随着我国铁路后评价工作的发展,将会有更多的方法,充实和完善后评价工作。

1)比较和综合评价法

常用的比较法有"前后对比"和"有无对比"法。前者是指将实施之前与完成之后的情况加以比较,以确定项目的作用与效益的对比方法;而后者是指将项目实际发生的情况与无项目可能发生的情况进行对比,以衡量项目的真实影响和作用。此外还要运用综合方法,考虑影响项目的各种因素,更加全面系统地做出评价。

2)费用与效益评价法

费用与效益即成本与效果的评价方法,是国民经济后评价与社会后评价的有效方法,就是按照既定的国家目标和社会目标运用近似社会价值的影子价格,对新建铁路的费用与效益进行度量、计算、分析和比较,以便判断项目优劣的一种科学分析方法。

3)定量与定性评价法

在新建铁路后评价中,要运用现代数学方法与模型,对评价问题进行深入细致的定量分析,以提高后评价的科学性。同时还要进行定性的分析,通过定性与定量的分析相结合的方法,系统地评价项目的综合效益,并判断其优劣,从而更客观地进行项目的后评价。

4)确定型与随机型评价法

在铁路项目的后评价工作中对已发生的情况的数据、指标,以确定型的数量表示,但许多预测性的数据,例如以后的客货运量、运营收入等,具有一定的不确定性,即随机性。因此,确定客货运量等预测值,就得借助于计算机模拟技术,计算各种财务后评价指标的统计值,即运用随机型评价方法。

16.3　铁道电气化工程项目后评价中的经济分析

铁道电气化工程项目后评价的经济指标与可行性报告中的或项目决策时的经济评价指标基本相同,只不过在后评价中采用的数据是项目投产后实际发生的数据,或依据实际发生的数据进一步预测的数据。

主要的经济指标有:

1)静态指标

财务后评价指标分静态指标和动态指标两类。

静态指标包括后评价投资利润率、后评价投资利税率、后评价投资回收期、后评价

贷款偿还期等。

2)动态指标

动态指标包括后评价财务内部收益率、后评价财务净现率、后评价财务净现值率、后评价财务外汇净现值、后评价财务换汇成本、后评价财务节汇成本、后评价动态投资回收期等。

在实际进行后评价时要注意评价指标的可比性。后评价指标的含义、计算规定、参数选取等方面,要尽量与决策阶段的项目评价中所采用的指标相一致,才有利于项目前、后评价的比较,才有利于发现项目运作和实施过程中的规律性变化因素,分析各影响因素对各评价指标的影响度,找出关键因素,提出改进措施。

这里需要强调指出的是,对于铁道电气化工程项目不能只看初期经济效益,也不能单纯地只看直接的经济效益。对于铁道电气化工程项目不但要做效益评价,还要做影响评价和持续性评价。评价一条铁路,不但要考虑它在经济方面的作用,而且要考虑政治、军事、人文等方面的综合的影响因素。

复习思考题

1. 铁道电气化工程项目竣工验收的内容是什么?

2. 铁道电气化工程项目后评价的内容是什么?

3. 铁道电气化工程项目后评价中经济分析的内容是什么?

参 考 文 献

[1] 杨晓庄. 工程项目管理[M]. 武汉：华中科技大学出版社,2010.

[2] 邱国林,宫立鸣. 工程项目管理[M]. 北京：中国电力出版社,2010.

[3] 陆惠民,苏振民,王延树. 工程项目管理[M]. 南京：东南大学出版社,2010.

[4] 刘炳南. 工程项目管理[M]. 西安：西安交通大学出版社,2010.

[5] 陈伟珂,何伟怡. 工程项目管理手册[M]. 天津：天津大学出版社,2010.

[6] 郝建新,邓姣姣. 建设工程项目管理[M]. 北京：中国电力出版社,2010.

[7] 田元福. 建设工程项目管理[M]. 北京：清华大学出版社,2010.

[8] 乐云. 建设项目前期策划与设计过程项目管理[M]. 北京：中国建筑工业出版社,2010.

[9] 陈宪. 工程项目组织与管理[M]. 北京：机械工业出版社,2010.

[10] 李世蓉. 承包商工程项目管理实用手册[M]. 北京：化学工业出版社,2009;.

[11] 成虎,陈群. 工程项目管理[M]. 北京：中国建筑工业出版社,2009.

[12] 李先君,罗远洲. 工程项目管理[M]. 武汉：武汉理工大学出版社,2009.

[13] 乌云娜. 工程项目管理[M]. 北京：电子工业出版社,2009.

[14] 仲景冰,唐菁菁. 工程项目管理[M]. 武汉：华中科技大学出版社,2009.

[15] 危道军,刘志强. 工程项目管理[M]. 武汉：武汉理工大学出版社,2009.

[16] 叶枫. 工程项目管理[M]. 北京：清华大学出版社,2009.

[17] 吴贤国. 工程项目管理[M]. 武汉：武汉大学出版社,2009.

[18] 宋春节. 工程项目管理[M]. 武汉：武汉理工大学出版社,2009.

[19] 李慧民. 土木工程项目管理[M]. 北京：科学出版社,2009.

[20] 李启明. 工程项目采购与合同管理[M]. 北京：中国建筑工业出版社,2009.

[21] 朱俊文,吴绍艳,夏立明. 工程项目组织与管理[M]. 北京：中国计划出版社,2008.

[22] 陈宪. 工程项目组织与管理[M]. 北京：机械工业出版社,2008.

[23] 王作锋. 建设工程项目进度管理[M]. 青岛：中国海洋大学出版社,2008.

[24] 陈起俊. 工程项目风险分析与管理[M]. 北京：中国建筑工业出版社,2007.

[25] 施骞. 工程项目可持续建设与管理[M]. 上海：同济大学出版社,2007.

[26] 张检身. 工程项目承包与管理[M]. 北京：机械工业出版社,2006.

[27] 尹贻林. 建设工程项目价值管理[M]. 天津：天津人民出版社,2006.

[28] 谢颖. 工程项目管理[M]. 北京：科学出版社,2010.

[29] 王辉. 建设工程项目管理[M]. 北京：北京大学出版社,2010.

[30] 杨晓庄. 工程项目管理[M]. 武汉：华中科技大学出版社,2010.

[31] 中铁电气化集团第一工程公司. 电气化铁路施工组织与项目管理[M]. 北京：中国铁道出版社,2009.

[32] 任宏. 建设工程管理概论[M]. 武汉：武汉理工大学出版社,2008.

[33] 谭章禄,李涵,徐向真. 工程管理总论[M]. 北京：人民交通出版社,2007.

［34］栾显国,中铁十九局集团有限公司．铁路客运专线施工与组织［M］．成都:西南交通大学出版社,2006.

［35］赵君鑫,等．铁路工程施工组织设计［M］．成都:西南交通大学出版社,2004.

［36］刘伊生．建设项目管理［M］．北京:清华大学出版社,北方交通大学出版社,2004.

［37］赵暑生,张龙祥．铁路建设项目管理［M］．北京:中国铁道出版社,2003.

［38］王洪,陈健．建设项目管理［M］．北京:机械工业出版社,2004.

［39］吴之明．国际工程承包与建设项目管理［M］．北京:中国电力出版社,1997.

［40］刘尔烈．国际工程管理概论［M］．2 版．天津:天津大学出版社,2008.

［41］铁道部电气化工程局第一工程处．电气化铁路施工组织与管理［M］．北京:中国铁道出版社,1995.